KB122927

한국의 봉수

목멱산봉수의 복원된 모습. 서울 남산에 위치한 조선시대 봉수로, 전국의 모든 봉수가 이곳으로 집결되었다.

한국의 봉수

옛날 우리 조상들의 군사통신 네트워크

글 / 조병로·김주홍

사진 / 최진연

눈빛

구한말 봉수군이 봉수를 올리는 장면(안길정 씨 제공)

■ 서문

인류의 역사상 동물과 가장 다른 인간의 문화적 특징을 든다면 상호간의 커뮤니케이션을 발달시킨 점에 있다고 해도 과언이 아니다. 인간이 서로간의 의사소통을 위해 기호나 손짓·몸짓 등의 신호와 언어를 통해 의미를 주고받는다는 점에서 다른 영장류보다 훨씬 풍요로운 삶을 유지할 수 있었으며, 외부로부터의 공격에도 신속히 대응할 수 있었다. 그 중의 하나가 불의 발견이다. 불은 맹수로부터 신체를 보호하고 나아가 음식물을 끓여 먹음으로써 인류의 건강 증진은 물론 체온을 유지하는 데 크게 기여해 왔다. 이러한 불에 대한 지식의 축적은 인류 생존의 필수조건이 되었던 것이다. 그후 인간의 의사소통 수단은 상형문자에 의한 통신 방식이나 북·나팔·깃발 등의 신호체계를 발전시켜 왔으며, 편지 등의 서간을 이용하기도 하였다. 특히 불은 시각적 효용과 전달의 신속성에서 뛰어난 신호체계이다. 인간이 이러한 불의 특성을 이용하여 만들어낸 것이 바로 봉수(烽燧)이다.

우리가 잘 알고 있다시피 봉수는 불빛과 연기로써 변경의 군사정보를 중앙과 지방의 진보(鎭堡)에 신속히 알려 위급한 상황에 대처하는 군사통신 네트워크의 하나이다. 흔히 봉화(烽火) 또는 낭연(狼煙)이라고도 하는데 이러한 봉수는 우역(郵驛)과 병행하여 설치됨으로써 중앙집권적 국가체제를 유지하는 중요한 교통통신 시스템 역할을 하였다. 국가의 동맥이요, 중추신경으로서 오늘날의 국가 기간산업 및 사회간접자본인 셈이다.

일찍이 우리나라는 지형상 삼면이 바다로 둘러싸여 있어 해안에 접근하는 외적을 방어하기 위하여 진보 등의 군사시설을 축조함과 동시에 산정상에 봉수를 설치하여 바다를 경계하게 함으로써 해안방어를 튼튼히 하였으며, 육지에는 산성(山城)을 축조함으로써 유기적 관계 속에서 호국(護國)의 간성(杆城) 역할을 수행하였다. 그 결과 백성과 영토를 보전하는 데 중요한 기능을 맡았던 것이다.

그럼에도 불구하고 오늘날 근대 통신제도가 발달함에 따라 차차 우리 민족의 유구한 문화유산인 봉수유적은 방치되거나 황폐화되어 거의 흔적조차 찾아보기 힘든 위기에 처해 있다. 다행스럽게도 지방화시대에 즈음하여 각 지방 향토사가들의 문화유산 찾기운동, 지방자치단체 및 문화원의 관심이 고조되어 봉수 유적을 조사·발굴하여 복원하는 붐이 조성되고 있다. 그러나 한국 봉수에 대한 체계적이고 종합적인 연구서 하나 제대로 된 게 없는 현실이다. 일찍이 허선도·이원근·남두영 등의 선구적인 연구 업적과 한국보이스카우트연맹이 출간한 『한국의 성곽과 봉수』와 국방군사연구소에서 간행한 『한국의 봉수제도』 등 개괄적인 교양서가 나왔지만 대중화되고 있지는 못한 실정이다.

이에 필자들은 하루라도 빨리 더 이상 개발 논리에 밀려 사라져 가는 봉수에 대하여 정리할 필요를 절감하게 되었다. 그리하여 몇몇 전문가들과 공동으로 필자는 전국적인 봉수 실태조사와 촬영 및 문헌조사 등을 통하여 일반독자들에게 봉수에 대한 실체적 접근과 이해를 돕기 위해서 노력해 왔다. 김주홍은 각 지방의 봉수 현장을 조사·답사하면서 고고학적 조사와 실측을 통해 봉수 구조 및 출토유물에 대한 이해를 돕도록 노력하였으며, 사진작가 최진연은 무거운 촬영장비를 어깨에 메고 그야말로 땀방울로 전국의 산정상을 누비며 카메라에 담느라 수십 년간을 노력해 왔다. 이 자리를 빌어 두 사람의 노고에 찬사를 아끼지 않는다. 사실상 이 두 사람의 열정과 노력이 없었다면 아마 『한국의 봉수』란 책은 세상에 나오지 못했을지도 모른다. 그리고 한국의 교통사 연구에 평생을 바쳐 온 필자는 역참과 병행하여 조직·운영된 봉수 전반에 대한 개괄적 서술을 통해서 체계적인 봉수제의 실태를 파악하였다.

특히 이번 『한국의 봉수』 간행을 계기로 학술적으로 평가될 수 있는 것은 한·중·일 세 나라의 봉수제에 대한 상호비교를 통한 이해의 폭을 넓혔다는 점, 「남목봉수별장서목(南木烽燧別將書目)」이나 위천(渭川) 금성봉수(金城烽燧)의 비치물목(備置物目)을 통해서 봉수대에 비치된 생활필수품 등을 통해 본 봉수군의 생활사를 추정할 수 있었다는 점, 수 차례의 현지답사와 인문지리지적 학술조사 결과 입지 조건과 각 진보 등 군사시설간의 상호관계를 파악하였다는 점, 「호남봉대장졸총록(湖南烽臺將卒摠錄)」에 나타난 별장과 봉수군의 배치 실태를 구체적으로 파악할 수 있었다는 점, 「평안도내강변각읍진봉파장졸유의지의바급수효성책(平安道內江邊各邑鎭烽把將卒襦衣紙衣頒給數爻成冊)」 분석을 통해서 평안도 각 봉수의 오장과 봉수군에게 지급된 의복 실태를 구체적으로 파악할 수 있다는 점, 그리고 한국 봉수 구조의 시대별·지역별 형태를 비교해 볼 수 있었다는 것에서 상당한 성과가 있다고 생각된다.

앞으로 봉수에 대한 전국적인 추가 현지조사에 따른 실측과 유물 발굴, 특히 북한지역에 산재하고 있는 봉수 조사가 하루빨리 이루어져 한국 전체의 봉수제 연구 결과가 완간되어 독자들에게 제공되기를 기대한다.

끝으로 출판계의 어려운 현실에도 불구하고 일반독자들의 인문학적 인식 지평을 넓혀주고자 이 책을 기획한 눈빛 출판사의 이규상 사장님께 감사를 드린다. 아울러 편집과 디자인 등 책의 매무새를 위해 노력해 준 편집팀 여러분께도 이 자리를 빌어 감사의 뜻을 표한다. 첫 출간된 이 한 권의 책이 독자 여러분의 봉수에 대한 이해와 호국문화유산의 보존·관리에 크게 도움이 되기를 바란다.

2003년 10월
조병로

강원 동해 어달산봉수의 복원 전 모습(멀리 망상해수욕장이 한눈에 들어온다)

한국의 봉수
·
차례

■ 일러두기

1. 수록 대상
이 책에 수록된 봉수는 남한을 대상으로 하되 전체를 소개할 수 없는 상황에서 각 도별로 원형이 잘 남아 있거나 직봉과 간봉 노선의 초기 및 분기점 역할을 하였던 주요 교통로상의 봉수로서 대표적인 곳을 선정하였다. 선정된 봉수에 대해서는 현지조사를 실시하였으며, 수 차례의 편집회의를 통해 원고의 내용에 적합한 봉수를 선정하여 집필하였다.

2. 봉수 명칭
이 책에 수록된 봉수의 명칭은 현재에 이르기까지 가장 보편적으로 통칭되고 있는 후기 지지서에 기록된 명칭을 사용하였으며, 필요시 별칭을 부기하였다.

3. 봉수용어
이 책의 서술시 사용된 주요어휘는 부록의 봉수용어를 참고하되 특히 연변봉수의 연대를 제외한 나머지 거화를 하기 위한 시설인 봉돈·봉조·연조 등은 아직 개념정리가 안 되어 있는 상황에서 잠정적이나마 내지·연변봉수를 막론하고 이를 일률적으로 연조(煙竈)로 통일하였다.

주요어휘
봉돈(烽墩):횃불과 연기로 대응 봉수에 신호를 보내기 시설한 약간 높직하고 평평한 땅 또는 시설물.
봉조(烽竈):횃불과 연기로 대응 봉수에 신호를 보내기 위해 시설한 아궁이.
연대(煙臺):해안 연변봉수에서 항시적으로 1거(炬) 또는 비상시 거화(炬火)를 위해 설치한 높이 3미터 내외의 토축·석축 또는 토·석 혼축의 인공적인 시설물. 연대 상부 중앙에는 원형 혹은 방형의 연소실(燃燒室)이 마련되어 있음.
연조(煙竈):불을 피우는 시설. 달리 아궁이, 봉조(烽竈)·봉돈(烽墩)·연굴(煙窟)로도 통용.

4. 원고
이 책의 원고는 특정분야의 전문인이 아닌 일반인을 대상으로 가급적 이해하기 쉽게 서술하였으며, 본문마다 해당 봉수의 원고 아래에 관련된 용어풀이를 하였다.

5. 도면
이 책은 사진과 글 중심으로 편집하되 내지와 연변봉수의 전형을 보이는 관련 봉수의 도면을 제시함으로써 한국의 봉수를 이해하는 데 도움이 되고자 하였다.

6. 집필
이 책의 집필은 1장은 조병로가 2장은 김주홍이 집필하였다.

한국 봉수의 발달과 특징

조병로

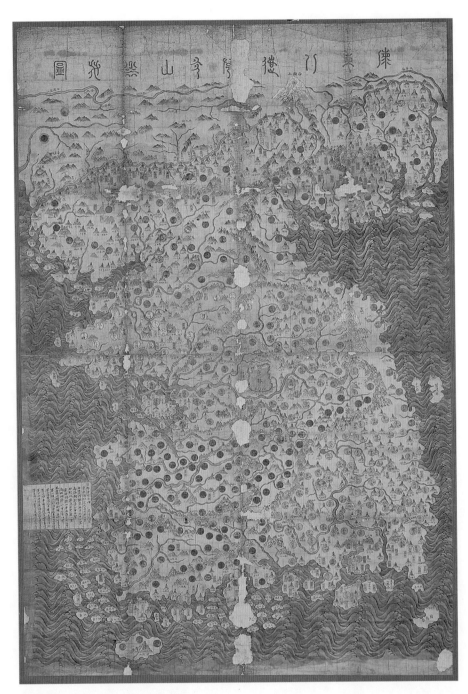

해동팔도산악봉화지도, 고려대도서관 소장

1. 봉수의 개념과 기능

봉수란 햇불(烽)과 연기(燧)로써 변방의 긴급한 군사정보를 중앙에 알리는 군사통신 제도의 하나이다. 봉수의 어원은 봉(烽)수(燧)인데 흔히 봉화(烽火)라고 하였다. 이리 똥을 사용하였기 때문에 낭화(狼火) 또는 낭연(狼煙)이라고도 불렸다. 대체적으로 수십 리의 간격으로 망보기(候望) 좋은 산봉우리에 연대(煙臺) 또는 봉수대(烽燧臺)를 축조하여 변경에서의 적의 침입을 낮에는 연기로써 밤에는 햇불로써(晝烟夜火) 중앙(兵曹)과 지방(鎭堡)에 전달하는 통신수단이다. 이와같은 봉수는 우역(郵驛)과 더불어 근대적인 전기통신 시스템이 사용되기 이전의 전통시대에는 가장 보편적인 교통통신 방법이었다. 인편이나 역마를 이용하는 것보다 시간상 효율적이었다. 그만큼 속도가 빠르기 때문이다.

봉수는 일반 백성들의 개인적 의사소통이나 소식을 전달할 수 있는 것이 아니라 오직

■ 봉화에 왜 이리똥을 사용했을까

이리나 여우똥을 땔감이나 섶에 섞어 불을 피우면 연기가 위로 똑바로 올라가 바람이 불어도 비산(飛散)하지 않는다고 하여 일찍이 중국에서 많이 사용된 듯하나 우리나라에서는 여우똥을 구하기 어려워 그 대신 말똥이나 소똥을 사용하였다. 원래 이리는 날카로운 이빨로 동물의 피부나 뼈까지 먹기 때문에 그 배출물인 똥에는 먹이동물의 털이나 뼈 같은 것이 있기 때문에 이를 모분(毛糞)이라고 하였다. 이 모분을 소나무잎에 넣어 태우면 그 연기가 바람에 흩어지지 않고 수직으로 올라가며 특히 솔잎이나 담배 잎은 연기를 농후하게 하는 성분이 있다고 한다. 일본에서는 이리똥과 담배잎줄기, 염초(焰硝) 및 솔잎을 섞어 연기를 피웠다.

공공의 정치적·군사적 통신을 목적으로 설치되었던 것이다. 이는 중앙집권적인 통치 체제를 유지하는 데 없어서는 안 될 중추신경이요 중요한 동맥인 셈이었다. 다시 말해서 오늘날의 사회안정망이요 사회간접자본이라고 볼 수 있다. 따라서 국가에서는 이의 조직과 관리를 위해 지대한 관심을 가지고 시설의 축조·유지와 인력을 동원하여 경계근 무에 만전을 기하였던 것이다.

복원된 경남 양산 위천봉수 연조

2. 봉수의 유래와 연혁

1. 중국 봉수의 기원과 구조

　우리나라의 봉수제도는 일찍이 중국의 봉수제도를 본받았다. 중국 봉수제의 기원은 아마도 주(周)나라 이전부터 있었던 것으로 추정된다. 인간의 통신활동은 상형문자에 의한 통신방식(以物示意)이나 갑골문자에 나타나고 있는 '고(鼓)'에 의한 변보(邊報)의 전달 그리고 골간(骨簡)이나 간서(簡書)의 존재에서 찾을 수 있다. 그러나 보다 제도적으로 구체화한 것은 주(周)나라 때부터라고 본다.

　서주(西周) 말기에 주나라 유왕(幽王)이 총애하는 애첩 포사(褒姒)를 웃게 하기 위하여 봉화를 들어 제후들을 모이게 하였는데 제후가 다 모이자 포사가 비로소 웃었다. 이렇게 하기를 세 번이나 하였는데 그 뒤 신후(申侯)가 견융(犬戎)을 데리고 주나라를 공격하자 유왕이 또 봉화를 들었으나 제후들이 장난으로 알고 오지 않아 주나라가 마침내 멸망하게 되었다는 고사(故事, 『史記』周本紀)에서 보듯이 주나라 때에 어느 정도 봉수제도가 실시되고 있음을 알 수 있다.

　서주의 긴급한 군사정보를 전달하는 것으로 봉수와 대고(大鼓)가 있었다. 이는 북방의 견융으로부터 침입을 막기 위한 것이었는데 동부(東部)에 있는 여산(驪山) 위에 봉화대(烽火臺)와 대고를 설치하고 주변의 제후들과 약속하기를 만약 봉화를 피우면 적이 쳐들어온 것으로 간주하고 각 지방의 제후들이 근왕(勤王)하도록 하였다.

　춘추전국(春秋戰國) 시대에 이르러서 봉화는 각 제후국의 변경에 널리 설치되었으며, 봉화대를 변정(邊亭)이라고 개칭하였다. 위(魏)나라에서는 정장(亭障)이라 하였고, 한

중국 한나라의 감숙에 있었던 봉화대(유광생,
『중국고대우역사』1986)

나라에서는 정장(亭鄣)이라고 했다. 이와같은 봉수는 만리장성의 축조와 더불어 북방
의 이민족을 막기 위해 장성을 따라 봉화를 올려 적의 침입을 단시간에 후방에 알렸던 것
이다. 봉화에 종사한 사람을 변인(邊人) 또는 후인(候人)이라 한다.

한편 대고는 긴급한 경보를 전달하는 방법인데 이는 상대(商代)의 복사(卜辭;갑골문)
에서 나타난 것으로 성광(聲光)통신 중 가장 빠른 것 중의 하나이다.

한대에 이르러 우역통신(郵驛通信)과 병행하여 봉화통신(烽火通信)이 사용되었다.
후한(後漢) 광무제(光武帝) 12년(36) 때 북쪽의 오랑캐의 침략을 물리치고 변경을 수비
하던 표기대장군(驃騎大將軍) 두무(杜茂)가 오랑캐의 침입 여부를 살펴보기 위하여 정
후(亭候)를 쌓고 봉수를 두었다는 기록에서 그 기원을 찾을 수 있다. 최근의 고고학자들
의 연구에 따르면 신강(新疆)·감숙(甘肅)·내몽고(內蒙古) 일대에서 한대의 북부지
방에서 사용했던 봉수와 정장 및 장성의 유적이 여러 군데서 발견되었다. 특히 한대에는
서쪽의 나포박(羅布泊) 사막에서부터 극로고특격(克魯庫特格) 산록에 이르는 지역에
봉수를 설치하였는데 봉수는 곧 정후 또는 정장이라고도 말한다. 이른바 정장이란 적을
살피고 봉화를 전달하는 신호체계였다. 봉수는 대개 군사시설의 기초단위로서 물이 가
까이 있고, 망보기 좋은 비교적 높은 지형에 설치되는 것이 일반적이다.

봉수 설치는 한대의 기록에 따르면 5리(里)에 1수(燧), 10리에 1돈(墩), 30리에 1보루(堡壘), 100리에 성채(城寨)를 설치하였다. 그리고 봉수 규정은 매우 엄격하였다. 봉수대는 5장(丈) 높이의 토대(土臺) 위에 봉간(烽竿)을 설치하였다. 봉간은 마치 물을 긷는 길고(桔槔)와 같았다고 한다. 봉간 위에 방직품 같은 천을 둘둘 감아 평일에는 내려놓고 적병이 나타나면 즉시 들어올린다. 이를 표(表)라 한다. 일반적으로 백색을 사용하여 쉽

◀ 『천공개물』에 보이는 물긷는 길고의 모습
▼ 『화한삼재도회』의 길고 모습

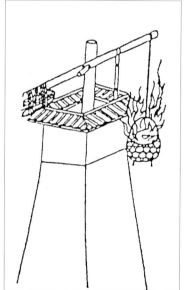

■ 길고(桔槔)란?

물을 긷는 관개시설의 하나이다. 원래 높은 망대 위에 기둥을 세우고 그곳에 지렛대와 같은 긴 나무를 달아 그 끝에 무거운 돌을 매달고 다른 한쪽에는 두레박을 달아 돌의 무게를 이용하여 물을 퍼내는 장치인데, 봉수대에 땔감을 넣은 바구니를 매달아 두었다가 적이 나타나면 불을 붙여 오르내리게 함으로써 신호를 전달하는 장치역할을 하였다.

게 눈에 띄게 하였다. 밤에 보이지 않을 때는 횃불을 피웠는데 이를 봉(烽)이라 한다. 항상 봉화대 주변에는 불을 피울 수 있는 섶(땔나무)을 쌓아두었다.

현존하는 한간(漢簡, 漢의 竹簡을 말함) 속에서 봉화 신호체계를 알 수 있다. 만약 적병 1인 혹은 수명이 침범하면 섶을 묶어 태워서 두 개를 올리고, 500명 내지 1,000명이 침범하면 섶을 태워 세 개의 봉화를 올렸다. 이러한 신호를 서로 약정하여 군내의 신속 정확한 적정(敵情)을 알려 필요한 조치를 취하게 하였다. 이외에도 적군이 침입하면 봉화를 올림과 동시에 위리(尉吏)가 적병의 상황을 상급부대인 도위부(都尉府)에 보고하였으며, 만약 바람과 비로 말미암아 불을 피울 수 없을 경우에는 쾌마(快馬) 또는 비기(飛騎) 및 보체(步遞)로써 보고하였다. 이러한 봉화대의 제 규칙을 적은 것이 「새상봉화품약(塞上烽火品約)」이다. 이것은 한대에 흉노족이 국경을 쳐들어왔을 때에 봉화 규정을 상세히 전해 주는 중요한 자료이다. 그리고 봉수는 우역(郵驛)과 밀접하게 배치하여 변경의 군사정보를 중앙에 알려주는 상호보완관계를 유지하면서 발전하였다.

현재 발굴된 한대의 주요 봉수 유적지는 신강 위구르자치구, 다치야 북서지구, 신강 위구르자치구 로푸노르 서안(樓蘭), 감숙성 소륵하 유역(敦煌), 감숙성−내몽고자치구 에치나하 유역(居延), 내몽고자치구 우란부카 사막지역, 내몽고자치구 라오하하 서안, 요녕성 무순시 동북−혼하 북안 등이 있다.

당대(唐代)에는 북쪽의 돌궐(突厥)을 방어하기 위하여 병부봉식(兵部烽式)에 의거 완성되었다. 봉수대 설치기준은 30리 간격이었으며, 매 봉화대에 사(師) 1명, 부(副) 1명, 봉자(烽子) 5명을 배치하였다. 봉화대 위에는 토통(土筒) 4개, 화태(火台) 4개와 땔감(柴)·쑥(蒿)·목재·갈대 및 낭분(狼糞) 등의 거화(擧火) 재료를 비치하였다. 통신 방법은 주연야화(晝烟夜火)였으며, 바람이 불거나 안개가 끼어 봉화를 식별할 수 없을 때에는 각력인(脚力人)이 달려가 보고하였다.

거화방법은 적병이 50명−500명일 경우 1거(炬), 500명−3,000명일 경우 2거, 500기(騎)−1,000기의 경우 3거, 1,000−10,000명의 경우 4거를 올려 신호하였다. 적병의 인원수를 기준으로 거화방법을 세분한 점이 우리와는 사뭇 다르다. 이와같은 당대의 봉수제는 한국·일본 등 동아시아 봉수제의 원류로서 중요한 영향을 끼쳤다.

2. 일본 봉수의 유래와 조직

1) 일본 최초의 봉수 유적

최근 일본에서는 우도궁시(宇都宮市)의 비산성적(飛山城跡) 수혈유구(竪穴遺構)에서 '봉가(烽家)'라 묵서(墨書)된 토기의 발굴로 말미암아 봉수에 관한 연구가 활기를 띠고 있다. 비산성적은 중세 하야국(下野國)의 성곽유적으로서 1977년 국가사적으로 지정된 이후 1992년부터 1995년까지 발굴조사를 실시, 봉가묵서토기(烽家墨書土器)의 출토는 학술적으로 규명한 결과 최초의 봉수 유적으로서 주목을 받게 되었다. 특히 수혈유구와 토기의 발굴은 일본 고대의 노로시 제도 즉 봉제(烽制)에 대해 많은 시사점을 주었다.

일본에서는 봉수를 옛부터 노로시(のろし) 또는 토부히(とぶひ; 度布比)라 하였다. 국가의 군사통신 시설로서 정식적으로 법제화한 것은 율령국가체제하의 봉제에서 비롯되었다. 일본 고대의 평안시대(平安時代)에 편찬된 『화명유취초(和名類聚抄)』라는 사전에는 봉(烽)을 토부히라 하였다. 고대 율령제하의 군방령(軍防令)의 규정에 의하면 봉은 40리(약 20㎞)마다 설치되어 낮에는 연기(煙)를, 밤에는 불(火)을 올려 신호를 보냈다. 또 연기나 횃불을 들어 전방의 봉수가 수신신호를 받지 못하는 경우 도보로 연락원을 파견하는 규정을 두었다. 일본의 봉수는 전달할 수 없을 경우 도보로 전달했기 때문에 대부분 중요한 관도(官道) 즉, 도로 연변에 설치하여 도로상의 역가(驛家)인 역참(驛站)과 밀접한 관련을 가지고 운영되었다.

거화재료는 군방령에 의하면 연기를 내는 데 필요한 재료는 쑥·볏짚·섶이 대부분이고 경우에 따라서는 여우똥을 사용하였다. 횃불을 피우는 데 필요한 재료는 섶나무와 억새이다. 불을 피우기 위해서는 발화재가 필요하다. 이를 화거(火炬)라 하는데 건조한 갈대나 억새를 중심에 두고 주위에는 소나무 또는 삼나무잎을 볏짚으로 묶어 사용하였다.

우도궁시 비산성적에서 출토된 토기에 쓰인 봉가(烽家)의 의미를 살펴보면 봉(烽)은 『만엽집(万葉集)』에서는 비화(飛火)라 하고, 『화명유취초』에서는 '토부히(度布比)'라 읽고 있다. 그리고 가(家)는 や, け, か 등으로 쓰인 용례를 통해서 볼 때 봉가는

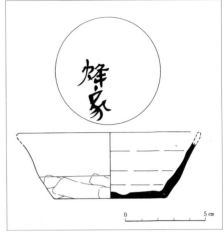

비산싱직과 봉가묵서명도기 실측도

토부히야(とぶひや) 또는 토부히노야케(とぶひのやけ) 등으로 읽을 수 있다. 봉가는 봉수가 있는 공공시설의 의미가 아닌가 한다. 군(郡)의 청사(廳舍)를 군가(郡家), 역(驛)이 있는 곳을 역가(驛家)라 하듯이 고대 율령국가의 공공시설의 성격을 뜻한다. 따라서 봉가는 봉장(烽長)이라든지 봉자(烽子) 즉 봉수군(烽燧軍)이 사용한 시설과 관계가 깊다고 하겠다. 일종의 봉수 집터 유적인 것이다.

2) 일본의 봉수 연혁

야요이(彌生)시대부터 봉수와 관계된 소토광(燒土壙) 유적이 출토되어 통신망이 형성되었을 가능성을 추정케 하고 있으나 군사통신망으로서 제도화한 것은 고대국가의 봉제(烽制)부터였다. 일본의 고대 봉제는 중국 당제(唐制)의 영향을 받았다고 보여진다. 일본 고대 봉제에 대해서는 663년 백촌강(白村江) 전투 때에 패한 일본이 나당연합군의 침입에 대비하여 북규슈(北九州) 지방에 설치된 것이 봉제의 효시라 한다. 『일본서기(日本書紀)』에 의하면 664년에 대마도·일기도(壹岐嶋)·축자국(筑紫國) 등에 방인(防人)과 봉(烽)을 두고 동시에 축자(筑紫)에 수성(水城)을 쌓았다는 기사가 보인다. 이것이 기록상 봉수에 관한 최고의 문헌사료이다.

일본학자(瀧川政次郞)의 연구에 의하면 중국 당나라의 봉제는 봉수 설치 기준 30리, 봉사(烽師) 1명, 봉부(烽副) 1명, 봉자 6명 구성되어 2년 교대근무를 하는 데 비해, 고대 일본의 봉수는 40리마다 설치하여 봉장 2명, 봉자 4명이 3년 교대근무를 하는 점이 다르다고 분석하였다.

일본에서 봉수가 활발히 사용된 것은 남북조시대에 합전(合戰) 즉 전투시의 신호로 사용되었으며, 전국시대에는 전국대명(戰國大名)들이 봉수에 의한 군사통신 시스템을 사용하게 된 때부터이다. 근세에 있어서는 나카사키에 내항하는 외국 선박을 알리기 위해서 봉화산 정상에 봉화대가 구축되었다는 사실이 전해지고 있다. 일본 지명에도 '火の山' '燒火山' 등이 많이 남아 있는 것으로 보아 봉수제도가 크게 발달하였음을 말해 주고 있다.

3) 율령국가시대의 봉제

일본의 고대 야마토(大和) 시대의 율령인 군방령(軍防令)에 의하면,

① 봉수의 배치는 40리 간격으로 설치한다.(단, 산악지대는 예외)
② 전달방법으로 낮에는 연화(烟火), 밤에는 횃불을 들되, 연화할 때에는 1각(30분) 간격으로, 횃불을 피울 때에는 1거(1束의 火炬) 간격으로 전달한다.
③ 앞뒤 봉수가 대응할 수 없을 때에는 각력(脚力, 도보 연락인)으로 전송하고 그래도 연락할 수 없을 경우에는 그 이유를 관할 국사(國司)에 보고한다.
④ 거화(擧火) 방법은 『연희식(延喜式)』에 따르면 대재부(大宰府) 관내의 제국(諸國)에 봉화를 보낼 규정으로써 국가사절의 선박은 1거(炬)를 들고, 적이 쳐들어오면 2거, 선박 200척 이상은 3거를 들게 하였다.
⑤ 봉수의 조직은 봉장 2명, 봉자 4명으로 구성되어 봉장 2명이 3개 이하의 봉수를 관장하고, 3년마다 교체하며 봉수를 수리할 때에는 봉자의 노역(勞役)을 사용하였다.
⑥ 봉장은 부담 경감을 위해 과역(課役)이 면제되었으며, 봉자도 요역(徭役)이 면제되었다.
⑦ 화거의 배치는 대체로 25보(약 45m) 떨어져 설치하고, 화거의 구조는 건조시킨 갈대를 중심으로 갈대 위에 건초를 사용하여 매듭을 묶어 그 매듭 주위에 송진이 많은 소나무를 끼워 넣어 사용한다. 화거 10구 이상을 건물 아래 시렁에 쌓아 두고 비에 젖지 않게 하였다. 또 연기를 피울 때는 쑥·볏짚·삼나무 등을 혼합하여 땔감으로 만들어 쓰며, 볏짚이나 삼나무 등을 저장한 곳은 방화나 자연발화를 방지하도록 하였다.
⑧ 그 외에 위금률(衛禁律)을 제정하여 감시 소홀, 봉수를 거화하지 않은 경우, 적의 침입에 따른 거화 숫자를 틀리게 올린 경우, 봉화를 올렸는데 다음 봉화가 응하지 않은 경우, 사자(使

者)를 파견하여 보고하지 않은 경우 도형(徒刑)에 처하는 등의 형벌을 규정하였다. 부정하게 백성이나 군인, 성책을 파손하는 경우 교형(絞刑) 등 봉화 관련 처벌은 매우 엄격하였다. ⑨ 봉수의 관리는 지방에서는 제국의 국사(國司), 중앙에서는 병부경(兵部卿)이 맡았다.

그리하여 국가의 서울인 등원경(藤原京)에서 평성경(平城京)이나 평안경(平安京)으로 천도한 이후 중앙과 지방을 연결하는 군사통신 조직이 확립되었던 것이다. 이러한 고대 봉수제도는 중세, 근세를 거쳐 일본 막부체제를 유지하는 봉수제의 근간이 되었다.

3. 한국 봉수의 연혁과 조직

1) 삼국시대의 봉수

우리나라 봉수제가 군사적 목적으로 처음 실시되었다는 기록은 고려 중기 때부터 찾아볼 수 있다. 그러나 산정상에서 서로 바라보며 신호로써 의사를 소통하는 지혜는 일찍부터 발달하였을 것이다. 봉수에 관한 유래는 일찍이 가락국 수로왕 전설에 보이고 있다. 『삼국유사』 가락국기에 의하면 가락국의 김수로왕이 허황후를 맞이하기 위하여 유천간(留天干)을 시켜 망산도(望山島) 앞바다에 나가게 하고 신귀간(神鬼干)을 시켜 승점(乘岾−輦下國)으로 나아가게 하여 붉은 빛의 돛을 달고 붉은 깃발을 휘날리는 배를 횃불로써 안내하였다는 기록에서 횃불을 들어 신호했던 봉수의 유래를 추정할 수 있다.

한편 삼국시대에 이르면 백제 온조왕 10년(기원전 19)에 말갈족이 국경을 침입하자 군사 200여 명을 파견하여 곤미천(昆彌川)에서 막아 싸웠으나 패배하여 청목산에서 방어하고 있다가 다시 정병 100여 명을 거느리고 봉현(烽峴)을 나와 공격했더니 적들이 퇴각하였다는 사실과 고이왕 33년(266)에 신라의 봉산성(烽山城)을 쳤다는 사실 등에서 봉현·봉산성·봉산의 명칭들이 보이고 있어 삼국시대 초기에 봉화대가 설치되지 않았나 추측된다. 특히 6세기초 고구려 안장왕 때에 봉화를 올렸다는 사실이 『신증동국여지승람』 고양군 고적조에 전해지고 있어 어느 정도의 봉수제가 실시되고 있음을 추정케 하고 있다.

아마도 삼국시대에는 수도 서울을 중심으로 지방의 군현 및 변방의 국경을 연결하는 중요 교통로를 따라 산정상을 이용한 경보체계가 발달했을 가능성은 높다고 보여진다.

국내에 현존하는 연조 중 가장 원형이 잘 보존되어 있는 남해 대방산봉수 연조.

군사체계 및 지방군현제의 수립과 삼국 사이의 영토 확장·병합과정을 통한 통일과정에서 변방의 군사정보를 전달하는 신호체제가 발달할 수 있었을 것이다. 도성과 지방의 산성을 연결하는 교통로와 병행하여 정보를 주고받는 경보 시스템을 바탕으로 고대국가의 정치·군사체제가 유지될 수 있었다고 보여진다.

2) 고려시대의 봉수

한국 봉수에 관한 구체적 문헌기록이 나타나기 시작한 것은 고려시대 중기 때부터이다. 인종(仁宗) 원년(1123) 중국 송의 사신 서긍(徐兢)이 쓴 『고려도경(高麗圖經)』에 의하면 송의 사신이 흑산도에 들어서면 매양 야간에는 항로 주변의 산정상 봉수에서 횃불을 밝혀 순차적으로 왕성(王城)까지 인도하였다는 사실이 전해지고 있어 봉수제가 비교적 잘 운영되고 있음을 알 수 있다.

그러나 봉수제의 제도적 규정이 확립된 것은 의종 3년(1149) 8월에 서북병마사 조진 약(曺晉若)의 주장에 의하여 봉수식(烽燧式)을 정한 데서부터 비롯되었다. 평시에는 횃불와 연기를 1거(炬), 2급시에는 2거, 3급시에는 3거, 4급시에는 4거를 올리고 각 봉수 소에는 방정(防丁) 2명과 백정(白丁) 20명을 배정하고 평전(平田) 1결씩을 지급한 것이 그것이다. 방정은 조선시대의 오장과 같이 봉수대의 관리와 봉수군을 지휘·감독하는 하급장교이며, 백정은 전방을 바라보며 횃불을 들거나 방어를 담당한 근무병 내지는 보 초병이었을 것이다. 조선의 봉수군에 해당한다. 그리고 이들에게 지급된 평전은 봉수업 무에 대한 대가로 생활대책을 마련해 준 것이라고 본다. 그리하여 수도 개경과 지방을 연 결하는 봉수제도가 정비되었음을 알 수 있다.

이러한 고려의 봉수제도는 몽고의 침입으로 일시 무너지게 되었으나 여말선초 왜구와 홍건적의 침입으로 다시 복구·재편되었다. 충정왕 3년(1351) 8월에 송악산봉수(확)소 를 설치하고 장교 2명, 부봉확 장교 2명과 군인 33명을 배치하였다는 사실에서 알 수 있 다. 당시 왜구는 서남해안을 무대로 고려의 조운로(漕運路)를 차단하고 수많은 인명과 재물을 약탈해 갔다. 이에 조정에서는 왜구의 침입으로부터 백성과 국경을 보호하기 위 하여 서해안 방어전략으로써 진보(鎭堡)의 수축과 봉수를 재건하는 데 주력하였다. 공 민왕은 죄인을 봉수군으로 정배(定配)한다거나 각 주군(州郡)에 명하여 척후(斥候)와 봉수로 하여금 인접과의 연락을 신속히 하여 왜구 방어에 만전을 기하도록 조치하였다.

3) 조선시대의 봉수

(1) 봉수제 정비와 북방지역의 연변봉수

14세기말에 이르러 새로운 왕조를 세운 태조 이성계는 국호를 조선(朝鮮)이라 정하고 수도를 개성에서 한양으로 옮긴 후 중앙집권적인 정치체제를 구축하였다. 그리고 북쪽 의 여진족의 침입에 대한 방비책과 남쪽의 왜구에 대한 방어가 무엇보다 긴급한 국가과 제였다. 그리하여 먼저 동북지방 4군6진의 국경방어 대책을 서둘러 마련했다. 즉 태종 6 년 동북면 도순문사가 경원지역에 흩어져 사는 군민을 불러모아 성 가까이 모여 농사를 지으면서 적이 나오는 요충지에 망을 볼 수 있는 높은 곳에 봉수를 설치하고 척후를 부지런하게 하도록 국방대책을 건의한 데서 알 수 있다. 봉수는 산성 축성과 함께 변방의 적을 방어하는 주요 시설물이었기 때문이다.

어떻든 조선 초기 세종 시대에 이르러서 4군6진의 설치와 병행하여 야인(野人;여진족)에 대한 방어책으로써 진보(鎭堡)의 수축과 더불어 봉수 즉 연대(煙臺) 축조 및 이의 운영을 통하여 변방의 국경방비를 튼튼히 하였다.

조선 초기에는 북쪽의 야인, 남쪽의 왜인(倭人)에 대한 여러 대신들이 외구제어책(外寇制禦策)을 수립하여 각 지방관리에게 하달하여 시행케 하였는데, 야인방어책으로써 평안도의 경우 그냥 산꼭대기에서 경계하자는 산정상후망론(山頂上候望論)과 연대를 축조하여 망보자는 연대설치론(烟臺設置論)이 대두하여 갑론을박하다가 연대설치론이 대세로 자리잡아 갔다. 그리하여 압록강—두만강 연변의 4군6진 지역을 중심으로 연대를 축조하게 되었다.

세종 15년(1433) 1월, 영의정 황희, 좌의정 맹사성 등이 여연(閭延)—강계(江界)에 이르는 연변지역 방어와 관련 평안·함길도에 조관(朝官)을 파견하여 목책(木柵)·군기(軍器)·성자(城子) 등을 점검케 하고 강변에 연대를 설치할 것을 주장하게 되었다. 그 결과 진보와 봉화대 간의 거리를 살펴 석성(石城)을 신축하거나 봉화 연대를 추가로 설치하였다. 세종 16년 6월 강계(江界)지역의 이산(理山)으로부터 봉화대까지 120여 리, 도을한봉수 60리, 통건 60리, 산양회 90여 리이므로 중앙인 신채리(新寨里)에 석성을 쌓은 것을 계기로 세종 18년 5월에는 평안도 도절제사 이천(李蕆)에게 보낸 지시에 따라 강계지역의 여연(閭延)으로부터 이산에 이르기까지 강을 따라 높은 고지에 10리 혹은 15리 간격으로 중국의 제도에 의하여 연대를 축조하고 매일 올라가 망을 보다 적이 나타나면 각(角)을 불고 혹은 포(砲)를 쏘아 성세(聲勢)를 서로 호응하며 적이 접근해 오면 불을 놓거나 돌을 던져 제어하도록 연대를 축조하였다.

이와같은 연대에서는 척후병 4~5명을 배치해 망을 보다가 적이 출현하면 군기감(軍器監)에서 제작하여 보낸 북(鼓)을 치거나 각을 불거나 또는 포를 쏘아 백성을 진보(鎭堡)에 들어가게 하는 청야입보(淸野入堡) 전략을 실행하였다. 이 당시 연대를 지키는 척후병은 황해·평안도의 보충군과 혁거사사노비를 전속시켜 번갈아 수비하게 하였다.

그리하여 세종 19년 2월, 비로소 각도 연변(沿邊)의 경계지역에 이른바 초기봉수(初起烽燧)를 세우게 되었다. 즉 세종 19년 2월, 의정부의 제안에 따라 각도의 극변(極邊) 경계지역에 봉화가 있는 곳은 연대를 높이 쌓고 근처에 사는 백성 10여 인을 모집하여 봉졸(烽卒)로 배정하여 매번 3인이 병기를 가지고 항상 그 위에서 주야로 정찰하여 5일 만에 교대하게 하고 사변이 있으면 급히 알리도록 하였다. 이것이 이른바 연변봉수(沿邊烽燧) 또는 연대의 실체인 것이다. 여기에 따르면 연변봉수 즉 연대에서는 봉수군(또는 侯望人, 烽卒) 3명이 5일 교대근무를 하고 있음을 알 수 있다.

세종 19년 5월, 어연(閭延)·조명간(趙明干)에 야인 도적 300여 기병 중 40여 기병이 먼저 강을 건너 쳐들어오자 연대에서 두 번 신포(信砲)를 발사하여 목책 밖의 들에서 농사짓던 사람에게 도적이 온 것을 알렸더니 혹은 목책 안으로 들어가고 혹은 숲으로 흩어져 숨어서 죽거나 사로잡힘을 피해 연대의 유익함을 경험할 수 있었다. 따라서 이후부터는 척후를 위한 연대 설치는 더욱 증가하게 되었다. 그리하여 평안도 소용괴(所用怪)·조명간(趙明干)·어괴용(於怪用)의 연대에 중국식 제도를 모방하여 대(臺)를 축조하고 대 밑에는 참호를 파서 적의 침입에 대비하였다.

이에 평안지역 방어책이 구체적으로 제시되었다. 세종 20년 4월, 평안도 경차관 박근(朴根)의 방어책에 따르면,

① 연변에 5리 간격으로 낮에 후망(候望)하는 주망(晝望) 1개소를 설치하고 만호(萬戶)가 농사철에 군인을 인솔하여 순행하며 수호한다.
② 여연(閭延)에서 이산(理山)에 이르기까지 현재 설치되어 있는 연대 15개 중에서 우예연대(虞芮煙臺)는 조속히 수축하고 나머지는 그 전대로 둔다.

고 하여 평안도 연변에 대한 방어책으로써 척후를 위한 연대 수축이 얼마나 중요한가를 살필 수 있다.

이후 세종 22년(1440) 3월에 평안·함길도 도체찰사로 병조판서 황보인(皇甫仁)을 파견하여, 연변 읍성과 구자(口子)의 석보(石堡)와 목책의 견고성 조사, 연변 각 구자의 연대와 주망(晝望) 및 요해처(要害處) 증감, 방수(防戍) 상황과 군인 숫자 점검, 각 구자

의 화포 및 화약 점검, 함길도 신설 읍의 입거(入居) 인물의 유이(流移) 실태, 갑산(甲山)—여연(閭延), 창성(昌城)—의주(義州) 사이 읍의 신설 여부, 강계(江界) 및 이산(理山), 소삭주(小朔州)의 축성 편부(便否) 등의 사목(事目)을 작성하여 조사함으로써 대대적인 연변 방어책을 강구하게 되었다. 그 결과 황보인이 연변(沿邊) 비어책(備禦策)을 건의한 것 가운데 연대 관련사항만을 추려 보면 다음과 같다.

① 평안도의 경우 여연부(閭延府)의 무로연대(無路煙臺)는 읍성과의 거리가 멀고, 강 건너에는 적들의 왕래로가 많기 때문에 온대(溫大) 주망봉(晝望峯)과 조명간(趙明干) 동쪽 봉우리 사이에 연대를 축조할 것.

② 함길도 갑산군의 지항포(池巷浦)는 적의 요충로이니 석보(石堡)를 수축하고 갑산군 동쪽 가음마동(加音麿洞)과 동량북(東良北)이 서로 연하고 있으니 감음파(甘音坡)에 성벽과 연대를 축조할 것.

③ 의주 서쪽의 금음(今音), 동암(同暗), 임홍(林弘), 늑당(勒堂)의 구자(口子)와 진병곶(鎭兵串)에 신포(信砲)소리가 들릴 만한 곳에 연대를 쌓을 것.

④ 함길도의 종성(鍾城)을 수주(愁州)에 이설하고 다온평(多溫平)에 신읍(후의 온성군)을 설치하며, 회령(會寧) 서쪽 권두가(權豆家) 서봉(西峰)에 보루(堡壘)를 쌓은 다음, 권두가 서봉부터 경흥(慶興) 남쪽 서수라곶(徐水羅串)에 이르기까지 신포(信砲)소리가 들릴 만한 곳을 헤아려 모두 연대를 설치할 것을 건의하였다. 그뿐만 아니라 평안도의 변방 방비책에 대해서는 수많은 논의를 거쳐 연대 축조를 가속하였다.

세종 23년(1441) 9월, 평안도 도관찰사 정분(鄭苯)이 여진족 오량합(吾良哈)이 여연(閭延), 유파(楡坡) 및 우예구자(虞芮口子)에 잠입하여 군인과 부녀자 및 우마를 노략질한 사건을 알려오자 이에 대한 방어책을 여러 각도로 강구하였다. 세종 24년 1월, 도체찰사 이숙치가 평안도 수비에 대해 삭주부(朔州府)의 소삭주(小朔州) 이설, 무창—의주 사이에 만호(萬戶)를 증설하여 36개의 진보(鎭堡) 설치, 연대와 봉수를 설치하여 적의 침입을 경계할 것을 건의한 바 있었다. 동왕 25년 4월, 도체찰사 황보인이 평안도에서 돌아와 보고함으로써 결국은 창주구자(昌州口子), 전자동(田子洞) 봉두(峰頭)와 의주(義州) 청수구자(靑水口子) 봉두(峰頭)에 농한기를 이용하여 연대를 축조함으로써 결국 무창(茂昌)에서 의주(義州)까지의 연변에 거의 모두 연대를 축조하게 되었다. 그리고 세종 25년 9月, 도체찰사 황보인을 시켜 가파지보(加波地堡)와 인차외보(因車外堡)를 조사하게 하고 평안도 농소리(農所里) 봉두(峰頭)와 함길도 혜산보(惠山堡)를 연결하는 연대를 설치함으로써 압록-두만강 연변의 연대망(烟臺網)은 거의 완성되었다.

또한 연대의 신설과 이설 그리고 혁파를 통해서 연변지역의 봉수체계를 재정비하게 되었다. 평안도 의주의 석계연대(石階煙臺)를 벌좌리(伐坐里) 봉우리로 이설하였으며, 소삭주(小朔州) 연평현(延平峴) 연대 신설, 자성(慈城) 경내의 허공교구자(虛空橋口子) 연대 신설, 강계부 적유령(狄踰嶺) 봉수를 신설하였다. 반면에 평안도 의주지방의 언내 혁파에 대한 논의 결과 조산연대(造山煙臺)·야일포연대(也日浦煙臺)·광성연대(光城煙臺)를 혁파하였다. 당시 의주 일대에는 남쪽에 통군정(統軍亭)연대·조산(造山)연대·오언기(吳彦基)연대·야일포(也日浦)연대·고정주(古靜州)연대·광성(光城)연대, 인산(麟山)연대·기성(岐城)연대가 있었고·북쪽에 구룡(九龍)연대·석계(石階)연대·수구(水口)연대·송곶(松串)연대가 있었다. 적로(賊路)의 위치와 연대 사이의 간격을 고려하여 결국 3개의 연대는 폐지하게 된 것이다.

또 세조 4년 12月, 평안·황해도 도체찰사 신숙주(申叔舟)의 계본(啓本)에 의거하여 병조의 주장에 따라 연대의 거리가 멀지 않은 곳을 중심으로 벽동군 수락(水落)연대·창성군 성저(城底)연대·영유현 당대연대·장경곶(長京串)연대·증산현 가을곶(加乙串)연대·함종현 입석(立石)연대·용강현 하서촌(下鋤村연)연대·삼화현 동림산(東林山)연대·광량(廣梁)연대·목촌(木村)연대·용천군 오도곶(吾道串)연대·양랑(梁郎)연대·신지도(信知島)연대를 혁파하였다.

세조 5년 4月, 함길도 도체찰사 신숙주의 계본에 의거, 병조의 주장에 따라 회령부 보을하연대(甫乙下煙臺)가 야인들의 경계에 깊이 들어가 있어 형세가 고단할 뿐만 아니라 여진족의 한 부족인 알타리(斡朶里)가 거주하는 곳과 너무 가까워서 지형상 불리하므로 보을하연대(甫乙下煙臺)를 혁파하였다. 그리고 세조 6년 4月 평안, 황해도 도순찰사 김질의 계본에 의거, 병조의 주장에 따라 강계부 산단(山端)연대와 건배자개(乾背者介)연대를 혁파하였다. 반면에 세조 6년 11月, 강원·함길도 도체찰사 계본에 의거, 병조가 주장함에 따라 갑산진 진동보(鎭東堡)의 이설과 함께 동인원(東仁院)에 동인원보(東

仁院堡) 및 동인원연대(東仁院煙臺)를 신축하였다.

한편, 함길도 지역의 경우 연대 설치에 대해 살펴보면 세종 14년 6월 함길도 도순찰사 정흠지(鄭欽之)의 건의에 의하여 경원(慶源)과 석막(石幕) 상원평(上院平) 성터 이북과 남쪽의 용성(龍城)에 이르는 곳에 연대 17개소를 설치하여 연화(煙火)를 마주보며 포성을 서로 듣게 하고 연대 한 곳마다 화통이습인(火㷁肄習人) 1명, 봉수군 3명을 두어 간수하게 하고, 신포 2~3발 대발화 4~5자루 깃발(白大旗) 등의 비품을 준비해 두었다가 적이 출현하면 낮에는 연기를 올리고 밤에는 횃불을 들며 또 신포를 쏘아 서로 호응

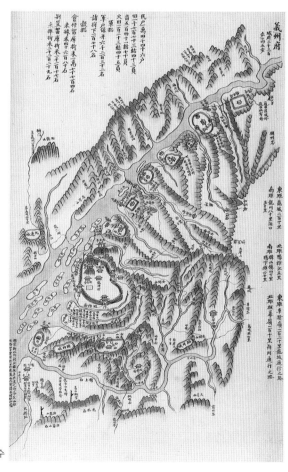

의주부 지도상에 나타난 연변봉수

하며 백대기를 장대에 달아 편의한 방법으로 적의 출현을 알리게 하였다.

세종 19년(1437) 12월에 함길도 도절제사에게 내린 변방방어책에 따르면 척후(斥候)야말로 병가(兵家)의 요긴한 일이라 하여 연대를 설치하여 척후와 수비를 할 수 있도록 하였다. 그후 수 차례의 논의를 거쳐 세종 23년 1월, 도체찰사 황보인(皇甫仁)을 다시 함길도에 보내어 종성(鍾城)의 수주(愁州) 이설과 동관(童關)·동풍(東豊)·서풍(西豊)·응곡(鷹谷)·방원보(防垣堡)의 신설, 회령에 고령(高嶺)·화풍(和豊)·옹희보(雍熙堡) 신설, 다온평(多溫平)에 온성부(穩城府) 설치와 풍천(豊川)·주원(周原)·낙토보(樂土堡) 신설, 경원에 훈융(訓戎)·진북(鎭北)·안정(安定)·무이보(撫夷堡) 신설, 경흥에 진변보(鎭邊堡) 설치, 회령부로부터 경흥 두만강 연변에 연대를 설치하게 됨으로써 6진지역의 진보 설치와 연대를 축조하게 되었던 것이다. 세종 25년 10월, 함길도 도절제사 김효성(金孝誠)이 갑산군 지항포·혜산구자(惠山口子)·허천강(虛川江) 등에 봉화 10개소를 더 설치하고 연대를 축조하도록 건의하였다. 세종 28년에는 황보인을 파견하여 함길도 군사 1만 명을 동원하여 종성 남쪽과 회령 북쪽을 연결하는 행성(行城, 行營)과 갑산석보(甲山石堡)를 축조함으로써 행성과 진보의 축조를 통한 6진지역의 방어책을 한층 강화하였다.

이와같은 압록강-두만강 연변의 연대설치를 계기로 봉수제도가 점차 정비되어 이윽고 세종 28년 10월, 봉수법이 다음과 같이 상세하게 정해졌다.

① 연변의 연대 1개소에 봉화군 10명, 감고 2명을 정해 상·하번으로 나눠 교대근무하게 한다.
② 내지봉수에 봉화군 6명과 감고 2명을 정하고 두 번으로 나누어 밤낮으로 경계하되 낮에는 연기로써, 밤에는 불로써 중앙에 전달한다.
③ 각도의 수로(水路)와 육지에 따라 봉화의 상호조응(相互照應)하는 곳과 산명(山名)·식수(息數)를 수로와 육지로 나누어 장부에 기록하고 병조와 승정원, 의정부 및 관찰사, 절제사, 처치사의 각 영(營)에 비치하여 후일의 빙거(憑據)로 삼는다.
④ 관찰사와 절제사의 관할구역에 사람을 파견하여 근무실태를 조사하되 점호에 빠지면 초범은 태형(笞刑) 50대, 재범은 장형(杖刑) 80대, 삼범은 장형(杖刑) 100대를 집행하며, 고찰하지 못한 관리는 초범 태형 50대, 재범은 장형 100대와 관직을 파면시킨다.
⑤ 만약 노약(老弱)과 잔질(殘疾)로써 임무를 감당할 수 없어 사적으로 대체시킨 자는 대명률

(大明律)에 의거, 대체한 자는 장 60대와 수적충군(收籍充軍)하고, 대체시킨 자는 장 80대에다 이전의 역에 충군한다. 단 자손(子孫)·제질(弟姪)과 동거친속(同居親屬)이 대체(代替)를 원하면 허가해 준다.

⑥ 평상시에는 낮에 연기로, 밤에 불로써 전하게 하며 만약 앞의 봉화가 상준(相準) 즉 봉화를 올리지 않으면 다음 봉화에 즉시 알리고 소재관(所在官)에서는 까닭을 추고(推考)하여 병조에 공문으로써 알린다. 봉화를 피우거나 올리지 않은 군사는 사변시에는 장 100대를 집행하고 무사시에는 명령을 어긴 죄로 논하며 봉화를 거행하지 않아 호구와 성을 함몰시킨 자는 참형에 처한다.

⑦ 서울과 지방의 죄인 중에서 도형(徒刑)을 범한 자는 봉화군에 충원하여 공역(供役)하게 하되, 만기가 되면 놓아 준다.

⑧ 목멱산봉수대 5소의 간망군(看望軍)은 전의 15명에다 5명을 추가하여 상·하 양번으로 나누고, 매소 2명은 입직(入直)하고 5명은 경수상직(警守上直)하는 예에 의거, 봉화가 있는 곳에 서로 번갈아 밤낮으로 입직하게 하고 출근여부와 후망의 근만(勤慢)을 고찰하여 병조에 보고하게 한다.

⑨ 연변(沿邊) 연대의 축조하는 법식과 중부(中部, 內地) 봉화의 배설(排設)하는 제도와 봉수군의 출근 등에 대한 조목은 병조로 하여금 마련하여 시행한다.

그리고 이듬해 곧바로 연대의 축조방식과 내지 또는 복리(腹裏) 봉수의 배설제도도 마련하게 되었으니, 세종 29년 3월, 의정부에서 보고한 바에 의하면 다음과 같다.

① 연변의 각 곳에 연대를 축조하되 높이는 25척, 둘레는 70척이며 연대 밑의 4면은 30척으로 한다. 밖에는 참호(塹壕)를 파는데 깊이와 넓이는 각각 10척으로 하며 모두 영조척(營造尺)을 사용하며, 갱참(坑塹)의 외면에는 길이 3척 길이의 목책을 설치하되 위를 뾰족하게 깎아 땅에 심고 넓이는 10척으로 한다.

② 연대 위에는 가옥(假屋)을 지어 병기(兵器)와 조석(朝夕)에 사용하는 물과 불을 담는 기명(器皿) 등의 물품을 간수한다.

③ 후망인(候望人)은 10일 동안 서로 번갈아 지키되 양식이 떨어졌을 때에는 고을의 감사와 절제사가 모자라는 것을 보충해 준다.

④ 감고(監考)와 봉화와 바다를 바라보는 후망인은 공부(貢賦) 외에 잡역(雜役)을 일체 감면한다. 감고 중에서 부지런하고 조심성 있는 사람은 6년마다 한 차례 산관직(散官職)을 제수하며 적을 잡게 한 후망인은 서용(敍用)하고 상을 준다. 그 나머지는 선군(船軍)의 예에 의거하여 도숙(到宿)을 계산하여 해령직(海領職)에 임명한다.

⑤ 복리봉수(腹裏烽燧)는 전에 배설한 곳에 연대를 쌓지 말고 산봉우리 위에 연조(烟竈;아궁

이)를 쌓아 올려 위는 뾰족하게 하고 밑은 크게 사각형 또는 원형으로 하며, 높이는 10척에
지나지 않게 한다. 또 담장(垣墙)을 쌓아 사나운 짐승을 피하게 한다.

⑥ 봉화는 사변이 있으면 감고가 즉시 해당 고을 관리에게 알리고 사변이 없으면 매10일마다 1
회씩 감사(監司)에게 보고하며 사계절마다 병조에 통첩을 보내 후일에 참고하게 한다. 그리
고 감호와 봉수군의 근만(勤慢)을 수령과 감사가 고찰하게 하고, 군기(軍器)를 점호하는 경
차관(敬差官)도 아울러 사실을 검사하여 계문(啓聞)하게 한다.

이렇게 하여 조선 초기 북방지방 4군6진 지역을 중심으로 한 연변봉수체계가 확립되
었던 것이다. 『세종실록지리지』에 나타난 연변봉수의 네트워크를 종합하면 다음과 같
다.

■ 4郡지역

義州牧:통군정(統軍亭;동-수구(水口),남-위원(威遠) 고성(古城))-수구(水口)-금동전동중
(金同田洞中)-여타탄중(驪駝灘中)-연평(延平;동-창성(昌城) 갑파회(甲波回)-위원 고성
(威遠古城;남-인산(麟山) 도산(刀山)

麟山郡:가산(枷山;남-용천(龍川) 서산(西山), 북-위원진 성산(威遠鎭城山)
수로(水路)의 진병곶입소(鎭兵串立所)-우리암(于里巖;남-용천(龍川) 오도곶(吾都串)

龍川郡:군서산(郡西山;북-인산(麟山) 도산(刀山), 남-철산(鐵山) 웅골산(熊骨山)
수로(水路)의 석곶입소(石串立所;남-철산 소곶입소(所串立所), 북- 소위포입소(少爲浦 立
所)-소위포입소(少爲浦立所)-진곶입소(辰串立所)-오도곶(吾道串;북-인산 우리암(亐里
岩)

朔州府:성두(城頭;북-이동(梨洞), 남- 삭주 소곶(所串), 태천(泰川) 농오리(籠吾里)-이동
(梨洞)-건전동(件田洞)-연평(延平;북-창성(昌城) 묘동(廟洞)-소곶(所串;남-구주합배(龜
州 合排) 고성두(古城頭)

寧邊府:무산(撫山) 율현(栗峴;서-태천(泰川) 농오리(籠吾里), 남-박천(博川) 독산(禿山)

昌城郡:묘동(廟洞;동-회한동(廻限洞), 남-삭주(朔州) 연평 고개(延平古介)- 회한동(廻限
洞;동-벽동(碧潼) 호조리(胡照里)

碧潼郡:군내 구자(郡內口子;서-호조리(胡照里), 북-대파아(大波兒)-대파아(大波兒)-소파
아(小波兒)-광평(廣坪)-아이 구자(阿耳口子;동-이산(理山) 나한동 구자(羅漢洞口子)-호

조리(胡照里;서- 옛 창주 구자(昌州口子)

江界府:이거가대(伊車加大;동-여둔(餘屯), 남-분토(分土)-여둔(餘屯;동-산단(山端)-분토(分土;서-이산(理山) 임리(林里)-산단(山端)-호돈(好頓)-이라(伊羅;동-여연(閭延) 다일(多日)

理山郡:산양회(山羊會;동-도을한(都乙漢),서-나한동(羅漢洞)-도을한(都乙漢;북-임리(林里)-임리(林里;북-강계(江界) 분토(分土)-나한동(羅漢洞;서-벽동(碧潼) 아이 구자(阿耳口子)

閭延郡:축대(築臺;서-무로(無路)-무로(無路)-우예(虞芮)-다일(多日;남-강계(江界) 이라(伊羅)

慈城郡:소보리(小甫里;동-우예(虞芮) 태일(泰日), 서-소탄(所灘)-소탄(所灘)-서해(西解)-이라(伊羅)-호둔(好屯)-유파(楡坡)-남파(南坡;서-강계(江界) 산단(山端)

茂昌郡:후주 동봉(厚州東峯)-서봉(西峯)-보산 남봉(甫山南峯)-점리(占里)-시개(時介)-읍성서봉(邑城西峯)-봉포(奉浦)-송원구비(宋元仇非)-보포산(甫浦山)-가사동(家舍洞)-화구비(禾仇非;서-여연(閭延) 손량(孫梁)

虞芮郡:조명간 주산(趙明干主山;동-여연(閭延) 하무로(下無路), 서-신송동(申松洞)-신송동(申松洞)-유파(楡坡)-소우예(小虞芮)-태일(泰日;서-자성(慈城) 소보리(小甫里)

渭原郡:사장 구비산(舍長仇非山;동-강계(江界) 마실리산(馬實里山), 서-남파산(南坡山)-남파산(南坡山)-동천산(銅遷山;서-이산(理山) 합지산(蛤池山)

■ 6鎭지역

慶源府:백안가사(伯顔家舍;동-경흥(慶興) 무안(撫安) 의 전산(前山), 서-아산(阿山)-아산(阿山)-수정(守貞)-동림(東林;북-남산(南山), 서-자미하(者未下)-자미하(者未下;서-종성(鍾城) 내상(內廂)-남산(南山)-중봉(中峯)-마유(馬乳;북-온성(穩城) 입암(立巖)

會寧府:북면 하을개(北面下乙介;북-종성(鍾城), 남-고령 북봉(高嶺北峯)-고령 북봉(高嶺北峯)-고령 전봉(高嶺前峯)-오롱초(吾弄草)-오산(鰲山)-부동우(府東隅)-영안(永安)-염통(念通)-전괘(錢掛;남-부령(富寧) 고봉(高峯)-서면 보화(西面保和)-보을하(甫乙下)-독산(禿山)-관문(關門;동-부동우(府東隅)

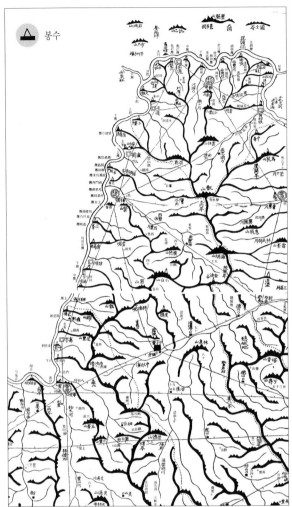

봉수

대동여지도 6진지역의 연변봉수

鍾城府:보청동(甫靑洞;북−온성(穩城) 동건 고성(童巾古城), 남−동관보 북봉(童關堡北峯)−
동관보 북봉(童關堡北峯)−부 북봉(府北峯)−부 남봉(府南峯)−중봉(中峯)−삼봉(三峯)−옛
방원 북봉(防垣北峯)−시응거이(時應居伊;서−회령(會寧)

穩城府:입암(立巖;동−경원(慶源) 마유(馬乳), 북−석봉(石峯)−석봉(石峯)−전강(錢江)−미
전(迷錢)−포항(浦項)−평봉화(坪烽火)−남산(南山)−유원(綏遠)−압강(壓江)−고성(古城)−
시건(時建)−견탄(犬灘)−중봉(中峯)−송봉(松峯)−소동건(小童巾;남−종성(鍾城) 보청포(甫

靑浦)

慶興府: 장항(獐項;북—진변보 전봉(鎭邊堡前峯)—진변보 전봉(鎭邊堡前峯)—구신포(仇信浦)—다롱개가 북산(多弄介家北山)—파태가 북산(波泰家北山)—무안 전산(撫安前山;북—경원(慶源) 백안가사(伯顏家舍)

富寧府: 고봉(高峯;북—회령(會寧) 전괘(錢掛), 남—무산보 북봉(茂山堡北峯)—무산보 북봉(茂山堡北峯)—읍성 서봉(邑城西峯)—상장항(上獐項)—하장항(下獐項;남—경성(鏡城) 나적동점(羅赤洞岾)

三水郡: 농소 봉화(農所烽火;서—무창(茂昌) 후주보(厚州堡), 서—가을파지(加乙波知)—가을파지(加乙波知)—송봉(松峯)—남봉(南峯)—독탕(禿湯)—나난(羅暖;동—갑산(甲山) 최을춘가 난봉(崔乙春家暖峯)

(2) 왜구 방어책과 남·서해안지역 봉수망 구축

13—16세기에 걸쳐 우리나라 해안에 출몰하여 약탈을 일삼은 일본 해적을 우리는 흔히 왜구라 한다. 이 왜구들은 고려 때 여몽연합군의 일본 정벌과 일본 국내의 내란으로 몰락한 무사와 농민들이 노예와 미곡을 약탈하기 위하여 쓰시마(對馬島)·마쓰우라(松浦)·이키(壹岐) 등을 근거지로 하여 발생하였다. 이에 대해 여말선초의 홍건적의 침입과 원명교체라는 사회 격변기에 적절히 대처하지 못하여 우왕 때에만 378회나 왜구의 침입을 받게 되어 양곡의 약탈과 인민의 노략 특히 세곡을 운반하는 조운(漕運)에 큰 타격을 주었다. 서남해안의 피해가 더욱 컸는데 새 국가를 세운 조선왕조에서는 왜구대책을 소홀히 할 수 없었다.

남쪽의 왜구를 막는데 남·서해안가의 해망(海望)의 수단으로써 봉수는 군정(軍情)의 긴급한 중대사였다. 당시 왜구의 창궐은 영·호남지방의 세곡을 운송하는 조운제도에 막대한 피해를 주었기 때문에 조정에서는 왜구 방어책을 서둘러 마련하지 않을 수 없었다.

태종대부터 왜구가 시도 때도 없이 침입하므로 봉수를 삼가고 척후를 엄격히 하도록 조치하였으나 그후 세종대에 이르러 좀더 구체화되었다. 세종 1년 5월, 병조에서 외적의 침입에 대비하는 봉화법에 대한 구체적인 방안을 제시하였던 것이다. 종래의 2거화법을

5거화법으로 바꾸었다. 왜적이 바다에 있으면 봉화를 2거, 근경에 오면 3거, 병선이 접전하면 4거, 육지에 상륙하면 5거를 들도록 하였다. 육지에서 적변(賊變)이 일어나 국경밖에 있으면 2거, 국경 가까이 있으면 3거, 국경을 침범하였으면 4거, 접전하면 5거를 들되 낮에는 연기로써 대신하도록 하였다.

그리고 경상도 해안지역의 방어책으로써 세종 21년 6월, 경상도관찰사의 보고에 의하면 각 포(浦)의 병선(兵船) 관리와 봉화를 단속하여 왜적이 쳐들어올 경우 수륙군의 협공에 의하여 국경을 방어하도록 조치하였다. 세종 21년 11월, 경상좌도 도절제사 이징옥(李澄玉)의 「비변책(備邊策)」에 나타난 바와 같이 동래와 영일에서 영해까지 3진 이외의 연변 각 고을의 수령으로 하여금 방어에 전력하게 할 것, 남방 연해변의 향호(鄕戶)를 선택하여 북방에 입거(入居)시키지 말 것, 연해 각 고을의 거민(居民)들이 어염(魚鹽)의 이익을 돌보도록 각 고을 경내의 해변의 중앙에 군보(軍堡)를 설치하여 수륙군사가 협공하도록 할 것 등 진보의 설치와 봉화를 점검토록 하였다.

그리하여 세종 24년 3월, 경상도관찰사의 보고에 의거하여 경상도 거질다포(居叱多浦)와 가까이 있는 방원현(防垣峴)에 연대를 설치하여 각성(角聲)이 서로 들릴 수 있도록 취각군(吹角軍)을 배치하도록 하였다. 그리고 경상도 연해에 민물(陸水)이 서로 통하는 곳에 물지기(水直)가 있었다고 한다. 그런데 그 물지기를 혁파하는 대신에 연대를 축조함으로써 해안방어를 더욱 튼튼하게 하였다.

문종 원년(1450) 4월에 일찍이 연해의 민물이 통하는 곳에 감고(監考) 1명과 군인 5명을 배치하여 왜적의 변고를 망보게 하는 물지기를 배치하였으나 왜적이 몰래 와서 그들을 사로잡아 가므로 바닷가의 경주·울산·장기의 지경연대를 축조하여 왜적을 망보게 하고 그 대신 물지기는 혁파하게 되었다는 것이 그것이다.

세종 26년 8월, 왜구의 침탈을 막기 위하여 남해·거제 등 경상도·전라도 관찰사와 도절제사에게 봉화와 척후를 엄히 검찰하여 대비토록 조치함으로써 남해안 경계에는 연대의 형태로 연변봉수를 축조함으로써 점차 체계적인 봉수망을 확립하게 되었다.

고흥 지역 같은 곳에서는 진보와 봉수를 연계한 방어체제를 구축하게 되었으니, 세종 7년 8월에 전라감사·절제사·처치사 등이 아뢴 바와 같이 현재의 고흥지방 왜구 방어

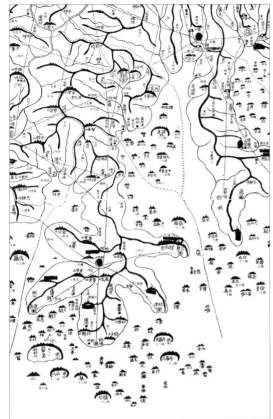

고흥(흥양)지역의 봉수(대동여지도)

남해지역의 봉수(대동여지도)

책을 논하는 가운데 여도(呂島)의 병선(兵船)을 초량(草梁) 대신에 사량(蛇梁)으로 옮겨 정박시키고, 마북산과 수덕산에 별도의 해망 즉 연대를 설치하여 낮에는 연기, 밤에는 봉화(晝烟夜火)를 올리고 구름이 끼어 어두울 때는 나팔을 불어 적변을 통지하도록 함으로써 고흥지역 왜구 침략에 대비하였던 것이다.

한편, 서해안에 대한 방어대책도 서둘러 마련하였다. 세종 29년 4월, 충청도 도순찰사 김종서의 계본(啓本)에 의거하여 태안군의 서쪽 지령산(智靈山)과 남면의 잠문이(潛文伊)에 봉화대를 쌓아 신포를 배치하여 해안방어에 대비하자고 함으로써 서해안 해안 봉수 시스템도 점차 확립하게 되었다.

제주지역을 포함하여 진도·해남·영암 등지의 봉수 설치 역시 왜구에 대한 방어에서 비롯되었다. 세종 16년 6월, 이길배(李吉培)의 상소에 따라 진도에 제주민을 추쇄하여 이주시키고 마을마다 2−30호 또는 4−50호를 거주하여 서로 바라보이는 곳에 목책을 설치하며 밤이면 징을 치고 각을 불어 순시하게 하고 낮에는 봉화와 해망을 엄하게 함으로써 남해안 각 섬에서의 해망과 봉수를 설치·운영하게 되었다. 이와같이 서남해안의 봉수대에서 밤에는 징 또는 북을 치고 낮에는 봉화를 들게 하여 해안방어 및 신호체계를 수립하였던 것이다.

강원지역에도 왜적을 방어하기 위하여 연대를 배설하게 되었는데, 중종 5년 5월, 함경도 관찰사 고형산(高荊山)이 왜적을 방비하는 계책을 주장함으로써 안변(安邊)에서 흡곡(歙谷) 사이에 있는 압융관(壓戎串)·마암재(馬岩岾)·낭성포재(浪城浦岾) 등에 연대를 설치하도록 하였다.

그리고 지역에 따라 부분적으로 봉수의 이설과 복설을 시행하였다. 세조 2년, 경상도 창원부의 봉산(峯山)봉수와 양산군의 계명산(鷄鳴山)봉수가 낮고 작아서 먼 곳과 통할 수 없기 때문에 봉산봉수는 합산(合山)으로, 계명산봉수는 위천역(渭川驛) 북산(北山)으로 이설한 것이나, 성종 6년, 전라도 관찰사의 계본에 의거하여 흥양(興陽) 즉 지금의 고흥지방의 마북산(馬北山)봉수와 유주산(楡朱山)봉수를 설치하기도 하였다. 또 긴요하지 않은 봉수는 폐지하기도 하였다. 단종 2년, 전라도 남해현의 망운산과 성현봉수(城峴烽燧)를 폐지하고 봉수군들은 성현방호소(城峴防護所)에 이동하였다.

이윽고 성종 6년 5월, 봉수사목(烽燧事目)에 따라 봉수제도의 기틀을 다음과 같이 마련하였다.

① 변방에서 서울에 이르는 사이의 봉수 가운데 후망을 게을리하여 중간에 끊어져 통하지 않을 경우 국문(鞫問)하여 중죄(重罪)한다.
② 병조는 옛 예에 따라 사람을 배정하여 경계하게 하되 변고가 있으면 밤에라도 곧 승정원에게 보고하고 일이 없으면 이튿날 새벽에 보고한다.
③ 봉수군은 신역이 헐하다 하여 사람들이 앞을 다투어 들어가므로 혹 먼 곳에 사는 사람으로써 충정하여 황혼을 이용하여 후망할 뿐, 낮과 밤으로는 다시 사람이 없으니 앞으로는 모두 부근에 사는 사람으로써 차정하여 늘 떠나지 말고 후망하며 해당 수령이 엄하게 단속한다.
④ 낮에 알리는 것은 반드시 연기로 하는데 바람이 불면 연기가 곧바로 올라가지 못하므로 망

보기 어려우니 봉수가 있는 곳은 모두 연통(煙筒)을 만들어 사용한다.

⑤ 바람이 불어 연기가 흩어져 망볼 수 없을 때에는 봉수군이 달려가서 알린다.

이와같이 조선 초기에는 북방의 야인, 남방의 왜구의 침입에 대비하여 북방지방 및 서남해안의 연변에 연대를 축조하고 봉수시설 및 봉수군의 근무규정과 거화법을 구체화함으로써 결국 성종 2년(1471), 『경국대전』의 반포와 더불어 전국적인 봉수망이 확립된다.

(3) 제주도의 연대 및 봉수의 설치

한편, 제주도의 경우 역시 왜구에 대한 수비책으로써 봉화와 척후를 중시하였다. 세종 21년 2월, 제주 도안무사 한승순(韓承舜)의 보고에 의하면 왜구가 배를 댈 수 있는 요충지인 제주의 금녕(金寧)·조천관(朝天館)·도근천(都近川)·애월(涯月)·명월(明月)과 대정현의 차귀(遮歸)·동해(東海)와 정의현의 서귀포(西歸浦)·수산(水山)을 중심으로 마병(馬兵)과 보병으로 편성된 방어소(防禦所) 또는 방호소(防護所)를 두고 봉화를 설치하였다. 제주의 동쪽 금녕에서 판포(板浦)까지 10군데, 대정현 서쪽 차귀(遮歸)에서 동쪽의 거옥(居玉)까지 5군데, 정의현 서쪽에서 북쪽 지말산(只末山)까지 7군데를 설치하고 봉화군 5명씩 배정하고 연대를 축조하였다. 연대의 높이와 너비가 각각 10척으로 하고 후망인에게 병기와 깃발·각을 가지고 올라가 적변이 있으면 봉화를 들고 각을 불어 통보하게 하고 만약 적이 상륙하면 육군과 수군으로 하여금 협공하도록 하였다. 그리고 역참(驛站)을 설치하여 마병을 배치, 사객(使客)이나 군사의 긴박한 일을 알리도록 하였다.

제주도의 경우에도 왜구에 대한 방어책으로써 해안가를 따라 진보를 쌓고 봉수 또는 연대를 축조하여 상호보완 속에서 해안 방어를 하도록 봉수망을 조직하였다. 그만큼 봉수는 변방의 긴급한 왜적 침입을 알리는 군사통신으로서 중요한 몫을 차지하였던 것을 알 수 있다. 당시 제주도의 봉수 네트워크는 『세종실록지리지』에 의하면 다음과 같다.

제주목:州의 동문(東門)－별도(別刀)－원당(元堂)－서산(西山)－ 입산(笠山)－정의현(旌義縣) 지말산(只末山)－남문(南門)－도도리산(道道里山)－수산(水山)－고내(高內)－서쪽 곽산

濟州三縣圖

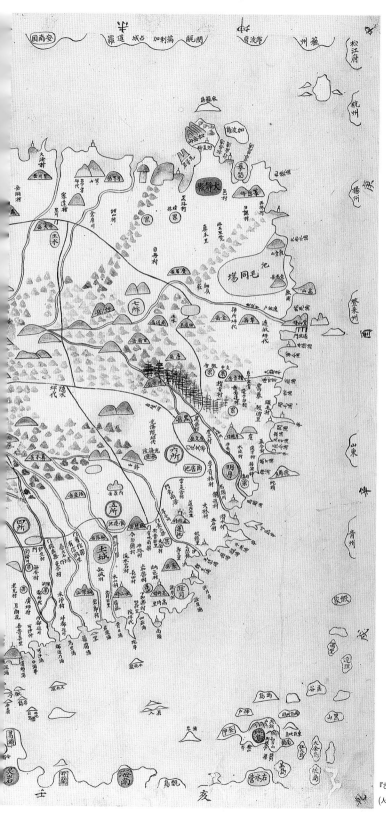

 봉수

『해동지도』에 나타난 제주봉수
(서울대 규장각 소장)

(郭山) - 판포산(板浦山) - 대정현(大靜縣) 차귀산(遮歸山)

정의현:縣의 남쪽 달산(達山) - 악사지(岳沙只) - 수산(水山) - 지말산(只末山) - 제주 입산(笠山) - 달산(達山) - 서쪽 토산(兔山) - 호아촌(狐兒村) - 삼매양(三每陽) - 대정(大靜)의 거옥악(居玉岳)

대정현:縣의 동쪽 구산(仇山) - 거옥악(居玉岳) - 정의(旌義) 삼매양(三每陽) - 남쪽 저리별이(貯里別伊) - 서쪽 모슬포악(毛瑟浦岳) - 차귀악(遮歸岳) - 제주 판포악(板浦岳)

한편, 조선 후기 각종 지리지 및 고지도에 나타난 제주도 봉수 현황을 살펴보면 다음과 같다. 제주도 봉수는 ① 『세종실록지리지(世宗實錄地理志)』에 18(19)개소, ② 『신증동국여지승람(新增東國輿地勝覽)』에 23개소, ③ 『탐라지(耽羅志)』에 25개소, 그리고 나머지는 봉수와 연대를 같이 표시하여, ④ 『제주삼읍봉수연대급장졸총록(濟州三

상층부만 복원한 제주 애월연대

복원한 제주 우지연대 출입시설

邑烽燧煙臺及將卒總錄)』⑤『제주병제봉수연대총록(濟州兵制烽燧煙臺總錄)』⑥「해동지도(海東地圖)」는 봉수 25개, 연대 38개로 되어 있으며, 「탐라순력도(耽羅巡歷圖)」에는 봉수와 연대를 합쳐서 63개소로 전하고 있다. 이로써 보면 제주도의 봉수는 초기 23개소에서 후기까지 큰 변동없이 25개소로 유지되었음을 알 수 있다. 이들 제주 봉수는 남해를 거쳐 제5로를 통해서 중앙에 전달되었으며, 후기에 이르러서도 왜구와 중국, 이양선(異樣船) 등의 잦은 침입에 대비하여 연대를 추가로 축조하는 등의 변화가 있었으나, 여전히 남방 최전선의 전초지로서 간봉의 구실을 다 하였을 것으로 믿어지며, 그런 사실은 「해동지도(海東地圖)」「제주삼현도(濟州三縣圖)」의 봉수배치도로써도 충분히 짐작할 수 있다.

제주도에 배치된 봉수대 및 봉수군에 관한 구체적인 내용은 『제주삼읍봉수연대급장졸총록』에서 자세히 살필 수 있거니와, 이를 정리하면 봉수대 25개소, 연대 38개소, 봉수군 1,278명(別將 378, 烽軍 444, 直軍 456)으로서 다음의 <표 1>과 같다.

邑名	烽燧名	煙臺名	別將	烽軍	直軍
濟州牧	紗羅		6	36	
	元堂		6	36	
	道圓		6	24	
	水山		6	24	
		修近	6		12
		藻腐	6		12
采北鎮		別刀	6		12
朝天鎮	西山		6	24	
		祖天	6		12
		倭浦	6		12
		咸德	6		12
別防鎮	笠山		6	24	
	往山		6	24	
		無住	6		12
		佐可	6		12
		笠頭	6		12
涯月鎮	高內		6	24	
		南頭	6		12
		涯月	6		12
明月鎮	道內		6	24	
	晚早		6	24	
		歸德	6		12
		牛池	6		12
		竹島	6		12
		馬頭	6		12
		盃令	6		12
		大浦	6		12
		頭毛	6		12
小計	10	18	168	264	216

邑名	烽燧名	煙臺名	別將	烽軍	直軍
大靜縣	龜山		6	12	
	山		6	12	
	貯別		6	12	
		邊水	6		12
		十希川	6		12
		大浦	6		12
		別老川	6		12
		唐浦	6		12
		山房	6		12
		西林	6		12
遮歸鎮	堂山		6	12	
		牛頭	6		12
慕瑟鎮	慕瑟		6	12	
		茂首	6		12
小計	5	9	84	60	108
旌義縣	南山		6	12	
	獨子		6	12	
	達山		6	12	
	兔山		6	12	
		末等浦	6		12
		川尾	6		12
		所十路	6		12
		伐浦	6		12
水山鎮	水山		6	12	
	城山		6	12	
	指尾		6	12	
		俠子	6		12
		吾召浦	6		12
		終達	6		12
西歸鎮	資盃		6	12	
	狐村		6	12	
	三每陽		6	12	
		金路浦	6		12
		又尾	6		12
		甫木	6		12
		淵洞	6		12
小計	10	11	126	120	132
總計	25	38	378	444	456

〈표 1〉 제주 3읍의 봉수 및 연대의 별장과 봉수군 현황
자료: 『濟州三邑烽燧烟臺及將卒摠錄』

3. 봉수대의 구조와 비치물자

1. 봉수대의 구조

조선시대 초기의 봉수대의 구조는 거화시설이나 방호시설을 그다지 설비하지 못했다. 특히 국경이나 해변가에 위치한 연변봉수의 경우 의지할 만한 보벽(堡壁)조차 축조되지 않은 까닭에 적에게 침탈당하는 일이 종종 있었다. 따라서 적의 동향과 지형의 차이를 고려하여 각각 다른 형태의 봉수대 시설구조가 축조되었다. 해안 및 연변봉수에는 망보기 위한 목적으로 연대를 쌓았고, 내지봉수에는 산정상부에 자연석으로 축대를 쌓은 다음 그 위에 연조(烟竈)를 쌓는 형태가 기본이 되었다. 제주도에는 해안가에 연대를, 내륙쪽에는 봉수대를 설치하여 운영되었다.

이에 대해 좀더 구체적으로 살펴보면 경상도 해안에는 세종 4년(1422) 8월에 경상도 수군도안무처치사의 건의에 따라 연변봉수대에 연대를 높이 축조하여 그 위에 화포와 무기를 비치함으로써 점차 남해안지역의 연변봉수에도 연대시설과 무기 등의 비치물품을 갖추게 되었다.

북방지역의 연변봉수에도 세종 14년 2월에는 여진족에 대한 방어대책으로써 연대를 축조하고 신포 등의 화포를 비치함으로써 본격화되었다. 동왕 6월에는 경원(慶源)과 용성(龍城)에 이르는 길목에 연대 17곳을 설치하고 매연대마다 화통이습인(火㷁肄習人) 1명, 봉수군 3명을 배치하고 동시에 신포 2-3개, 대발화(大發火) 4-5자루 및 백대기(白大旗) 등을 비치하였다. 이와같이 연변지역의 봉수대에 연대를 축조해야 한다는 대책은 실전에서 그 효능을 발휘하여 연대 축조는 더욱 강화되었다. 이윽고 세종 20년 1월에 연대축조규식(烟臺築造規式)을 제정하였던 것이다. 이에 따르면 언대의 네 면의 아래 넓이는 포백척(布帛尺)을 써서 매면당 20척, 높이는 30척으로 하되 네 면에는 모두 구덩이 즉 참호를 파도록 하여 맹수나 적의 침입으로부터 보호하도록 하였다. 그리고 세종 28년 (1446) 10월의 봉수법 제정과 세종 29년(1447) 3월에 연변봉수 외에 경봉수·내지봉수의 봉수대 규정을 모두 제정함으로써 구체적으로 실시하게 되었다. 이에 따라 각 봉수 종류별 시설구조에 대해 살펴보기로 한다.

(1) 경봉수(京烽燧, 목멱산봉수)

남산의 목멱산봉수대에 관한 설치 규정은 세종 5년(1423) 2월 병조의 요청에 따라 남산에 봉화 5소를 설치하게 된 데서 알 수 있다. 봉수대에 대한 설치 규정을 보면 동쪽의 제1봉화는 명철방(明哲坊) 방향에 위치하여 양주 아차산봉화(峨嵯山烽火)와 서로 마주보며 함길도·강원도에서 오는 봉화를 받으며, 제2봉화는 성명방(誠明坊) 방향에 위치, 광주 천천현(穿川峴烽火, 뒤의 천림산봉수)와 마주보며 경상도 봉화를 수신, 제3봉화는 훈도방(薰陶坊) 방향에 위치, 무악동봉(毋岳東烽)과 조응, 평안도 봉화를 수신, 제4봉화는 명례방(明禮坊) 방향에 위치, 무악서봉(毋岳西烽)과 조응, 평안도, 황해도 봉수 수신, 제5봉화는 호현방(好賢坊) 방향에 위치, 양주 개화봉(開花烽) 조응·충청도, 전라도 봉화를 수신하였다. 봉수대를 축조하는 일은 한성부가 맡았으며, 표(標)를 세워 서로 마주보는 곳의 지명과 봉화를 올리는 식례(式例)를 쓰도록 하였다.

목멱산봉수의 경우 봉대 주변에 표식을 세워 경계를 삼고(設標定界) 거짓봉화하거나

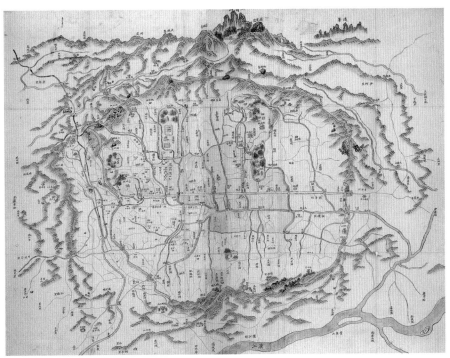

도성도

(僞烽) 방화할 때는 100보 이내는 병조가 담당하고, 100보 이외는 해당 군영에서 맡도록
하였으며, 봉수대 근처에서 음사(淫祀), 기도(祈禱)를 범(犯)한 자는 제서유위률(制書
有違律)로 엄히 다스렸다.

목멱산봉수대의 시설 규모는 별도의 규정은 없다. 그러나 중앙 봉수대로서 정치·군
사상의 중요성 때문에 거화 및 방호시설을 갖추었다고 본다. 앞에서 언급한 목멱산 5소
가 곧 거화하는 연조인 셈이다. 아마도 연대와 같은 기단부를 축조하고 그 위에 5개의 연
조를 원통형으로 쌓은 다음 연통을 세워 거화했을 것으로 추정된다. 그리고 부대시설로
서 거화에 필요한 땔감이나 각종 무기를 저장할 무기고와 봉수군의 숙직하는 가옥(초가
또는 기와집)이 있었을 것이다. 그뿐만 아니라 일상생활 및 경계하는 데 필요한 생필품
을 비치할 여러가지 창고가 건립되었을 것이다.

(2) 연변봉수

연변봉수는 두만강-압록강의 강가나 서·남해안 및 동해안을 중심으로 해안가에 주로 연대(烟臺)를 축조하여 척후의 구실을 하는 봉수이다. 연대의 규모에 대해서는 세종 20년 1월의 「연대축조규식」을 통해서 비로소 구체화되었다. 즉 연대의 4면의 아래 넓이는 포백척(布帛尺)으로 매면당 20척, 높이는 30척으로 하되, 4면에는 모두 구덩이 즉 참호를 파도록 하였다. 그러나 세종 29년 3월의 규정에서는 연대의 높이는 영조척(營造尺)을 사용하여 25척, 둘레 70척으로 하며 연대 밑의 4면은 30척으로 하되 그 바깥에는 깊이와 넓이 각각 10척의 참호를 빙둘러 파고 참호 바깥에도 뾰족하게 다듬은 길이 3척의 나무말뚝을 넓이 10척 규모로 목책을 설치하였다. 그리고 연대 위에는 가옥(假屋)을 지어 무기와 아침·저녁으로 쓸 물과 불을 담는 그릇, 각성이나 화포 등의 비품을 간수하도록 하였으며, 양식이 떨어지면 감사나 절제사가 보충해 주었다. 이리하여 연대는 거화, 신호 및 방호시설과 생활도구를 갖추어 변방의 군사요새지로서의 역할과 군사통신으로서의 전달기능을 수행하였던 것이다.

(3) 내지봉수

내지봉수는 내륙에 위치한 봉수로서 복리봉수(腹裏烽燧)라고도 한다. 이 내지봉수는 변경의 연변봉수에 비해 위험도가 비교적 낮으므로 연대를 쌓지 않고 산정상 또는 중턱에 장방형(또는 타원형이나 원형)의 축대를 쌓은 다음 그 위에 연조를 쌓고 봉수대 주변에는 담장을 쌓은 구조를 하고 있는 것이 일반적이다. 연조는 사각형 또는 원형의 하단부에 1,2단의 자연석 석축을 하고 그 위에 원형으로 쌓아 올려 차차 위로 올라갈수록 뾰족하게 하되 높이는 10척 규모로 하였다. 또 성종 이후에는 연기가 수직으로 올라가도록 연통을 올렸다. 최근의 성남 천림산봉수터의 발굴조사에 의하면 동·남·북 3면이 석축으로 쌓인 장타원형 기단 위에 5개의 연조가 동서방향으로 일렬로 배치되어 있다. 연조 상부는 무너져 주변에 자연석 화강암 돌들이 흩어졌지만 연조 기단부는 보존상태가 대체로 양호한 편이었다. 그래서 연조 아랫부분이 사각형 구조이고, 윗부분은 원형의 형태임을 확인할 수 있었다. 연조 주변과 집터 유적에서 상평통보와 각종 토기류 자기류 및 기

땅끝마을에 복원된 해남 갈두산봉수. 이처럼 해안가에 축조한 봉수를 연변봉수라 한다.

와류 등이 출토되어 당시 봉수군의 생활상과 화폐의 주조 실태를 엿볼 수 있게 한다.

2. 봉수대의 비치물품

봉수대에는 불을 피우는 데 쓰는 거화재료나 화포 등의 방어용 무기 그리고 신호를 알리는 깃발, 각성과 같은 신포(信砲) 등의 물품을 비치하여 두었다. 다시 말해 주연야화(晝烟夜火)를 주요 전달통신 수단으로 하였던 봉수가 제대로 기능을 발휘하기 위해 거화시설이나 재료를 보관하는 곳뿐만 아니라 방호(화)벽·담장·연조·연통시설 그리고 무기와 봉수군이 생활하는 데 필요한 기본시설을 갖추고 있어야만 했었다. 따라서 북방 연대의 경우 총통(銃筒)·신기전(神機箭)·신포(信砲) 등을 비치하였고, 그 중에서도 갑산·혜산·삼수 등의 연대에는 지신포(紙信砲) 대신에 철신포(鐵信砲)를 제조하여 비치하고 있다. 그리고 최근의 봉수터 조사·발굴로 당시의 생활모습을 유추할 수 있는 유물들이 많이 출토되고 있어 봉수군의 생활상을 이해하는 데 시사하는 바 많다. 봉수대에 비치할 물품에 대해서는 연대기적 자료보다는 각종 지리서나 봉수관련 고문서 그리고 출토유물을 통해서 어느 정도 윤곽이 드러나고 있다.

경상지역의 경우 봉수대에 비치된 물품에 대한 정보를 유일하게 제공해 주고 있는 것은 각종 지리서(地理書)와 「남목봉수별장서목(南木烽燧別將書目)」(1889)이다. 즉 『여지도서(輿地圖書)』(1760)의 양산(梁山) 위천봉수(渭川烽燧)·삼가(三嘉) 금성봉수(金城烽燧), 『헌산지(獻山誌)』(1786)의 언양(彦陽) 부로산봉수(夫老山烽燧), 『경상도읍지(慶尙道邑誌)』(1832)의 금산(金山) 고성산(高城山)·소산봉수(所山烽燧)·함안(咸安) 파산봉수(巴山烽燧), 『영남읍지(嶺南邑誌)』(1871·1895)의 금산 고성산봉수(高城山烽燧)·소산봉수·양산(梁山) 위천봉수·함안(咸安) 파산봉수 등 총 6개소이다. 여기에 최근 울산에서 발견된 「남목봉수별장서목」의 비치물목을 더하면 총 7개소의 봉수대에서 비치물목이 확인되고 있다.

지역적으로는 대부분 경남지역의 봉수이다. 이들은 모두 제2거 노선으로서 직봉이 2개소, 간봉이 5개소이다. 세부적으로 부산 다대포 응봉봉수(鷹峰烽燧)에서 초기하는 직봉노선(直烽路線)의 봉수는 양산 위천봉수, 언양 부로산봉수 등 2개소이다. 다음 간봉

강화 망산봉수의 출입구

노선(間烽路線)의 봉수로서 부산 해운대 간비오봉수(干飛烏烽燧)에서 초기하는 봉수는 울산 남목봉수 1개소이다. 다음 거제 가라산봉수(加羅山烽燧)에서 초기하는 봉수는 함안 파산봉수 1개소이다. 다음 남해 금산봉수에서 초기하는 봉수는 삼가 금성산봉수, 금산 고성산봉수 등 2개소이다. 이들은 대부분 연변봉수의 형태이나 언양 부로산봉수의 경우 특이하게 평면 원형의 형태로서 석축의 방화벽과 상부 담장지 등이 내지봉수의 축조 형태를 띠고 있는 점이 다르다.

　여기에서는 『여지도서』의 양산 위천봉수와 삼가 금성봉수 그리고 「남목봉수별장서목」을 중심으로 소개하고자 한다. 나머지 경상도 지리서에 보이는 봉수의 비치물목이 거의 동일하기 때문이다.

(1) 『여지도서』에 나타난 위천봉수와 금성봉수의 비치물품

조선 후기 대표적인 지리서인 『여지도서』는 영조 33년(1757)과 34년 사이에 각 읍에서 편찬한 읍지(邑誌)를 모아 개수하여 전 55책으로 펴낸 것이다. 즉 여지도(각읍 지도)와 서(書, 각읍 읍지)로 이루어진 전국 지리지임을 뜻한다. 여기에는 대구도호부를 시작으로 4부, 10도호부, 3목, 13군, 33현 등 당시 경상지역 63개소의 지역에 모두 153개소의 봉수가 소재지·대응노선·대응거리 등이 간략하게 기록되어 있다. 그 가운데 양산군 위천봉수(원석산봉수라고도 함)와 삼가현 금성봉수 등 2개소 봉수에 대해 각종 봉수대 운영에 필요한 비치물목이 전해지고 있다. 다음 <표 2>에서 볼 수 있듯이 각 봉수별로 거화시설 및 재료 약 35종, 방호시설 및 무기 약 26종, 생활시설 및 비품 약 23종으로 총 80종 내외의 봉수 운용과 봉수군의 생활에 필요한 각종 비치물목이 일목요연하게 구분되어 있다. 대체로 두 봉수의 시설 및 비치물목은 대동소이한 편으로 이를 통해 당시 경상지역 봉수의 각종 비치시설 및 물품을 대강이나마 짐작할 수 있다.

<표 2>를 통해 다음의 다섯 가지 중요한 사실을 알 수 있다. 첫째, 거화시설 및 재료 현황에서 연대 수(數)의 차이(위천봉수 1, 금성봉수 5)에도 불구하고 연굴(煙窟)의 수는 5개소로서 동일하다. 이는 당시 조선의 봉수가 5거제(炬制)를 기본으로 하였던 만큼 이에 적합한 신호를 보내기 위해 연굴 5개소를 갖추고 있었음을 입증하는 것이다. 따라서 이후의 지리서에 비치물목이 기록된 모든 봉수는 비록 연대 수의 차이는 있을지언정 연굴의 수는 5개소로서 동일하다.

둘째, 봉수의 거화를 위한 재료로 여우똥 대신에 말과 소의 똥을 많이 사용하고 있음을 알 수 있다. 이 외에도 쑥·풀·싸리·관솔·섶나무 등 주변에서 흔히 구할 수 있는 모든 재료를 연료로 사용되었다. 따라서 이러한 거화재료의 수집을 위해 애쓰던 봉수군의 하루 일상생활상을 추측할 수 있다. 이외에도 탄(炭)·회(灰)·조당(粗糖) 등은 위의 재료에 섞어 낮에 연기에 의한 거화시 연기가 바람에 흐트러지지 않게 하기 위한 보조재료로써 사용된 품목으로 여겨진다.

셋째, 초기에는 횃불과 연기 등 주로 시각적인 방법을 신호수단으로 하였을 뿐만 아니

왼쪽 표

구분	내용	단위	渭川烽燧	金城烽燧
擧火施設 및 材料	연대(烟臺)		1	5
	연굴(烟窟)		5	5
	화덕(火德)		1	1
	망덕(望德)		1	1
	불화살(火箭)	筒·柄	9	9
	당화전(唐火箭)	筒·柄	9	9
	통아(桶兒)	통환(筒)	1	5
	화약(火藥)	양(兩)	5	5
	대기(大旗)	면(面)		1
	대백기(大白旗)	면(面)	1	
	부싯돌(火石)	개(箇)	2	
	부쇠(火鐵)	개(箇)	2	2
	화통(火桶)		5	5
	종화분(種火盆)	좌(坐)	5	1
	싸리나무홰(杻炬)	柄·訥	50	50
	배대목(排大木)			6
	화승(火繩)	사리(沙里)	1	1
	뿔나팔(戰角)	목(木)	1	1
	겨(粗糠)	석(석)	5	5
	소나무홰(松炬)	병(柄)	50	50
	초거(草炬)	병(柄)	50	
	땔나무(積柴)	눌(訥)	5	5
	풀(草)	눌(訥)		50
	토목(吐木)	눌(訥)	5	5
	橋(橋)注乙	사리(沙里)	1	1
	사를 풀(烟草)	눌(訥)	5	5
	홰(同 烟)	병(柄)	3	3
	탄(炭)	석(石)	5	5
	석회(灰)	석(石)	5	5
	가는 모래(細沙)	석(石)	5	5
	쑥(艾)	동(同)	5	5
	말똥(馬糞)	석(石)	5	5
	소똥(牛糞)	석(石)	5	5
	5색표기(五色表旗)	면(面)	5	
	작은 북(小鼓)			1
防護(火)	장전(長箭)	부(部)	5	5
	편전(片箭)	부(部)	5	5
	조총(鳥銃)	병(柄)	2	1
	교궁자(校弓子)	장(張)	1	
	놋쇠천(鍮錚)		1	
	철갑옷(鐵甲胄)		1	
	승자총(勝子銃)	병(柄)		1

오른쪽 표

구분	내용	단위	渭川烽燧	金城烽燧
施設 및 武器	창(鎗)	병(柄)	1	5
	연환(鉛丸)	개(箇)	30	30
	활(弓子)	장(張)	1	5
	환도(還刀)	병(柄)	2	5
	쇠도끼(鐵斧子)	병(柄)		1
	방패(防牌)		6	6
	낫(鎌子)	병(柄)	5	3
	밧줄(條所)	거리(巨里)	3	3
	법수목(法首木)	개(箇)	5	5
	사다리(前梯)		1	1
	능장(稜杖)	개(箇)	20	20
	고월라(古月羅)	개(箇)	15	10
	멸화기(滅火器)		5	5
	도끼(斧子)	개(箇)	20	20
	말목(抹木)		무정수	무정수
	삼혈총(三穴銃)	병(柄)	1	
	머리가리개(俺頭)	좌(坐)	1	
	몸가리개(俺心甲)	좌(坐)	1	
	종이갑옷(紙甲胄)			
生活施設 및 備品	비상용쌀(待變粮米)	석(石)	1	10
	밥솥(食鼎)	좌(坐)	1	1
	유기(柳器)	부(部)	2	1
	물통(水曹)	말(抹)	6	6
	가마솥(釜子)	좌(坐)	1	1
	초석(草席)	립(立)	5	2
	약승(藥升)	대(大)	1	
	거는 표주박(縣瓢子)	개(箇)	5	5
	대야(盤)	립(立)	5	
	수저(匙)	지(指)	5	5
	접시(接匙)	죽(竹)	1	
	사발(沙鉢)	립(立)	5	5
	노구(爐口)	좌(坐)	1	1
	무릉석(無稜石)	눌(訥)	5	5
	화주을(火注乙)	건(件)	5	3
	물독(水瓮)	좌(坐)	5	5
	횡자(橫子)	좌(坐)	1	
	구유통(槽桶)		5	5
	가마니(空石)	립(立)	10	5
	초가(草家)	간(間)		2
	가가(假家)	간(間)		2
	기와집(瓦家)	간(間)	2	2
	창고(庫舍)	간(間)	2	2

〈표 2〉 『여지도서』에 나타난 위천·금성봉수의 시설 및 비치물목

자료:李元根,「朝鮮 烽燧制度考」, 蕉雨 黃壽永博士 古稀紀念 美術史學論叢」, 通文館, 1988, 397~398쪽.
南都泳,「馬政과 通信」, 『韓國馬政史』, 마사박물관, 1996, 541쪽 재인용.

라 별도의 신호수단으로 작은 북·뿔나팔·불화살·대기(大旗)·백기(白旗)·5색표기(五色標旗) 등 주로 청각과 시각에 의한 신호방법을 보조수단으로 활용하고 있었다. 또한 조총(鳥銃)·승자총(勝字銃) 등의 화포 외에 삼혈총(三穴銃)을 비치하고 있어 신호용 포로써 사용되었다고 판단된다.

넷째, 방호시설 및 무기 현황에서 금성봉수의 경우 봉수별장이 착용했을 엄심갑·엄두·지갑주·철갑주 등 개인방호 무기가 위천봉수에 비해 상대적으로 갖추어져 있지 않다. 또한 봉수의 운용 주체자인 봉수군의 생활과 밀접한 관련이 있는 생활시설 및 비품현황에서는 금성봉수의 경우 초가(草家)·가가(假家) 등으로 임시거처의 성격이 크다. 반면, 위천봉수는 와가(瓦家)와 고사(庫舍)를 제대로 갖추고 있어 비교적 규모가 컸던 봉수대로 짐작된다. 따라서 봉수대에는 봉수군이 망보는 망덕(望德)이나 숙소시설 및 위급한 경우 방어할 수 있는 무기를 비치하고 있음을 파악할 수 있다.

다섯째, 봉수군의 식수 및 식사도구인 표주박(縣瓢子)·수저(匙)·사발(沙鉢) 등의 수가 5개인 점은 당시 봉수 근무인원이 5인 교대로 근무하고 있었음을 시사해 주고 있다. 따라서 『여지도서』 봉수조의 위천봉대에서 별장 1인, 감고 1인, 봉수군 100명은 실제 근무 인원이라기보다 이중 75명은 근무를 서는 봉군에 대한 경제적인 지원을 하는 봉군보(烽軍保)이며, 남은 25명이 5명씩 조를 짜서 5교대로 별장과 감고의 지휘, 감독 하에 근무를 섰던 것으로 여겨진다. 이는 『여지도서』에 기재되고 있는 다른 봉수대의 인적 구성에서도 별장 1인, 감고 5인, 봉수군 25명, 보인 75명으로 편성되고 있는 사실에서 더욱 분명하다. 이러한 다섯가지 사실 외에도 각 봉수 주위에는 방호를 위한 말목(抹木) 즉 목책을 무수하게 설치하여 맹수 및 외적 등 외부로부터의 침입에 대비하고 있었던 것이다.

(2) 「南木烽燧別將書目」에 나타난 울산 남목봉수의 시설물과 비치물품

「남목봉수별장서목」은 울산의 향토사학자인 한석근(韓石根) 씨에 의해 알려지게 된 것으로, 당시 남목봉수(원사료에는 남옥, 남목천 또는 주전봉수라 표기되었으나 남목으로 호칭함)의 운영 실상을 알 수 있는 귀중한 자료이다. 발견 이후 '주전봉수대관련

고문서

고문서(朱田烽燧臺關聯古文書)’ 명칭으로 서목(書目)을 포함한 13점의 문서는 울산시 문화재자료 제16호(지정일 2000. 11. 09)로 지정되어 봉호사(峰護寺)의 박호수(朴好壽) 씨에 의해 보존되고 있다.

　이 고문서는 철종 9년(1858)－고종 33년(1896) 간의 것으로 특히 서목은 고종 26년(1889) 3월에 이 봉수의 마지막 봉수군이었던 박명대(朴命大) 도별장(都別將)이 한지에 필사한 것이다. 고문서에는 울산부사가 박춘복, 박명대 부자에게 내린 주전봉수대 별장 임명장과 별장과 인근 봉수군에게 근무를 철저히 하고 군포를 잘 징수하라는 전령문, 그리고 미포, 정자 등 봉수대 인근마을로부터 군량 형식으로 거둔 금전의 내역을 기록한 문서와 울산부에서 남목(南牧, 南木을 지칭) 봉수대에 내려준 조총·화약·환도(還刀) 등 무기와 솥·소고(小鼓) 등의 장비목록 그리고 별장이 이를 점검하여 이상유무를 보고한 각종 문서들이다. 이 고문서를 통해 주전봉수대는 수령의 관할 아래에 있었고, 봉수군은 봉수를 담당하면서 유사시에는 적군을 맞아 싸우는 군사 역할도 하였음을 알 수 있다. 또한 봉수 군역(軍役)은 봉수대 인근 주민들이 담당하였고, 군량 등 운영경비도 이들이 공동으로 부담하였음을 알 수 있다. 현재 이 문서는 아쉽게도 서목의 일부가 찢겨나가 전모를 파악할 수 있는 것은 아니나 남아 있는 서목에 대해서 물목의 현황을 기존 양식에 의거하여 종합하면 <표 3>과 같다.

구분	내용	단위	南木烽燧	구분	내용	단위	南木烽燧
擧火施設 및 材料	연대(烟臺)		1	施設 및 武器	조총(鳥銃)	병(柄)	5
	연굴(烟窟)		1		접장목(接杖木)	개(介)	20
	화덕(火德)		1		활줄(弓絃)	조(條)	5
	망덕(望德)		1		환도(還刀)	병(柄)	5
	불화살(火箭)	개(介)	9		나무도끼(木斧子)	개(介)	20
	당대전(唐大箭)	개(介)	9		방패목(防牌木)	립(立)	28
	통아(桶兒)	분(分)	1		낫(鎌子)	병(柄)	3
	화약(火藥)	근(斤)	2근13냥8전		밧줄(條所)	거리(巨里)	10
	백대기(白大旗)	면(面)	1		긴밧줄(長所)	거리(巨里)	10
	연초(煙草)	가리(加里)	5		사다리(前梯)		1
	뿔나팔(戰角)		1		조외석(鳥外石)	석(石)	5
	부쇠(火鐵)	개(介)	2		높은다라목(古多羅木)	개(介)	15
	부싯돌(火鐵石)	개(介)	2		멸화기(滅火器)	건(件)	5
	당겨(糖)	석(石)	5		도끼(斧子)	좌(坐)	1
	싸리나무홰(杻炬)	병(柄)	50		말목(抹木)		無數
	배대목(排大木)	개(介)	28		긴창(長鎗)	병(柄)	5
	징(鉦)	좌(坐)	1		활집(弓家)	건(件)	5
	작은북(小鼓)	면(面)	1	生活施設 및 備品	나무통(木通)	좌(坐)	5
	가는 모래(細沙)	석(石)	5		쌀(米)	석(石)	1
	소나무홰(松炬)	병(柄)	50		초석(草席)	립(立)	2
	초거(草炬)	병(柄)	50		공석(空石)	립(立)	7
	땔나무(柴木)	가리(加里)	5		유기(柳器)	면(面)	1
	쑥회(艾炬)	병(柄)	51		가는 세끼줄(細繩)	사리(沙里)	1
	말똥(馬糞)	석(石)	5		취사목(炊木)	가리(加里)	3
	소똥(牛糞)	석(石)	5		휴대용표주박(縣瓢子)	립(立)	5
	참회석(眞灰)	석(石)	5		거는 표주박(縣瓢子)	립(立)	7
	탄(炭)	석(石)	5		소반(小盤)	개(介)	7
	깃발(五方高超旗)	면(面)	5		수저(匙子)	분(分)	7
防護(火)	큰화살(大箭)	개(介)	18		접시(接匙)	죽(竹)	1
	무우석(無隅石)	석(石)	5		사발(沙鉢)	립(立)	7
	물소뿔활(黑角弓)	장(張)	1		노구(爐口)	좌(坐)	1
	삼혈총(三穴銃)	병(柄)	1		밥솥(食鼎)	좌(坐)	1
	머리가리개(紙俺頭)	건(件)	1		큰항아리(大甕)	좌(坐)	2
	종이갑옷(紙甲衣)	건(件)	1		작은 항아리(小甕)	좌(坐)	5
	긴 화살(長箭)	부(部)	5		장대기와집(將臺瓦家)	칸(間)	3
					봉군 초가(臺直 草家)	칸(間)	3
	짧은화살(片箭)	부(部)	1		대나무통(竹桶)	개(介)	5
	교자궁(校子弓)	장(張)	4		말구유(馬槽)	좌(坐)	5
기타	말꼴(馬芻)과 빈가마니(空石)를 창고 앞에 무수히 쌓아둠.						

〈표3〉『남목봉수별장서목』에 보이는 남목봉수의 시설 및 비치물목
자료:문경문화원, 『문경탄항봉수 지표조사보고서』(충북대 중원문화연구소,2002) 및 김주홍 외, 「경상지역의
봉수(Ⅱ)-비치물목을 중심으로-」, 실학사상연구 23, 2002. 75-77쪽 재인용.

<표 3>을 통해 확인할 수 있는 총 74종의 서목은 종전의 타 봉수와 다를 바 없으나 남목봉수의 입지상 바로 해안과 인접하여 해안을 통한 외부로부터의 침입시 위험이 컸던 관계로 종이로 만든 투구(紙俺頭), 종이 갑옷(紙甲衣) 등 개인 방호 무기를 철저히 갖추고 있는 것이 주목된다. 특히 거화에 필요한 시설인 연대(烟臺)와 연굴(烟窟), 화덕과 망덕, 불피우는 데 쓰인 화약과 화철(火鐵)·화철석(火鐵石), 거화재료인 소나무 횃불, 풀로 만든 횃불, 쑥으로 만든 횃불, 말똥, 소똥, 싸리나무 횃불, 땔나무, 연소용 풀과 불끄는 데 쓰인 멸화기(滅火器)를 자세히 전해 주고 있다.

그리고 봉수 별장의 근무처는 기와집으로, 봉수군의 숙소는 초가집으로 구분되어 건립되었음을 알 수 있으며, 신호수단으로서의 백대기(白大旗)·오방고초기(五方高招旗)·삼혈총(三穴銃)·조총(鳥銃)·작은 북(小鼓)이 비치되어 시각과 청각을 이용한 신호체계를 확립하였으며, 거화용 풀이나 나무를 벨 때 쓰는 환도(環刀)·나무도끼(木斧子)·낫(鎌子)·도끼(斧子) 등이 마련되었다. 또한 활집(弓家) 외에 방어를 위한 각종 화살과 창·조총·삼혈총 등의 화포를 갖추고 있었던 것을 확인할 수 있다. 이로써 봉수군은 봉수를 전달하는 일뿐만 아니라 봉수대 방어 및 거화재료 등의 채취를 위한 노역에 종사하였음을 파악할 수 있다.

한편, 최근의 발굴된 봉수터에서는 다양한 유물이 출토되고 있어 봉수군의 생활상을 이해하는 데 많은 정보를 제공하고 있다. 특히 성남 천림산봉수터에서는 여러가지 종류의 유물이 출토되었다. 그 중에서도 제1연조에서 제3연조에 이르는 곳에서는 토기편·자기편과 상평통보 및 암키와·수키와편이 출토되어 봉수군의 생활상과 봉수대 구조를 파악하는 데 도움이 될 것으로 사료된다.

토기편은 대체로 연조 주변에서 많이 출토되었는데, 대부분 회색경질토기로 구연부·동체부 및 기저부편이며, 일부는 석영이나 장석·운모 등이 혼입된 것도 있으나 정선된 이질토(泥質土)로 비교적 소성(燒成)이 양호한 토기편들이다. 백자편은 백자 대접의 저부편이 대부분인데, 시유(施釉) 상태는 양호하며 모래받침 소성을 한 것이 많으며, 낮은 오목굽과 빙렬(氷裂) 흔적도 보이고 있다. 이것들의 연대 측정과 감정을 실시하면 당시의 음식문화 내지는 그릇문화의 수준과 실태를 알 수 있을 것이다. 그리고 제2연조에

여수 봉화산봉수 방호벽과 복원된 연대

서는 조선 후기 화폐인 상평통보(常平通寶) 4점이 출토되었는데, 0.6센티미터－0.8센티
미터의 방형 구멍이 뚫려 있는데, 앞면에는 '상평통보', 뒷면에 '개□(開□)' '호사
일(戶四一)' 및 '호□이(戶□二)'이 주조된 것으로 보아 호조(戶曹) 등에서 주조한
화폐임을 알 수 있으며, 아마도 봉수별장과 봉수군들에게 지급된 급료의 일부였을 것으
로 추정된다. 끝으로 기와편은 대개 북쪽 방호벽에서 출토된 것으로, 회색경질의 파도문
암키와와 회색 또는 회흑색 경질의 무문 및 파도문 수키와가 대분이다. 일부 석영 등이
혼입(混入)되어 있으나 비교적 정선된 태토(胎土)를 사용하였으며, 물 손질 및 와도(瓦
刀)의 흔적과 포목흔(布木痕)이 남아 있어 정밀분석을 통하여 당시 와가(瓦家)에 사용
된 기와 제작 실태를 이해하는 데 도움이 될 것이라 생각된다. 이러한 출토유물을 통해
조선시대 봉수대의 구조와 봉수군의 생활상의 일부를 엿볼 수 있다.

4. 봉수의 조직망과 봉수군

1. 조선시대의 봉수 조직망

　조선시대의 봉수망은 태조 이성계가 수도를 한양으로 옮기면서 개경의 송악봉수소(松嶽 烽燧所) 대신 남산의 목멱산봉수를 중심으로 재편되었다. 세종 4년(1422)에 왕명으로 새 봉수제를 제정하고, 점차 남북 변경의 연변봉수대를 증설하여 갔다. 세종 5년 2월, 병조의 요청에 따라 남산에 봉화5소를 설치한 것을 계기로 다섯 개 노선의 봉수망을 운영하였다. 즉 봉수대 설치 규정을 보면 동쪽의 제1봉화는 명철방(明哲坊) 방향에 위치하여 양주 아차산봉화(峨嵯山烽火)와 서로 마주보며 함길도, 강원도에서 오는 봉화를 받으며, 제2봉화는 성명방(誠明坊) 방향에 위치, 광주 천천현(穿川峴烽火, 뒤의 천림산봉수)와 마주보며 경상도 봉화를 수신, 제3봉화는 훈도방(薰陶坊) 방향에 위치, 무악동봉(毋岳東烽)과 조응, 평안도 봉화를 수신, 제4봉화는 명례방(明禮坊) 방향에 위치, 무악서봉(毋岳西烽)과 조응, 평안도·황해도 봉수 수신, 제5봉화는 호현방(好賢坊) 방향에 위치, 양주 개화봉(開花烽) 조응, 충청도·전라도 봉화를 수신하도록 한 것이 그것이다.

　그리고 세종 28년(1466)에는 서울 남산의 목멱산봉수를 중심으로 내지·연변봉수로 이어지는 전국봉수망을 정비하고 또한 노선별로 봉수대장(烽燧臺帳)을 만들어 의정부·병조·승정원 및 해당 지방관아에 보관케 하였다. 『세종실록지리지』에 보이는 601개의 봉수는 이때를 전후하여 설치된 것으로 보인다. 그러나 세조 때에 이르러 4군을 철폐함으로써 서북면 지역의 일부 연대를 감축하였으며, 성종 때의 『경국대전』 단계

화성 흥천산에 남아 있는 1개소의 방형 연대

에서는 봉수를 5대로선(五大路線)으로 나누고 각 노선으로부터 중앙의 목멱산봉수대에 집결하도록 하였다. 그후에도 봉수망은 계속하여 증설하거나 이설·폐지하는 등 변동이 많았다.

봉수망을 정하는 데는 적의 동태와 산세·지세, 기후 및 산림 등의 자연조건을 고려하지 않으면 안 된다. 중국의 경우 봉수는 대략 35리 또는 10리를 기준으로 하였으나 5리를 기준으로 설치하는 경우도 있었다. 바라보기 쉽게 하기 위해서다. 우리나라의 경우에는 중국의 제도를 모방하였으나 지형이 중국과 다르므로 실제로는 10~20리를 기준으로 하되, 연변봉수는 적의 침입을 대비하여 최단 3리, 최장 10~15리 내로 조밀하게 배치하여 포성이나 각성(角聲)이 들리게 하였으며, 내지 봉수는 최단 10리, 보통 30~50리, 최장 70리로 하였다. 그리고 남도영(南都泳) 박사의 연구에 의하면 연기는 횃불보다 잘 보이지 않아 주연(晝煙; 낮동안 연기를 피우는) 지역은 20~30리 정도를, 야화(夜火; 어두워진 밤에 횃불을 피우는) 지역은 40~50리 정도를 기준으로 삼았다고 추정된다.

곧 서북지방의 경우, 세조 3년 호조판서 이원형(李元亨)의 보고에 따르면, 의주 남쪽

방향으로 통군정(統軍亭) 연대→(7리)→조산(造山) 연대→(10리)→오언기(吳彦基) 연대
→(3리)→야일포(也日浦) 연대→(4리)→고정주(古靜州) 연대→(10리)→광성(光城) 연대
→(3리)→인산(麟山) 연대→(4리)→기성(歧城) 연대까지, 동북쪽 방향으로는' 통군정
(統軍亭) 연대→(3리)→구룡(九龍) 연대→(4리)→석계(石階) 연대→(10리)→수구(水口)
연대→(5리)→송곶(松串) 연대까지 그 실제 후망할 수 있는 거리를 가늠할 수 있다. 또
중종 19년 직제학 이환(李芄)의 보고에서도 의주로부터 옥산보(玉山堡)까지 6개의 연
대가 있는데 각 연대의 간격이 5리 내지 7리 정도였던 것을 살필 수 있다.

한편 동북지방에서는 영조 46년 병조참의 신일청(申一淸)의 보고에서 그 실례를 볼
수 있는데, 경흥 서수라 우암(牛巖) 봉수로부터 성진진(城津鎭)의 기리동봉대(岐里洞
烽臺) 사이에 있는 봉대의 거리는 가까우면 7-8리 혹은 10여 리, 멀면 20리 혹은 30리이
고, 단천으로부터 안변·철령 사이에 있는 봉대의 경우 가까우면 20-30리, 먼 곳은 40-
50리 정도였다. 그러므로 안변-철령 사이가 성진 이북에 비해 거리가 멀고 봉수대도 드
물었다. 즉 단천(端川) 오라대(吾羅臺)-마흘내(亇訖乃)간 30리, 이성(利城) 성문(城
門)-진조(眞鳥)간 58리, 북청(北靑) 육도(六島)-홍원(洪原) 남산(南山)간 50리, 함
흥(咸興) 성곶(城串)-정평(定平) 백산(白山)간 50리, 문천(文川) 천불산(天佛山)-
고원(高原) 웅망산(熊望山)간 30리, 안사(安沙) 고개(古介)-철령(鐵嶺)간은 50리로
써, 대체로 거리가 멀어 망보기가 어렵고 중간에 봉화가 끊어지는 경우가 있어 새로이 봉
수대를 증설해야만 했다.

조선시대의 봉수조직망에 관한 사료로는 『경상도지리지』(세종 7년)·『세종실록
지리지』(단종 2년)·『경국대전』(성종 2년)·『신증동국여지승람』(성종 12년 완
성, 중종 25년 증보)을 비롯하여 신경준의 『도로고』(영조 16년) 및 『여지도서』(영
조 때 편찬)·『만기요람』(순조 8년)·『대동여지도』와 『대동지지』(철종 12년)·
『북관지』·『해동지도』·『동여도』 등이 있다. 그 가운데 『세종실록지리지』와
『신증동국여지승람』은 전국의 봉수망을 5대 노선별로 직봉(直烽)·간봉(間烽)으로
나누어 기록하고 있어 매우 중요하나, 제주도 봉수망은 누락되어 있다. 봉수대 수는『세
종실록지리지』에 601개소,『동국여지승람』에 738개소,『증보문헌비고』(제주도 제

道	世宗實錄地理志	東國輿地勝覽	輿地圖書	大東地誌
漢陽	7	2		2
京畿道	41	39	18	41
忠淸道	51	41	38	44
慶尙道	135	141	128	125
全羅道	60	72	39	66
黃海道	38	40	34	45
江原道	48	48	35	11
平安道	114	223	126	37
咸吉道	107	132	100	139
합계	601	738	518	510

<표 4> 조선시대 전국의 봉수대 수
자료:南都泳, 『韓國馬政史』(한국마사회,1996) 528쪽. 재인용.

외)와 『여지도서』에 518개소, 『만기요람』에 643개소(제주도 제외), 『대동지지』
에 510개소였다. 이를 도별로 정리하면 다음의 <표 4>와 같다.

　위의 표에서 볼 수 있듯이 조선의 봉수망은 『증보문헌비고』와 『만기요람』을 통해
서 보면, 크게 5개 노선(5路, 5炬)으로 구분하되 이를 직봉(直烽, 路)과 간봉(間烽, 路)
으로 나누어 조직하였음을 알 수 있다. 직봉은 봉수의 주요 간선(幹線)으로서, 동북방 지
역은 두만강변의 경흥 우암(牛巖), 동남방 지역은 경상도 해변의 동래 응봉(鷹烽), 서북
방 지역은 압록강변의 강계 여둔대(餘屯臺)와 의주 고정주(古靜州), 서남방 지역은 전
라도 해변의 순천 돌산포(突山浦) 등 5개 처를 기점(이를 초기라 함)으로 하여 모두 서
울의 목멱산봉수대로 집결되어 있었다. 그리고 간봉은 보조선(또는 支線)으로서 22개
노선(1로에 5개소, 2로에 9개소, 3로에 2개소, 4로에 3개소, 5로에 3개소)이 설치되었다.
그 가운데는 거제 가라산(加羅山)으로부터 마산 직봉(제2거 간봉 2)에 이르는 것과 같
이 직봉 사이의 중간 지역을 연결하는 장거리의 것도 있었고, 반면에 압록강−두만강 국
경 방면의 최전선 연대로부터 본진(本鎭)·본읍(本邑)으로 연결되는 단거리의 것도 있
었다.

　5대 노선 중 제1로는 함경도 방면에서 출발하여 강원도, 양주 아차산을 거쳐 서울 목멱
산봉수 제1소에 도달하는 것이고, 제2로는 경상도 방면에서 광주 천천현(穿川峴)을 거

典據	제1로			제2로			제3로			제4로			제5로			합계		
	直烽	間烽	計	直烽	間烽	計	直烽	間烽	計	直烽	間烽	計	直烽	間烽	計	直烽	間烽	計
增補文獻備考	122	59	181	44	110	154	79	20	99	71	21	92	61	26	87	377	236	613
萬機要覽	120	60	180	40	123	163	78	22	100	71	35	106	60	34	94	369	274	643

〈표 5〉 5대 노선별 직봉·잔봉 수(제주도 제외)

구분	本道 五大路			濟州道			총계		
	直烽	間烽	計	直烽	間烽	計	直烽	間烽	計
『增補文獻備考』	377	236	613	25	38	63	402	274	676
『萬機要覽』	369	274	643	25	38	63	394	312	706

〈표 6〉 조선시대 전국 봉수대 총수

쳐 목멱산봉수 제2소에, 제3로는 평안도 방면의 육로로부터 무악동봉을 거쳐 제3소에, 제4로는 평안·황해의 해로(海路)로부터 무악서봉(毋岳西峰)을 거쳐 제4소에, 제5로는 전라·충청도에서 양천 개화산(開花山)을 거쳐 5소에 도달하였다. 이들 5대 노선에 설치된 직봉과 간봉의 수를 『증보문헌비고』와 『만기요람』을 중심으로 정리하면 〈표 5〉와 같다.

그러므로 조선시대의 봉수대 총수를 앞에서 검토한 〈표 5〉의 5대 봉수노선의 봉수와 앞의 표 「제주삼읍봉수연대급장졸총록」에 보이는 제주도 봉수대 수를 합치면 전국의 총봉수대 수는 위의 〈표 6〉과 같다.

위의 표에서 볼 수 있듯이 전국의 봉수대 수는 자료에 따라서 약간의 차이가 있으나, 『증보문헌비고』를 바탕으로 하면 5개 노선에 직봉 377, 간봉 236, 총 613개의 봉수를 배치하고, 제주도에는 63개(봉수 25, 연대 38)의 봉수를 해변 주위에 설치하여 총 676개의 봉수대가 설치되어 운영되었음을 알 수 있다.

2. 봉수의 관리 및 보고체계

봉수의 관리는 중앙에서는 병조의 무비사(武備司)가, 지방에서는 수령의 책임 아래

해남 달마산봉수에서 내려다본 미황사와 해상국립공원

감사·병사·수사·도절제사·순찰사 등 군사책임자가 계통적으로 지휘·감독하였다. 수령은 봉수군의 후망 실태를 감독하거나 봉수군의 차정(差定)과 교대근무 및 봉수대의 이상유무를 감찰하였다. 감고(監考)는 봉수대의 이상 유무를 평상시에는 매 10일마다 1회씩 감사에게 보고하되 유사시에는 즉시 보고하였다. 그리고 수령은 이를 3·6·9·12월마다 병조에 보고하여 봉수망 관리체계를 수립하였다. 각 봉수대에는 다음과 같은 감독자와 봉수군이 배치되었다.

경봉수(목멱산봉수)－－ 각소 오원 2명×5소= 10명
각소 봉수군 4명×5소= 20명 합계 30명

연변봉수(연대봉수)－－오장 2명
봉수군 10명 합계 12명

내지봉수(복리봉수)－－오장 2명
봉수군 6명 합계 8명

제주도 봉수－－－－－－－별장 6명
봉수대 봉군 12명(24명, 36명)
연대 직군 12명

『경국대전』에 의하면 중앙에서는 경봉수의 오원(五員)이 병조(兵曹)의 수직(守直)하는 후망인(侯望人)에게 보고하면 평상시에는 다음날 새벽에 승정원을 통하여 국왕에게 보고하되, 만일 사변이 발생할 경우는 밤낮을 가리지 않고 직접 보고한다. 지방은 오장(伍長)이 주진(主鎭)의 진장(鎭將)에 보고하도록 되었다. 만약 구름이나 비바람으로 인하여 불통할 경우는 봉수군이 차례대로 달려가 보고하였다. 그러나 조선 후기의 『대전통편』 병전 봉수조에 따르면 경봉수의 경우 오원 대신에 수직 금군(禁軍)을 선정하여 교대로 지켜 병조에 보고하도록 하였다.

그리고 근간(根幹)한 품관(品官)으로 각 4명의 감고(監考)를 두어 2번으로 나누어 주야로 순찰하게 하였으며, 봉수를 제때에 올리지 못한 수령은 장(杖) 80, 감고(監考)는 장 100으로 처벌하였다.

이들의 신분을 살펴보면 오장(伍長)은 연변봉수와 내지봉수에서 봉수를 감독하였던 감고(監考)를 대신하여 『경국대전』 이후 봉수대 감독관으로 임명되었는데, 『경국대전』에 따르면 봉수대 근처에 사는 사람으로서, 또는 부지런하고 사리를 아는 품관으로 임명된 것으로 보아 봉수군보다는 상위의 계층이거나 향족 출신이었을 것으로 추정된다. 그리고 오원은 초기에 어떤 신분이 임명되었는지 알 수 없으나 후기의 『대전통편』에는 금군(禁軍)이 맡고 있는 것으로 보아 국왕의 친위병인 내금위(內禁衛)·겸사복(兼司僕)·우림위(羽林衛) 등에서 차출되지 않았을까 생각된다.

한편 후기에 이르러 각 지방의 봉수에는 별장·감고·오장 및 봉수군이 배치되었은데 각 봉수대에는 붕군 25명, 봉수군보 75명씩 배정되고 있음을 알 수 있다. 그리고 제주도 봉수에서는 별장 6명과 봉수대에는 봉군이, 연대에는 직군이 각각 다르게 배정되어 해안의 경비와 후망을 각 진보에 통보하는 체계를 수립하였다.

3. 봉수군의 신분과 근무생활

봉수군은 흔히 봉졸(烽卒)·봉군(烽軍)·봉화간(烽火干)·간망군(看望軍)·후망인(侯望人)·연대군(烟臺軍) 등으로 호칭되었다. 초기의 봉화간은 칭간칭척(稱干稱尺)이라 불리는 간척(干尺) 신분으로 천인(賤人)에 해당하였으나 대체적으로 봉수대나 연대 위에서 적의 동태를 바라보기 때문에 간망군·후망인 및 연대군이라고도 불렸던 것이다. 여기서는 『경국대전』에 따라 봉수군으로 통일하여 부르기로 하겠다.

봉수군의 신분적 지위를 잠깐 살펴보면 초기에 봉수군을 봉화간이라 하였다. 이에 대해 세종 1년(1419) 5월, 기록에 의하면 "봉화간은 봉화를 올리는 자인데 국속(國俗)에 신량역천(身良役賤)자로서 혹은 간(干), 혹은 척(尺)이라 한다"고 한 바와 같이 이들은 신량역천으로서 간척(干尺) 신분이었다. 신량역천이란 신분은 양인(良人)이나 신역(身役) 부담에 있어 천인(賤人)이 종사하는 역역(力役)을 부담했기 때문에 조선 초기에 신량역천이라 하였다. 그러나 봉수제도의 정비에 따라 차츰 부실(富實)한 호(戶)로서 택정하여 양인 정군(正軍)을 봉족(奉足)으로 교대입번(交代立番)하게 한 것이라든지, 봉수 근처에 사는 거민(居民) 즉, 양인을 모아서 충원하는 등 부실인호로써 차정하는 것이 일반적이었다. 때에 따라서는 동거하는 친속 중에서 대립을 자원하는 자는 봉졸로 충원하기도 하였으며 갑사(甲士)를 충원하는 경우도 있었다. 『경국대전』에서도 봉화군과 오장(伍長)을 근처거민(近處居民)으로써 차정한 것으로 보아 법제상으로는 일반 양인신분으로 충원되었음을 알 수 있다.

형벌로 봉수군에 영속된 경우도 많았다. 세종 12년 6월, 살곶이(箭串) 목장의 말을 사삿마(私馬)로 잘못 알고 도살한 조예(皂隷) 금보(金寶)와 종 말생(末生)을 치죄하여 금보를 유배지의 봉화간으로 영속시키고 있다.

그렇지만 실제적으로 봉수군은 천인이나 다름없이 인식되었다. 또 그들의 군역은 매우 힘든 것이었다. 중종 9년(1514) 10월, 유계종(柳繼宗)이 비변책을 제안하는 중에 "양계의 군민은 넉넉한 사람은 아무도 없습니다. 그 중에서도 연대군은 가장 가난한데 오히려 역(役)은 무겁습니다. 추위와 더위를 구분하지 않고 항상 베옷을 입고 연대에 있어야 하기 때문에 고생이 다른 사람보다 배나 됩니다"고 실토하고 있는 것에서 추위와 더불어 싸워야 하고 심지어는 시설의 미비와 보급품이 제때에 공급되지 않으므로 그들이 겪는 고통은 이루 말할 수 없었던 것이다. 이에 근무를 태만하게 하거나 도망함으로써 봉수군 보충은 중요한 국가적 과제로 떠오르게 되었다.

4. 봉수군 편성

봉수군은 봉수대마다 조금씩 다르게 편성되었는데, 앞에서 언급한 바와같이 대개 오원(五員 또는 伍長)과 봉수군으로 구성되었으며, 제주의 경우는 봉군과 직군으로 나누어 조직되었음을 알 수 있다. 그리고 조선 후기에 이르러서는 별장·감관·봉수군 및 봉수군보로 편성되었다.

목멱산봉수의 경우 봉군호가 30호로 편성되어 매호에 각각 3명씩 급보 즉 봉족을 지급하고 있으며, 모두 120호를 24번으로 나누어 매번 5명씩 6일 교대하도록 하였다. 『중정남한지』에 나타난 성남 천림산봉수의 경우도 봉수군 25명에 75명의 보인이 배정되고 있다. 이러한 봉수군보는 아마도 일정액의 보포전(保布錢)을 봉수군에 납부함으로써 봉수군의 군역을 도와주는 구실을 했던 것이다.

전남 고흥 유주산 봉수 – 국내에서 유일하게 원형이 잘 남아 있는 봉수군의 건물지

실제 호남지방에는 「호남봉대장록총록」에 의하면 별장 201명, 오장 129명, 감고 27명, 봉수군 843명 그리고 봉수군 보인 1,542명 모두 2,742명의 봉수요원이 배치되어 봉수를 담당하였던 것이다.

한편, 함경도 지방의 18세기 후반 각 군현별 봉수군 배치 현황은 각 진보(鎭堡)와 유기적 관련 속에서 정평 37명, 고원 33명, 덕원 41명, 문천 30명, 안변 77명, 홍원 77, 북청 63명, 단천 97명, 갑산 66명, 삼수 84명, 길주 120명, 명천 44명, 경성 134명, 부령 52명, 경원 98명, 경흥 69명, 회령 90명, 온성 90명, 종성 111명, 무산 36명 등이 배치되어 경계하고 있었다.

5. 봉수군의 근무체제

봉수군의 가장 중요한 임무는 산정상에서 전방의 적을 감시하고 전달하는 후망이었다. 북방의 연대에서는 세종 19년(1437) 2월, 각도 연변의 초면에 이른바 초기봉수(初起烽燧)를 세우고 연대를 높이 쌓아 근처에 사는 백성으로써 10여 인을 모집하여 봉졸(烽卒)로 배정하여 매번 3인이 병기를 가지고 항상 그 위에서 주야로 정찰(偵候)하여 5일만에 교대하게 하고 사변이 있으면 급히 달려와 알리도록 하였다. 여기에서 연변봉수 즉연대에서는 봉수군(또는 후망인·봉졸) 3명이 5일 교대근무를 하고 있음을 알 수 있다.

그러나 봉수군의 근무조건은 매우 열악하였다. 세종 28년 1월, 김종서가 "지금 봉화간은 매 처에 잔망(殘亡)한 1-2인만 있을 뿐이며 또 봉화로써 수령들의 공과(功過)를 삼지 않기 때문에 점점 쇠퇴하게 되었다"고 보고한 데서 봉수군의 대응 실태나 열악한 근무환경을 엿볼 수 있다. 그리하여 매처마다 봉수군을 각각 6명으로 정하여 3번으로 나누어 근무케 하고 감고(監考)를 택하여 정하고 수령과 함께 책임을 지도록 조치하게 되었다. 그뿐만 아니라 봉수군의 근무 또한 매우 엄격하게 적용되었기 때문에 경계를 소홀히 하거나, 대신 점호를 받거나 또는 봉화를 전달하지 않을 경우 중죄로 다스렸기 때문에 그들의 고통은 더하였다.

봉수군에 대한 우대나 논상책도 마련되었다. 대체로 봉수군은 다른 역(役)이나 기타의 잡역(雜役)에 종사하지 않고 오로지 망보는 데만 전념하도록 법적으로 보장받았다.

각 해안가의 봉화군은 봉족(奉足)을 지급받았으며 잡역을 면제시키는 특전을 주었다. 유능한 자나 왜구를 잡은 자는 선군(船軍)으로 등용되기도 하였다. 봉족을 지급하거나 복호(復戶; 戶役을 면제해 주는 것)를 지급하는 등의 경제적 우대책도 마련되었으며, 특히 근무를 충실히 하여 적을 잡았을 때는 서용되거나, 근무일수를 살펴 해령직(海領職)에 차임되었으며, 북도지방의 양계(兩界)의 봉수군으로서 9년을 근무하면 산관직(散官職)을 제수하거나, 감고의 경우도 6년 근무에 산관직을 제수받도록 조치하였다. 그러나 이것은 극히 제한적이었다.

세종 30년 2월에는 연대의 비변책을 강화하기 위하여 체구가 작거나 늙고 약한 자를 대신하여 부실(富實)한 인호(人戶)를 선택하여 정하고 때때로 식량을 주게 하였으며, 몹시 추워지면 털옷(襦衣)을 주어 극진히 긍휼하는 조치를 취하기도 하였다.

또 세조 5년 12월 야인에 대한 방비책에 대하여 "연대의 망보는 것은 방비에 있어 가장 급하고 노역에 있어서는 가장 괴로운 것인데 군인들이 모두 잔열한 무리들이므로 비록 날마다 세 번 명령하여도 망보는 일에 근신하지 못한다"고 하고 연대가 있는 진(鎭)의 갑사(甲士)로 하여금 1인씩 1개월마다 교체하여 군사를 거느리고 경계하게 하였다.

봉수군은 늘 산정상에서 경계하기 때문에 적들이 침입하여 싸우다가 죽은 경우도 많아 항상 위협에 놓여 있었다. 성종 6년 2월, 야인이 평안도 창주를 침략한 뒤에 30여 기병이 고림(姑林)의 연대를 포위하자 봉수군 6명이 맞이하여 싸우다가 1명은 화살에 맞아 죽고 나머지는 형세가 궁하자 달아나 죽음을 면할 수 있었던 사실에서 알 수 있다.

그런가 하면 벼락에 맞아 죽는 일까지 발생하였다. 명종 11년 9월, 서울과 경기지역에 천둥번개를 동반한 호우와 우박이 내리는 기상변이 속에서 남원의 봉수군 김세견(金世堅)이 벼락에 맞아 죽거나 심지어는 명종 14년, 장흥에 큰 비가 내려 억불산(億佛山)봉수가 벼락에 부서지기도 하였다.

6. 봉수군의 하루 일과

중국 봉수군의 하루 일과를 통해서 조선시대 봉수군의 하루 일과를 추정해 볼 수 있다.
첫번째 임무는 순찰을 들 수 있다. 곧 봉수대 주변을 시찰하는 일이다. 중국에서의 봉수대 순찰을 적(迹) 또는 일적(日迹)이라고 하는데 봉수대 주변의 지표 위에 천전(天田)이라는 모래밭을 설치하여 사람이나 말이 통과하면 발자국을 남기기 때문에 적의 침입 유무와 동태를 추정하는 데 활용하였다. 따라서 봉수군은 이 천전을 순찰하여 이상유무를 보고하였다.

두번째 임무는 후망 즉 망보는 일이다. 적의 침입을 망보고 다양한 신호를 발신하여 중계하는 것을 통봉화(通蓬火)라 한다. 중국에서는 네 가지 방법을 주로 사용했는데 먼저 1)봉(蓬)은 신호용 깃발인데 주간의 신호로써 사용되었다. 봉은 봉수대 위에 봉간(蓬竿)이라는 기둥을 세우고 깃대봉(旗竿)에 걸어 사용하였다. 연기 신호와 병행하여 이용된 듯하다. 2)표(表)는 봉(蓬)과 유사한 깃발의 일종이다. 3)적신(積薪)은 옥외의 지면에 거(苣;갈대) 또는 거(炬)를 정(井)자 모양으로 쌓아 올려 주야 신호로 사용하는 데 교차 부분에 목항(木杭)을 세워 넘어지지 않게 한다. 적신의 점검도 봉수군의 중요 임무의 하나이다. 4)거화(苣火)는 갈대(苣)를 태워 야간에 신호로 사용하는 것이며, 멀리서 볼 수 있도록 농(籠)에 넣어 봉간(蓬竿)에 매달아 사용한다.

세번째 임무는 문서를 배달하는 것이다. 주로 목간(木簡)을 정해진 시간 내에 지체없이 전달해야 한다.

네번째, 잡역(雜役)인데 획천전(劃天田)이라 하여 천전(天田)이 잘 관리·보존되고 있는지 담당구역을 순회하며 점검하는 일이다. 그외에 제토(除土)라 하여 봉수 외벽에 붙은 사막의 모래를 제거하는 것으로 모래가 쌓이면 적의 접근이 용이하기 때문에 모래를 제거해야 했다. 그 외에 벽돌을 제작하는 일, 제초작업 등이 있었다.

그렇다면 조선시대 봉수군들의 일상생활은 어떻게 했을까? 우선 화포 연습 등의 군사훈련을 들 수 있다. 세조 5년 4월에 함길도 도체찰사 신숙주의 건의에 따라 병조의 조치로 연변봉수대의 봉수군 5명 중 1명을 줄이는 대신 갑사(甲士)를 보충해서 매월 교체하여 봉수군의 화포 연습 등을 가르치게 하였다. 이곳에서는 갑사의 지휘 아래 봉수군들이 구체적 하루 일과를 수행하였는데 1) 화포 발사 연습 2) 구덩이(참호) 및 목책의 보수 3) 무기 보수 4) 후망 5) 거화재료인 땔감 모으는 등의 일을 하면서 생활하고 있음을 볼 수 있다.

결국 봉수군의 중요한 임무를 요약해 보면 다음과 같다. 전방의 적정을 살펴서 주연야화에 의거, 변경의 군사정보를 중앙과 진보에 전달하는 일, 안개나 비바람 등 악천후로 경계가 불가능 할 때에 도보로 다음 봉수대에 직접 전달하는 일, 적의 침입이 있을 경우 신포(信砲, 角聲, 旗, 火砲)로써 봉수대 주변의 진보와 백성들에게 알려 대비케 하는 일, 봉수대에 화약과 무기(총·화포)를 비치하여 적의 침입을 막는 일, 군사훈련(화포 연습 등)과 검열 등을 받는 일, 봉수대의 거화 및 방비시설을 관리·보수하거나 거화재료 등을 확보하는 일 등의 임무를 맡았던 것이다.

그러나 당시 병조가 전하는 봉수군의 근무기강 해이 실태는 다음과 같다. "봉수를 설치한 것은 오로지 적의 동태를 살펴서 위급한 정세를 빨리 알리기 위한 것인 데도 봉수대의 군졸들은 대개 고단하고 빈한하여 말이 없는 사람을 임명하므로 화포를 쏘고 후망하여 적을 방어하는 일이 늦어지고 해이해지고 있다"고 한 것에서 봉수군의 하루 일과가 매우 고된 것이었음을 알 수 있다.

이에 연산군 9년 1월에 사재감첨정(司宰監僉正) 유계종(柳繼宗)이 평안도 위원군의 수령으로 있을 때 국경을 지키는 봉수군들의 군역이 다른 군인들보다 갑절이나 되기 때문에 무예를 가진 사람은 모두 갑사나 기병에 들어가고 그 중 단약하고 빈곤한 사람만이 봉화군에 소속되므로 혹시 적변이 있으면 적에게 대항하지 못하고 왕왕 포로가 되는 사람이 있으니 본진(本鎭)의 별시위(別侍衛)나 갑사 중에서 용감한 사람 7~8명을 뽑아 순번을 정해 보내도록 조치하게 되었다.

7. 봉수군의 기강과 징계

봉수제도의 효율적인 운영을 위해서는 봉수대의 시설관리는 물론 봉수군의 근무자세가 무엇보다 중요하였다. 따라서 조정에서는 대명률(大明律)을 원용하여 『경국대전(經國大典)』『수교집록(受敎輯錄)』『속대전(續大典)』 및 『대전통편(大典通編)』 등의 법률을 제정하여 봉수군의 기강을 확립하는 데 최선을 다하여 위법자는 엄히 처벌하였다. 대체적으로 점열(點閱;검열에 불참하는 것), 대체(代替;허가없이 교체하는 것), 불거(不擧;봉수를 올리지 않는 것), 중절(中絶;중간에 전달하지 않는 것), 위화(僞火;거짓으로 올리는 것), 방화(放火;봉수대 주변에서 불피우는 것) 및 감독 불찰 등이 대상이었다.

최초로 처벌한 기사는 세종 5년 1월, 평안도의 여연군(閭延郡)에 적이 쳐들어왔는 데도 태일(泰日)봉수의 봉화간(烽火干;초기의 봉수군 명칭) 황연(黃連)이 봉화를 들지 않자 곤장 80대를 치계함으로써 이후 봉화를 들지 않아 중간에서 불통되는 경우 이 예에 따라 처벌하게 되는 선례를 만들었다. 또 봉수군이 바다를 경계하는 것을 잘못하여 적이 침입, 관내의 사람을 죽게 하면 천호(千戶)나 만호(萬戶)·현령(縣令) 등이 추핵(推覈)을 당하는 등 봉수군의 후망은 엄하기 이를 데 없었다. 김제군 백성 이산(李山) 등이 배를 타고 만경현 바다 가운데 고기를 잡다가 갑자기 왜적을 만나 많은 사람들이 살해되고 도망해 오자 봉수군의 감독을 소홀히 한 지방수령을 치죄한 것이 잘 말해 주고 있다.

그리고 세조 2년 11월, 충청도관찰사 이중(李重)이 남포(藍浦)의 봉화군 이덕명(李德明)이 승려 학수(學修)에게 의탁하여 머리를 깎고 중이 되어 봉화군 한영(漢永)과 함께 도망하여 봉수 군역을 기피한 사실이 발생하자 이덕명을 장(杖) 100에 변방에 유배하도록 하고, 학수는 장 80에 환속하도록 건의하는 일이 있었다. 이에 세조 임금은 봉화군을 치죄하기보다는 봉화군 이덕명을 면방(免放)하고 승려 학수를 침노하지 말라고 하면서 관찰사 이중을 꾸짖고 오히려 사헌부에 명령하여 당시 현령 김유율(金有慄)을 추국(推鞫)하도록 조치하였다. 그 이유는 봉화군 이덕명이 나이 65세가 되었어도 현감 김유율이 면방을 허락하지 않으므로 괴로운 역사(役事)를 견디지 못하여 삭발하게 되었다는 것이다. 세조는 당시 불교를 숭상하는 정책을 폈고, 또 국가의 대계가 필부라도 각각 살 곳을 얻게 하고자 하는 것에 있었기 때문에 사찰의 승려를 침노하지 말고 60세 이상 군정(軍丁)의 면방 규정에 의거하여 봉화군의 군역을 방면하도록 조치하였던 것이다. 이는 당시 세조의 숭불정책의 결과로 중생을 구제하고자 하는 종교적 성격이 짙게 깔려 있는 것이라고 볼 수 있다.

한편 전라도 고성(固城)지방에는 자주 왜구가 나타나 어민을 찔러 죽이거나 육지에 상륙하여 부잣집 재물을 약탈해 가는 일이 발생하자 변장(邊將)이 경계근무에 소홀하고 왜선에 대한 정보를 즉시 달려와 보고하지 않았으므로 고성현령과 사량만호 및 봉수군을 중형에 처하고 변경으로 충군시킨 일이 있었다.

이에 봉수군이 경계근무를 태만하게 하거나 궐점대립(闕點代立;점호를 대신 서는 경우)을 할 경우 중죄로 다스렸으며, 거화하지 않으면 참(斬;목을 베는 형벌)하거나 극변충군(極邊充軍;멀리 변방의 군대로 보내는 것)하였으며, 중도에서 전달하지 않으면 장 80에 처하고 이전의 역(役)에 정속시키거나 유사시는 장 100, 무사할 때는 위령율(違令律)로 치죄하였다. 또 대신 점호를 서게 한 경우 초범은 태(笞) 50, 재범은 장 80, 3범은 장 100에 처하였다. 대체(代替)한 경우 대립(代立)한 자는 장 60에 수석충군(收籍充軍)하고, 대립시킨 자는 장 60으로 이전의 역(役)에 충군히였다. 그후 봉수가 허술하게 되자 봉수군에 대한 벌칙은 더욱 엄격해졌다.

숙종시대에 편찬된 『수교집록(受敎輯錄)』의 처벌 규정은 다음과 같다.

① 적이 출현할 때 거화하지 않은 경우 봉수군 장 80, 수령(守令)·진장(鎭將)은 장 70에 처한다.
② 적이 국경 가까이 출현해도 거화하지 않은 경우 봉수군은 장 100과 함께 변경(邊境)에 충군(充軍)하며, 수령·진장은 장 100과 파직하고 서용(敍用)하지 않는다.
③ 적과 접전할 때 거화하지 않으면 봉수군·수령·진장 모두 참(斬, 사형)한다.
④ 사변이 있을 때 중도에서 봉화를 전달하지 않은 경우 봉수군·색리(色吏)는 장 100에 처하고 극변충군(極邊充軍)하며, 감고(監考)는 장 100, 수령은 장 80에 처한다.
⑤ 적의 침입을 보고하지 않는 경우는 봉수군·색리는 사형한다.

그리고 정조시대에 편찬된 『대전통편』에 따르면 절화(絶火)할 때는 수령 장 80, 감고 장 100, 색리·봉군 장 100에 멀리 변방으로 보내거나, 적이 이르렀는 데도 보고하지 않은 경우 처단하였으며, 거짓으로 거화한 경우 병용일률(竝用一律), 무사시의 점호에 빠진 경우 종중결곤(從重決棍), 봉수대 근처에서 방화(近處放火 待時)할 경우는 사형, 거짓 봉화하고 대죄하지(擧僞烽 不待) 않은 경우 사형이었다. 위에서 볼 수 있는 바와 같이 봉수 규정은 더욱 엄격해져 거짓봉화를 올리는 경우 사형에 처하였으며, 무사할 때 점호에 빠지면 곤장 형벌을 받았으며, 거짓봉화한 자와 봉화대 근처에서 방화한 자는 모두 참형에 처하는 등 더욱 엄하게 처벌하였다.

8. 봉수군의 결혼과 신분세습

봉수군은 원칙적으로 그 신역(身役)을 세습하므로 신분 역시 당연히 세습되었다. 이에 대해서 조선 전기의 신분적 지위 변화에 대한 호적대장이 없어 자세히 알 수 없으나 일반적으로 양인 신분이었던 것이다. 다만 조선 후기 남아 있는 호적대장 가운데 경상도 단성현(丹城縣) 호적대장에 나타난 실태를 살펴보고자 한다.

조선시대 호적 파악은 오가작통법(五家作統法)에 의거 5호를 1통으로 삼아 호수(戶首)를 지정하여 편성되었는데 대개 직역·성명·나이·4대조 및 외조 그리고 처의 이름과 4대조와 솔정(率丁─거느리는 가족) 등을 기록하였다. 이를 통해서 봉수군의 호구 파악과 군역 동원 자료로 활용하였다.

단성현에는 입암산봉수(笠岩山烽燧)가 있어 남쪽으로부터 진주 광제산봉수, 북쪽의 삼가 금성산봉수로 전달하였다. 입암산봉수대에 근무하는 봉수는 몇 명이나 될까? 단성현 호적대장(戶籍大帳)에 나타난 통계를 보면 숙종 4년(1678)의 전체호구 2,113호 중에

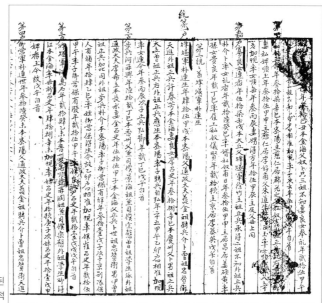

단성현 호적대장에 편성된
봉수군 호적

서 봉수군 호구는 모두 14호로 파악되고 있다. 그리고 봉수군은 장(壯)·노(老)·약(弱)의 세 단계로 구분하여 편성되고 있는데, 60세가 지나면 노(老)로 파악, 실질적으로 봉수 군역을 면제하고 있다. 그리고 봉수군 14호 중에서 3호가 삼가(三嘉) 및 영산(靈山)에서 이주해 온 것으로 나타나고 있다. 봉수군의 결혼 실태나 신분세습 및 신역 부담과 관련하여 거주이동의 자유가 있었는지 주목된다.

이 호적대장을 중심으로 봉수군 호구 및 가족 구성과 신분적 지위 변화의 일면을 소개하고자 한다. 단성현의 봉수군 분포를 보면 북동면의 갈전리 1호, 도산면 문태리 2호 그리고 생비량면 저동리 4호, 가곡리 1호, 신등면 단계리 1호, 척지리 1호가 보이고 있다.

먼저 북동면 갈전리 봉수군 김수금(金守今)의 경우 원래 삼가봉수군인데 단성으로 이주해 온 것 같다. 김수금의 신분 관계를 보면 아버지 물금(勿金)은 정병(正兵)이고 할아버지 김이(金伊) 역시 정병, 그리고 증조할아버지 돌이(乭伊)도 정병이다. 대개 양인 신분으로 신역(身役)이 다를 뿐 아버지대에 와서 정병에서 봉수군으로 신역이 바뀐 것이다. 봉수군의 신분이 세습되었다는 초기의 기록과 달리 신역이 변동되고 있는 것으로 보아 양인신분을 유지하면서 다른 신역에 종사하고 있는 실태를 알 수 있다.

김수금은 병든 동생과 처, 아들 2명으로 가족을 구성하고 있다. 그 중에서 둘째아들 김일년(金日年)은 병영의 장인(匠人)으로 신역이 기재되고 있는 것으로 보아 봉수군의 신분이 세습되지 않고 있음을 엿볼 수 있다.

또 도산면 문태리 권두회(權斗會)의 경우를 보면 호구 파악 당시 고인(故人)이 되었지만 그의 아버지와 할아버지까지 모두 정병이었으며, 아들 점이(占伊)는 양녀를 처로 삼아 봉수군 신분을 유지하고 있지만, 또 다른 아들 응도(應道)는 경포보(京砲保) 신역을 부담하고 있었다.

생비량면(生比良面)의 저동리에 살고 있는 봉수군 박연생(朴連生)을 보자. 당시 나이 45세로 본관은 밀양이고 아버지는 통정대부(通政大夫), 할아버지는 기병(騎兵), 증조할아버지는 충찬위(忠贊衛)였다. 그리고 외할아버지는 정병이다. 처는 양녀로서 경주 이씨이며 처의 할아버지, 증조할아버지도 정병이었다. 그런데 자식 중 큰아들 자홍(自弘, 25세)은 기병이고 둘째아들 홍절(弘節)은 정병이었다. 대체적으로 봉수군의 본가와 외가는 동일 신분인 정병·기병 등 양인 신역이 많은 편이다.

그러나 양반 신분을 뜻하는 신역이 나타나는 경우도 있다. 같은 마을에 살고 있는 봉수군 하만석(河萬石)의 경우 당시 나이 24세에 본관은 진주이며, 아버지 재윤(再潤)은 충순위, 할아버지 종의(宗懿)는 겸사복이고, 외할아버지 유득강(柳得江)은 학생 신분이었다. 당시 하만석은 어머니 유씨(48세)와 19세, 11세인 여동생과 여종 향옥(香玉)을 데리고 살았다. 여기서 하만석의 본가와 외가는 모두 양반관직을 역임했던 것을 알 수 있다. 그런데 왜 하만석 당대에 봉수 군역을 부담하게 되었을까?

또 하나의 봉수군 이모로금(李毛老金, 33세)은 가호로서 파악되고 있는데 호구대장 작성 당시 추가로 편성된 봉수군이었다고 보여진다. 그의 아버지와 할아버지는 모두 유학 신분이며, 증조할아버지는 장사랑으로서 하동교수였다. 당시 유학신분의 증가 추세를 감안하면 그의 선조대에는 꽤나 신분이 높았던 것을 볼 수 있다.

재미있는 것은 봉수군의 처의 신분이 같은 신분인 양녀 출신이 많지만 사비가 나타나는 경우도 있다. 생비량면 저동리에 살고 있는 김의정(金義丁, 64세)의 경우 아버지, 할아버지가 모두 정병인 데도 처는 사비(私婢) 화리춘(禾里春)이었다. 사비 화리춘은 당시 나이 47세로 단성현에 거주하고 있는 하재청(河再淸)의 여자 몸종이었던 것이다. 이 당시 결혼 풍속은 양인과 천민이 상호교혼해도 괜찮은 시대였음을 잘 반영해 주고 있다.

9. 봉수군의 복장

봉수군에게는 산정상에서 더위나 추위를 무릅쓰고 근무해야 하기 때문에 그에 따른 의복을 지급해야 했다. 봉수군의 복장에 대해서는 여름용으로 포의(布衣)·납의(衲衣)가, 겨울용으로 유의(襦衣)·지의(紙衣) 등이 지급되었던 것을 알 수 있다.

성종 24년 4월, 특진관 여자신(呂自新)이 말한 바와 같이 함경지방은 매운 추운 곳임에도 불구하고 면서(綿絮; 솜) 없이 연대군이 포의를 입고 밤이 새도록 경계하므로 납의(솜으로 만든 덧옷)를 만들어 지급하였으며, 연산군 1년 11월, 변경의 봉수대에 근무하는 연대 후망인에게 납의를 평안도 350벌, 함경북도 500벌, 함경남도에 62벌씩을 지급해 주었다. 군공(軍功)을 남긴 봉수군에게는 갑주(甲冑)와 환도(環刀)를 하사하기도 하였

전남 오봉산봉수 방호벽 아래는 천혜의 절벽으로 둘러져 있다.

다. 즉 선조 16년 8월, 오랑캐의 침입으로 경원(慶源)이 함락될 때에 종성(鍾城)의 봉수
군 한양(韓揚)은 적의 화살이 몸에 박혔는 데도 불구하고 적중으로 돌격하여 자기 아비
를 구해 돌아왔기 때문에 포상으로써 한양에게 무명저고리 2벌, 갑주 1벌, 활과 장편전
(長片箭) 그리고 환도(環刀)를 하사하기도 하였다.(부록 「평안도 각 봉수군에게 지급
돈 유·지의 현황」 참조)

5. 봉수의 신호체계

1. 거화법

봉수는 기본적으로 적의 침입을 신속하게 중앙의 병조와 지방의 각 읍과 진보에 전달하는 것이 급선무였다. 따라서 봉수의 신호체계는 기본적으로 낮에는 연기로, 밤에는 횃불로 전달하였다. 그러나 안개 및 구름이 끼거나 비바람이 불 때는 나팔이나 천아성(天鵝聲) 등의 각성(角聲)·화포(火砲)를 이용하여 신포(信砲)로써 전달하였다. 파발제 시행 이후에는 파발을 이용하기도 하였다. 이러한 봉수의 신호체계를 흔히 거화법(擧火法)이라 한다.

이러한 거화법으로는 횃불을 드는 거화, 봉수군이 직접 달려가서 보고하는 치고(馳告), 화포나 나팔로써 전달하는 신포(信砲) 그리고 깃발로써 신호하는 현기(懸旗) 등이 있다.

먼저 거화(炬火)는 초거(草炬−풀), 유거(杻炬−싸리), 송거(松炬−솔잎), 애거(艾炬−쑥)와 말똥(馬糞), 소똥(牛糞) 및 조당(粗糖−겨) 등을 사용하여 횃불이나 연기로써 변경의 정세를 완급에 따라 전달하는 것을 말한다. 고려시대에는 당나라 제도를 모방하여 4거(炬)로 구분하였으나 여말선초에는 2거로 감소되었다. 그후 세종 1년 5월에는 왜구 침입에 대비하여 5거화법으로 바뀌었다. 해로와 육지에 따라 왜적이 바다에 있으면 2거, 국경 가까이 오면 3거, 병선이 접전하면 4거, 육지에 상륙하면 5거를 들게 하였고, 육지에서는 국경 밖에서 적변이 일어나면 2거, 국경 가까운 곳이면 3거, 국경을 침범하면 4거, 접전하면 5거를 들도록 하였다. 성종대에 이르러서는 『경국대전』의 시행으로 육상·해상 구분없이 평상시에는 1거, 적이 출현하면 2거, 국경에 접근하면 3거, 국경을 침범하면 4거, 접전하면 5거를 올리도록 하였다.

치고(馳告)는 치보(馳報)라고도 하는데 안개나 비·바람으로 앞의 봉수가 보이지 않거나 올리지 않을 경우 봉수군이 직접 달려가거나 역마(驛馬)를 이용하여 다음 봉수대에 알리는 것이다. 세조 13년 3월, 경상도 해변에서 왜선이 보이자 당포(唐浦) 미륵산(彌勒山) 봉수의 봉수군 오중산(吳仲山)이 달려가 알리게 하여 각 영진(營鎭)으로 하여금 해안방어를 굳게 한 사실이 그것이다. 치고는 중앙에서 목멱산봉수대를 후망하는 병조의 수직군(禁軍 등)이 문서로 승정원에 보고하는 경우와 각 지방의 봉수대에서 봉수군이 부신(符信)을 가지고 전달하는 방법이 있다. 특히 부신을 가지고 치보하는 경우는 영조 46년 5월, 병조참의 신일청(申一淸)의 제안에 잘 나타나 있다.

1) 각 봉수대의 봉수군은 부신(符信)을 사용하여 전달한다. 2) 이때의 부신은 단단한 나무로 만든 패(牌)의 앞면 중앙에 '운암(雲暗)'이라는 글자를 새기고, 뒷면 중앙에는 '신(信)'자를 새긴다. 3) 부신의 앞뒷면 양곁에 각각 서로 응하는 봉수명을 새기고 가운데를 쪼개어 해당 봉수대에 나누어 지급한다. 4) 부신에는 해당 고을의 화인(火印)을 찍어 달려가 알릴 때에 증거로 삼는다.

이것은 허위보고나 태만하여 지체되거나 중간에 끊어지는 것을 방지하기 위해서였으며, 또한 봉수가 적의 병력 이동이나 규모를 자세히 전달하지 못하는 한계를 극복하는 방법이기도 했다.

한편 봉수 불통의 대안으로 숙종 38년(1712) 1월 윤제만(尹濟萬)의 상소에 나타나 있듯이 함길도에서 철령 안변을 거쳐 남산으로 오는 길목은 항상 바다 안개와 구름으로 인하여 자주 불통되고 심지어는 엄동설한에 봉수군이 당번을 서지 않는 바람에 봉수가 전달되지 않은 일이 비일비재하게 되자 부득이 연로의 각 역참(驛站)에 능주마(能走馬) 4-5필을 세워 이른바 보경마(報警馬) 제도를 운영하기도 하였다.

신포(信砲)는 북방의 연대와 같이 서로 대응하는 봉수대가 가까이 있거나, 적의 침입 시에 주변의 군민(軍民)들에게 급히 알려 진보(鎭堡) 등에 피신시키거나 싸움을 준비하

수원 화성에서 봉돈거화식을 재연하고 있다.

기 위해서 화포나 각성 등으로 신호하는 것이다. 구름이 많이 끼거나 비·바람, 안개로 보이지 않을 경우 천아성(天鵝聲) 같은 각성(角聲)을 불거나 화포 등의 신포를 쏘아올리는 것으로 북을 치는 경우도 있다. 비치물목에 보이는 조총·뿔나팔·징·작은 북은 그러한 용도에 사용되었던 것이라고 생각된다. 세종 7년 8월에 현재의 고흥 지방의 왜구 방어책을 논하는 가운데 여도(呂島)의 병선(兵船)을 초량(草梁)으로 옮기는 문제를 의논한 결과 초량보다는 사량(蛇梁)으로 병선을 옮겨 정박시키고, 마북산(馬北山)과 수덕산(愁德山)에 별도의 해망(海望) 즉 연대를 설치하여 낮에는 연기, 밤에는 봉화(晝烟夜火)를 올리고 구름이 끼어 어두울 때는 나팔을 불어 적변(賊變)을 통지한 것에서 잘 알 수 있다.

현기(懸旗)는 적변이 있을 때 큰 기(白大旗)를 장대에 매달아 신호하는 것이다. 세종 14년 6월, 함길도의 연대에서 신포(信砲)·대발화(大發火) 외에 백대기 등의 비품을 준비하여 적변이 일어나면 연기와 횃불을 들고, 신포를 쏘아 서로 호응하며 백대기를 장대에 매달아 알리게 한 것은 그 한 예이다. 그리고 비치물목에도 백대기·오색표기(五色表

부산 아이봉수 방호벽과 연대

旗) 또는 오방고초기(五方高招旗) 등을 비치하여 이용함으로써 보조수단으로 사용했음을 알 수 있다.

2. 거화재료

봉수의 수단은 연기와 횃불이다. 따라서 연기와 불을 만드는 일은 봉수통신의 유지에 매우 중요한 요소이다. 중국에서는 봉수제도가 확립된 당대에 북쪽의 돌궐을 방어하기 위하여 병부봉식(兵部烽式)을 제정하여 거화재료로서 섶·쑥·목재·갈대 및 이리똥 등을 이용하여 주연야화의 방법에 의해 전달하였다.

일본의 봉수에서도 군방령(軍防令)에 의하면 연기를 내는 데 필요한 재료는 쑥·볏짚·삼나무·생섶 등이고 경우에 따라서는 여우똥을 사용하였다. 그리고 횃불을 피우는 데 필요한 재료는 섶과 억새 등이다. 일본에서는 연기를 피우는 재료와 횃불을 피우는 재료가 약간씩 다른 점이 눈에 띈다. 불을 피우기 위해서는 발화재가 필요한데 이를 화거(火炬)라 한다. 건조시킨 갈대나 억새를 중심에 두고 주위에는 소나무 또는 삼나무잎을 볏짚으로 묶어 사용하였다고 한다.

한편 한국의 봉수에서는 이와 유사한 거화재료를 사용했다. 대부분의 연대기 사료에 보이듯이 쑥·싸리·섶·송진·말똥·소똥 등이 대부분 사용되었다고 본다. 왜냐하면 각 지리서에 기록된 비치물목에도 말똥·소똥·말풀·쑥대·싸리·솔잎·섶나무·초거(草炬)·쌀겨·담배잎 등이 비치되고 있기 때문이다.

그리고 발화 방법에 대해서 명확하게 알 수 없지만 아마도 비치물목에 나타나고 있는 화석(火石)이나 화철석(火鐵石)과 같은 부싯돌을 이용하여 화약이나 거화재료에 불을 인화시킴으로써 가능하지 않았을까 생각된다. 대체로 횃불을 피우는 데는 싸리나무(杻炬)·풀잎(草炬) 그리고 볏짚을 많이 사용했을 것으로 추정되며, 연기를 내는 데는 말똥·소똥·겨·섶나무·솔잎이나 연초(煙草) 등을 이용했을 것으로 판단된다. 무엇보다 겨·청송엽·연초는 연기를 짙게 내는 데 크게 작용하기 때문이다.

특히 이리나 여우똥은 섶이나 솔잎 그리고 쑥대 등에 섞어 불을 피우면 연기가 위로 똑바로 올라가 바람이 불어도 비산(飛散)하지 않는다고 하여 일찍이 중국에서 많이 사용되었다. 그러나 우리나라에서는 여우똥을 구하기 어려워 그 대신 말똥이나 소똥을 사용하였다. 원래 이리는 날카로운 이빨로 동물의 피부나 뼈를 먹기 때문에 그 배출물인 똥에는 먹이동물의 털이나 뼈 같은 것이 있기 때문에 이를 모분(毛糞)이라고 하였다. 이 모분을 소나무잎에 넣어 태우면 그 연기가 바람에 흩날리지 않고 수직으로 올라가며 특히 소나무잎이나 담배잎은 연기를 짙게 하는 성분이 있다고 한다. 일본에서는 에도시대 이리똥과 담배잎 줄기·염초(焰硝) 및 솔잎을 섞어 연기를 피웠다고 전한다.

3. 봉수의 전달 속도

봉수는 변경의 긴급한 군사정보를 전달해야 하기 때문에 그 속도는 무엇보다 중요하였다. 그러나 이의 소요시간을 명시한 규정은 없으며, 단지 몇몇 기록을 통해 추정할 수 있다. 변방에서 횃불을 올리는 시각은 대개 한낮이므로 서울 남산에서 멀리 떨어진 곳은 주로 연기를 올렸고, 서울에 가까울수록 밤에 올리는 횃불로써 목멱산에 도달하였다. 세종 1년에 봉수가 염려되어 몰래 변방에서 시험적으로 봉수를 올리게 해보니 과거 5-6일

걸리던 것이 이제는 1개월 걸려도 통하지 않음을 걱정하고 있는 것으로 보아 소요시간이 많이 걸렸음을 짐작할 수 있다. 이 경우는 봉수가 정상적으로 가동되지 않았을 때의 경우이다.

그러나 북방의 6진의 경우, 숙종 27년 북병사 이홍술(李弘述)이 6진부터 서울까지 길이 멀어 초경(初境)의 봉화를 오후에 올리면 날이 저물어서야 비로소 아차산봉수에 도달한다고 말하고 있는 것으로 보아 서수라 우암(牛巖)에서 목멱산까지 대략 6시간 정도 소요되고 있음을 추정할 수 있다. 이를 아차산에서 종성까지의 거리를 약 550킬로미터로 산정하면 시간당 약 110킬로미터를 전달했다는 계산이 나와 매우 신속하였다고 볼 수 있다. 또 영조 39년의 기록에 따르면 6진 여러 고을에서 사시(巳時, 9-11시)나 오시(午時, 11시-1시)에 주연(晝煙)을 올려 단천을 지나 마운령 이남에 이르러 야화(夜火)로 서로 응하여 목멱산에 이르고 있는 것으로 보아 약 9시간 걸리는 것을 추측할 수 있다.

동래-남산간이나 순천-남산간의 경우는 이른 아침에 올려 초저녁에 도달하도록 하고 있는 것으로 보아 대략 12시간이 소요되고 있음을 알 수 있다. 이로써 전국의 봉수는 동북의 우암-목멱산, 서북의 의주-목멱산, 동래-목멱산을 막론하고 초경(初境)에서 봉화를 올리는 시거(始擧) 시간을 아침으로 하고 서울에 도착하는 시간(京烽時限)을 초저녁으로 삼아 약 12시간이면 목멱산에 도달하도록 하였던 것 같다. 그런데 시거 시간에 대해서는 영·정조 시기에 논란이 있어 영조 46년 병조참의 신일청(申一淸)은 평조(平朝)를 기준으로 삼자고 하였으며, 남병사 이한창(李漢昌)은 경봉시한(京烽時限)을 앞당기기 위해 주연으로 전달하되 날이 저물면 야화로 전달하자고 주장하였다. 그러나 정조 2년에 영의정 김상철(金尙喆)이 다시 문제를 제기하였으나 시거 시간을 아침으로 하고 목멱산에 도달하는 시한을 초저녁으로 결정한 것 같다. 그리하여 유사시를 제외한 평상시에는 목멱산에 도착한 변경의 정보는 다음날 아침에 승정원을 통해 국왕에 보고하였던 것이다.

6. 봉수의 허실과 원인

　봉수는 변경에서 외적의 군사적 침입에 대비하여 긴박한 군사정세를 중앙과 진보에 전달하기 위하여 설치된 군사통신이다. 따라서 조선시대의 정책당국자들은 이의 관리, 유지에 대하여 운영상의 여러가지 문제를 보완하면서 제도 보완에 최선의 노력을 기울였다. 그럼에도 불구하고 시행과정에서 많은 허실이 드러났다.

　조선 전기에 국한해 볼 때 『조선왕조실록』 기사에는 태조–선조 연간에 34건 정도의 적변이 일어났음에도 4건을 제외하고는 불거화(不擧火)·중절(中絶)·오거(誤擧) 등으로 말미암아 봉수가 전달되지 않았던 것이다.

　성종 22년(1491)의 건주위(建州衛) 여진족인 올적합(兀狄哈)이 병사 1천여 명을 이끌고 조산보(造山堡)로 쳐들어와 경흥부사 나사종(羅嗣宗)과 군사 및 우마를 노략질해 간 사건이 발생했음에도 불구하고 봉수를 전달하지 않은 것이라든지, 선조 16년(1583)의 니탕개(尼蕩介)의 난, 중종 5년(1510)의 삼포왜란, 중종 39년의 사량진왜변, 명종 10년의 을묘왜변, 심지어는 선조 25년의 임진왜란 당시에도 봉수가 경보기능을 제대로 발휘하지 못하였던 것이다. 중종 39년 4월에 왜선 20여 척이 사량진(蛇梁鎭, 현 고성)에 침입하여 왜변을 일으켰을 때에도 제대로 경계근무를 서지 않고 평상시 거화만 하여 성이 포위되고 많은 인명의 피해를 당했다. 이러한 외침의 조짐들이 남방에서 수시로 나타났음에도 불구하고 단순히 봉수군의 죄를 처벌하는 선에서 미봉책만을 시행함으로써 결국은 임진왜란이라는 국난을 당하게 되었으며, 봉수제는 심각한 문제에 봉착하게 되었던 것이다.

　왜 이와같이 허술한 사태가 벌어졌을까? 그 원인을 여러 각도로 분석해 보면 다음과

원형의 연대가 남아 있는
울산 이길봉수

같다.

첫째, 일반적으로 봉수대가 험준한 산정상에 자리잡고 4군6진을 포함한 압록—두만강 연변과 남·서해안의 긴 해안선에 널리 배치되어 있어 봉수군에 대한 인적·물적 보급과 시설유지에 따른 재정지원과 봉수대 관리가 허술한 데 그 원인이 있다.

둘째, 봉수대 상호간의 거리가 너무 멀어, 비록 간봉을 설치하고 도보로 알리는 보조장치를 마련했음에도 불구하고 악천후와 울창한 숲으로 인하여 후망하는 데 자연적 장애요건의 한계성을 벗어나지 못한 점이다.

셋째, 무엇보다 봉수군에 대한 처우가 열악한 데다 고된 일과로 말미암아 교대근무를 제대로 이행하지 않거나 심지어는 봉수대를 비워두는 무사안일한 근무태도 때문이다. 평상시에는 아침에 거화하여 저녁에 서울에 도착한 후 그 다음날 국왕에게 보고하기 때문에 봉수가 각각의 봉수대를 통과하는 시간이 대체로 정해져 있었다. 따라서 봉수군이 하루종일 경계근무를 서지 않고 일정시간에 맞추어 근무하거나 설령 앞의 봉수가 보이지 않거나 올리지 않아도 평상시 1거만을 올리고 말았기 때문이다. 이에 임진왜란과 병자호란을 겪으면서 이에 대한 대비책을 여러 각도로 강구하게 되었으며, 무너진 봉수제도를 복구하는 데 필요한 다양한 변통책을 수립하게 되었던 것이다.

7. 조선 후기의 봉수 복구와 변통론

1. 임진왜란 이후의 봉수 복구

봉수제는 임진왜란을 당하여 군사통신으로서의 기능을 충분히 발휘하지 못하였다. 따라서 선조 30년(1597) 2월에 봉수의 구폐책을 논하는 자리에서 영사 김응남(金應南)이 발군(撥軍)을 세워 봉화의 기능을 대신하자고 주장하였고, 이어 동년 5월에 한준겸(韓浚謙)의 건의로 파발제도가 성립되었던 것이다. 그러나 이로 인해 봉수제도의 복구가 이루어지지 않은 것은 아니다. 선조 30년 파발제의 설치를 논의하던 때에도 봉수제의 중요성은 강조되어 봉수제는 파발제와 병행하여 변방의 급보를 전하도록 여러가지 타개책이 나오고 기존의 봉수제도를 가능한 복구하여 군사통신상의 목적을 달성하려는 통치자들의 노력이 이어졌다. 특히 북로봉수(北路烽燧)에 대한 관심이 지대하여 우선적으로 정책 배려가 이루어져 임란 이후에는 봉수제가 점차 복구되었고, 봉수군의 기강 확립을 위한 여러 정책이 실시되었다. 봉군이 오판하여 거화하거나 실제 상황에 거화하지 않을 경우 법에 의해 엄히 처벌하고 수시로 선전관(宣傳官)을 연대에 파견하여 순시하도록 하였다. 뿐만 아니라 무너진 봉수를 새롭게 설치하거나 신설하도록 하였으며, 연대간의 거리가 너무 멀어 서로 연락할 수 없을 때는 연대를 새롭게 가설하기도 하였다. 동래의 간비도봉수나 수원 독산성봉수를 가설한 것이 그 한 예이다.

한편 봉수군의 보충에 있어서도 큰 관심을 가지고 조치하였다. 제주도의 경우 노쇄한 봉군 대신 장정(壯丁)에게 그 임무를 맡기도록 한 조치가 보이고, 서울 목멱산(남산)의 봉수에 있어서도 병조판서가 수장(燧長)·봉군 등의 관리 소홀을 지적하며 봉호보(烽

戶保) 100인에게서 거둔 포를 2필씩 나누어 주어 봉군차정에 충실하려 한 모습이 보인다.

특히 이와같은 노력은, 북로봉수의 허소(虛疎)와 중간에서 봉수가 단절되는 중절문제가 자주 발생하자 수시로 선전관을 파견하여 관리하게 하였는데, 그 내용은 첫째가 봉대 비치물 문제이고, 둘째가 오장 및 봉군의 충정(充定)과 입번(立番), 봉군의 고역(苦役)에 따른 기피현상과 처우 문제, 그리고 세번째는 거화법에 대한 것이었다.

첫째 문제인 봉대에 비치해야 할 기물로는 삼혈총(三穴銃)·궁전(弓箭)·마골거(麻骨炬)·조강(糟糠)·마낭분(馬狼糞)·삼릉장(三稜杖) 등이 있는데 이것들을 비치하는 데 어려움이 있어 이를 확보하는 문제로 논의가 분분하였다.

둘째는 오장과 봉군을 충정(充定)하고 입번 고역으로 인한 도산을 막는 문제이다. 모든 봉화에는 오장 2명, 봉군 5명이 있어야 하지만 봉군이 신량역천 계층으로 신분이 세습되고, 고역이기 때문에 도망하는 자가 속출하였다. 그리하여 늙은 후망군 대신에 장정을 대신 세우도록 하고 양천을 막론하고 착실인(着實人) 5명을 선정하여 산 위에 머무르게 하였다. 또 봉군을 충정하기 어렵게 되자 정배인(定配人;유배자)을 봉군으로 근무하게 하였다. 또 봉군의 기피는 그들에 대한 신분적 차별과 충분한 생활대책을 마련해 주지 못한 데서 기인하므로 그들의 생활안정을 위한 구휼책으로 보인을 정급하였을 뿐만 아니라, 유사시에 대비한 저치미(儲置米)를 나누어 주기도 하였다. 또 봉수군은 고지에서 추위와 싸워야 했기에 방한용 의복인 유(襦)·지의(紙衣)의 충분한 지급이 필요하였는데, 지급과정에서 부정이 생겨 봉군에게 보급되지 못하는 일이 있어 이를 엄격히 단속하도록 하고 있었다.

셋째는 거화법 문제로 거화중절 또는 불거화의 문제를 타개하는 것이다. 임진왜란후 봉화를 올리지 않거나 중도단절 원인은 봉화군의 도산과 근무태만에도 있지만, 자연적인 요인으로 운암(雲暗)과 수목 및 고산준령에 의한 시계(視界) 불확실에 더 큰 이유가 있었다. 이를 극복하는 방안의 하나로 각각 거화하는 이른바 각자거화(各自擧火)를 제시하기도 하였다. 원래는 운암으로 인해 봉화가 서로 연락이 안 되면 직접 봉군이 도보로 가서 연락하는 것이었는데 30리 혹은 6-70리나 떨어져 있는 봉수대를 오간다는 것은 쉬운 일이 아니었기에 숙종대 이후에는 여러 변통론이 대두되었다.

2. 다양한 변통론의 대두

봉수가 중도에 단절되거나 연대와의 거리가 너무 멀어서 전달할 수 없는 문제를 타개하기 위한 변통론은 각자거화 실시, 봉수의 이설과 신설, 마발(馬撥)의 배립, 화포 설치 등으로 요약될 수 있다.

첫째, 각자거화론은 북쪽 변방 4군6진 지역의 봉수가 접경지로서 군사상으로 중요하기 때문에, 안개나 비·바람 등의 자연적인 조건으로 만약 차례로 전할 수 없을 경우에는 독자적으로 최초로 봉화를 올리는 화저봉(火底烽), 곧 초기봉대(慶興 西水羅烽燧)의 거화에 구애됨이 없이 강변 6읍의 연대에서 각자 거화하여 변환에 대비케 하자는 것이다. 이것은 중국의 바둑판 모양의 봉수 배치와는 달리 수직적으로 조직되어 있기 때문에 앞의 봉수에서 거화하지 않거나 중절되면 군사상의 막대한 피해를 주기 때문에 초기 봉수인 서수라봉수에서 거화한 것을 기다리지 않고 곧바로 강변에 연하여 있는 각각 연대에서 유사시 거화하여 차례대로 전달하자는 것이다. 논란 끝에 숙종 21년부터 실시하게 되었다.

둘째, 봉수대 사이의 거리가 너무 멀어 서로 연락하기가 불편하므로 사이에 간봉을 설치하거나 봉수대를 옮기자는 주장이다. 그러나 간봉의 신설이나 이설은 민폐나 봉군의 충정과 군기물의 비치 문제가 수반되어 쉽게 해결할 수 없었기에 논의가 분분하고 간봉의 치폐나 이설과 가설이 사정에 따라 수시로 행하여졌던 것이다. 고원과 문천의 간봉 설치, 갑산 동인보 이설에 따른 봉수 신설, 안변과 회양의 간봉 가설, 6진 봉수의 간봉 설치 등이 그것이다.

셋째, 기존의 파발을 이용하는 마발을 설치하자는 주장으로 전결(田結)에 따라 파발을 세우게 하고, 목장마를 각 참(站)에 분급하여 마발을 세우자는 것이다. 그러나 서로(西路)를 제외하고는 기병의 부족으로 마발을 세우기가 어려웠지만 마료 문제나 기보병의 보충과 쇄마가(刷馬價) 지급이 해결될 경우 마발의 설립은 가능하였다. 그 결과 안변과 회양 사이 남산역에서 철원에 곧바로 도달할 수 있도록 역참을 이용한 마발 배치는 가

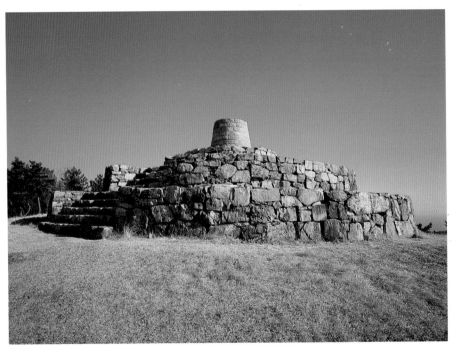

거제 옥녀봉봉수의 복원된 모습

능하였던 것이다. 순조 16년 11월, 함경도 장진부(長津府)의 노탄(蘆灘) 봉수에 발참을 설치한 것은 그런 이유에서였다.

끝으로 봉수대에 화포를 설치하여 소리로써 서로 응하게 하자는 주장이다. 원래 화포는 임란 이전부터 봉대에 비치되어 신포의 일종으로 사용된 것으로 새로운 것은 아닌데, 원거리를 화포로써 전달한다는 것은 결코 용이한 것이 아니었다. 소리로써 상호 연락하려면 봉대 사이의 간격이 좁아야 하고, 화약을 보급하고 화포 취급자를 교육한다는 것이 선행되어야 하기에 이 또한 실현이 쉽지는 않았다.

이러한 변통책은 완전한 봉수제의 복구나 전반적인 개혁이 아니었기에 한계를 가지고 있었다. 그리하여 부분적으로 설치와 폐지를 거듭하다가 고종 31년(1894), 8노봉수(八路烽燧)는 현대적인 전화통신의 등장으로 폐지되었던 것이다.

8. 한국 봉수의 특징

첫째, 한국 봉수는 삼면이 바다로 둘러싸인 해안과 압록강–두만강을 연해 있는 북방의 연변을 중심으로 고려시대에는 거란족과 몽고족, 조선시대에는 북쪽의 오랑캐인 여진족과 만주족 그리고 남쪽의 왜구를 방어하기 위하여 설치되었다. 따라서 해안 및 연변에는 연대를 수축하였고, 내륙지방에는 중앙의 남산에 목멱산봉수대와 지방에는 5개의 연조를 쌓은 봉수대를 축조하였다.

둘째, 신호 전달체계는 서북쪽은 신의주 방면과 4군지역을 기점(화저라 함)으로, 동북쪽에는 6진지역을 기점으로 하여 각 진보와 연결하면서 중앙의 병조에 전달하였다. 남쪽에는 부산 동래와 순천지역의 돌산도를 기점으로 하여 역시 각 진보와 연계되면서 중앙으로 전달하는 중앙집중적인 X자형 전달체계를 가진 점이 특징이다. 이는 역참이나 파발의 배치와도 상호밀접하게 연결되고 있어서 군사통신상의 특성을 엿보게 한다.

셋째, 봉수의 기능상 가장 큰 특징은 신속성이다. 따라서 전보수단으로써 낮에는 연기를, 밤에는 횃불을 올려 5거화법에 의한 단계별 통신방법과 그 외에 화포·깃발·나팔이나 북 등의 신포 및 각성에 의한 보조수단을 병행하여 신호를 전달하였다는 점이다. 이는 멀리는 중앙의 병조에 신속하게 알리고, 가깝게는 봉수대 근처의 군영이나 주민들에게 빨리 대피하게 함으로써 피해를 최소화하려는 전략적 방어책이라고 할 수 있다.

넷째, 중국의 봉수제에 있어서는 거화체계가 적병의 인적 규모에 따른 5단계 거화방법을 사용한 반면에, 한국에서는 적의 접근성–국경선으로부터의 원근과 접전상태–을 위주로 5단계 거화를 하고 있는 점이 다르다. 따라서 한국 봉수가 적의 규모나 이동 상황을 자세히 전달하는 데는 한계를 가지고 있다. 이에 봉수가 중도에서 끊어지거나 불통될 경

최근 복원한 경북 영덕의 대소산봉수 전경(멀리 동해바다가 한눈에 들어온다)

우 구체적인 적의 현황은 역마(驛馬)나 다리의 힘을 이용하여 도보로 알리게 하는 보조 수단을 강구하여 운영하고 있다.

다섯째, 봉수는 연기와 횃불로써 적정을 신속하게 알리는 데 그 목적이 있었다. 따라서 어떻게 연기와 불을 피우는가에 대한 발화재 즉, 거화재료의 확보는 운영상 매우 중요한 과제이다. 대체적으로 중국이나 일본의 경우와 마찬가지로 주변에서 쉽게 구할 수 있는 쑥·갈대·싸리나무·솔잎·볏짚과 섶나무 그리고 동물의 분뇨인 여우똥이나 소똥·말똥을 많이 이용하고 있다. 특히 여우똥은 모분(毛糞) 성분이 들어 있어 담배잎·소나무잎 등과 같이 사용하면 짙은 연기를 뿜어내어 비·바람에 흩어지지 않고 수직으로 올라가는 성질이 있다고 한다. 그러나 현재로는 연기를 내는 재료와 불을 피우는 재료가 어떻게 정확하게 쓰였는지는 알 수 없다. 다만, 비치물목에 나타난 것을 종합해 보면 화석이나 화철석과 같은 부싯돌을 이용하여 섶이나 솔잎 등에 발화한 다음에 횃불을 올릴 때는 싸리나무·풀·볏집 등을 주로 사용한 듯하며, 연기를 피울 때는 말똥·소똥 및 왕겨·솔잎·연초 등을 섞어 사용한 것으로 추정된다. 한편, 특별한 화학성분의 재료는 사용한 것 같지는 않으나 일본에서는 염초(焰硝)를 이용한 것으로 전해지고 있다.

여섯째, 봉수의 성패는 봉수군의 근무자세에 달려 있다고 해도 과언이 아니다. 그들은 조선 초기에는 봉화간이라 하여 칭간칭척(稱干稱尺)이라 불리는 간척계층이 충원되었으나 점차로 양인신분이 군역의 형태로 경계를 담당하였다. 주로 전방의 적정을 살펴 다음 봉수대에 전달하는 것이 주임무이며, 그 외에 봉수대의 보수, 거화재료의 채취, 화포 등의 군사훈련과 점열, 봉수대 주변의 순찰 등의 부수적 임무도 수행하였다. 그 대가로 잡역을 면제해 주고 복호(復戶)와 봉족(奉足, 또는 保人)을 지급해 주었으며, 열악한 산 정상에서 근무해야 하고 악천후로 말미암아 방한복(襦衣 등)을 지급해 주었으나 봉수군의 처벌 규정은 매우 엄격하여 중벌에 처하였다. 봉수군이 도망가거나 점호에 불참하거나 교대근무를 하지 않아서 봉수가 제대로 기능하지 못한 경우도 있었다. 여기서 우리는 무엇보다 '제도보다는 운영하는 사람 몫'이다라는 사실을 새삼 역사적으로 입증해 주고 있는 셈이다.

이를 종합해 보건대, 한국의 봉수는 그때그때마다 외적의 침입을 신속히 중앙과 지방의 군영에 전달함으로써 국가의 위기를 극복하고 영토와 국민을 보호하는 군사통신 수단으로서 중요한 역할을 다해 왔다. 즉 호국간성(護國杆城)의 관방문화 유적인 것이다.

지역별 봉수의 현황

글·김주홍

1. 서울·인천·경기

서울·인천·경기지역은 고려조의 수도 개성과 한강 및 임진강과 서해의 해안을 끼고 김포·파주·인천·강화 등의 지역이 지리적으로 인접하고 있다. 이들 해안지역에 분포하는 봉수는 고려시대(高麗時代)부터 설치되어 운영되어졌던 봉수이며, 조선초(朝鮮初) 세종대(世宗代)에 5거(炬)로 정비된 각 노선별 연변(沿邊)·내지봉수(內地烽燧)의 직봉(直烽)·간봉(間烽)은 경봉수(京烽燧)인 목멱산봉수(木覓山烽燧)에 최종 도달하기 전 반드시 현 경기지역의 봉수를 경유하도록 되어 있었다. 이러한 지역적 특수성으로 경기지역에는 제1거에서 제5거 노선의 전 봉수가 분포하며, 구조·형태적으로도 지역별로 차이를 보이고 있다. 또한 봉수(烽燧)의 수(數)에 있어서도 경상·전라도 다음으로 많은 약 60여 개소 가량의 봉수가 설치되었던 중요한 곳이다. 이중 가장 많은 봉수가 소재하는 지역은 인천시 강화군으로서 문헌에 전하는 10여 개소의 봉수 외에 조선 후기 지방지도에 보이는 다수 요망의 표기를 통해 해당 지역에서 자체적으로 운영하였던 봉수의 존재를 확인할 수 있다.

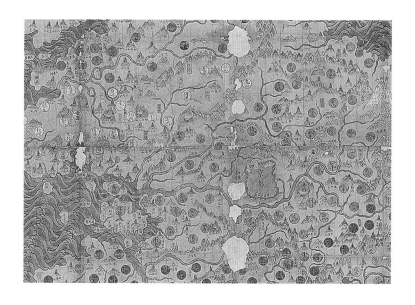

1. 목멱산봉수

목멱산봉수(木覓山烽燧)는 서울시 중구 예장동의 해발 232.1미터인 남산 정상에 위치하며, 오늘날 남산봉수(南山烽燧)로 더 잘 알려져 있는 봉수이다. 조선 태조 3년(1394) 수도를 한양으로 옮긴 후 세종 5년(1423) 병조(兵曹)의 계에 따라 남산에 5개소의 봉수대를 설치하여 전국 각지에서 오는 봉수를 최종으로 받도록 하였으며, 갑오경장(甲午更張) 다음해인 고종 32년(1895)까지 472년간 전국의 모든 봉수가 집결하였던 경봉수(京烽燧)였다.

현재 서울 남산타워 못 미쳐 원래의 봉수터에는 작은 입석(立石)이 세워져 있으나 터는 멸실된 상태이다. 따라서 남산 정상 팔각정(八角亭) 아래에는 정조 20년(1796) 축조된 수원의 화성봉돈(華城烽墩)과 유사하게 5개소의 연조를 갖춘 봉수를 복원 후 서울특별시기념물 제14호로 지정되어 있다.

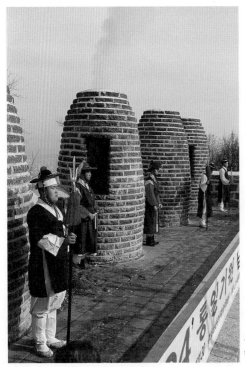

목멱산봉수에서는 매년 새해 아침 통일기원 봉화제 행사가 개최되고 있다.

매년 신정 초하루에 서울시 중구청 주관으로 통일을 염원하는 노래합창, 평화를 상징하는 비둘기 방사, 봉화제 시연 등 다채로운 행사가 곁들인 통일기원 남산봉화식(南山烽火式)이 개최되고 있다.

2. 아차산봉수

아차산봉수(峩嵯山烽燧)는 서울시 중랑구 묵동·신내동·상봉동·중화동 경계의 해발 160.1미터인 봉화산(烽火山) 정상에 위치하고 있다. 조선 전기에는 한때 가구산봉화(加仇山烽火)로 지칭되기도 하였다. 조선 전 시기를 통해 대응 봉수노선의 변동이 없이 중요시되었던 봉수로서, 북쪽의 남양주 한이산봉수(汗伊山烽燧)*에서 보내는 신호를 받아 서쪽의 한양 목멱산 제2봉에 전달하는 역할을 하였던 제1거 직봉노선의 내지봉수이다.

구리시 교문동에서 서울시 중랑구 상봉동간 6번 국도를 따라가다 망우리고개를 넘으면 도로 오른쪽에 1킬로미터의 거리를 두고 태릉경찰서 무선중계소가 세워져 있는 곳이 봉수대가 있는 곳이다. 중랑구청 바로 뒤에 위치하며 봉화산 곳곳에는 체력단련 시설과 등산로가 잘 개설되어 있어 인근 주민들의 왕래가 잦다. 봉수대에서 사방을 바라보면 동남쪽으로는 아차산성*이 위치한 아차산이 사행(蛇行)하는 한강을 내려다보며 엇비슷하게 가로막고 있으며, 남서쪽으로는 멀리 남산이 바라다보인다.

아차산봉수는 현재 산정상부 원래의 봉수가 있었던 터로 여겨지는 곳에 화강암 축대와 계단시설을 갖추고 장방형의 백색 화강암 석축으로 복원 후 서울특별시기념물 제15호로 지정되어 있다. 전체 높이 298센티미터 가량인 이중 원형의 형태로 하단부에는 거화를 위한 화구시설이 지표에서 25센티미터 가량 위에 장방형으로 동남향하여 1개소 마련되어 있다.

복원봉수와 바로 인접하여 동쪽으로는 적벽돌과 사모지붕의 '봉화제도당' 집이 있고, 그 밑의 북쪽에는 체육시설이 갖추어져 있다. 아울러 동쪽 하단에는 1981년 12월 설치된 태릉경찰서 무선중계소탑이 2개소 위치하여 이 봉수를 멀리서도 쉽게 찾게 해주는 이정표 역할을 하고 있다.

서울 아차산봉수의 복원된 모습

또한 인근 주민들에게는 여가선용을 위한 등산 및 체력단련 장소뿐만 아니라 초·중학생들의 체험을 통한 향토유적 학습장으로서 방문이 많은 편이다.

* 한이산봉수(汗伊山烽燧):초명(初名) 대이산봉화(大伊山烽火). 경기도 남양주시 진접읍 연평리와 양지리 경계상의 해발 173.5미터인 산능선에 소재하며, 조선시대 제1거 직봉노선의 내지봉수였다.
* 아차산성(阿且山城):서울시 광진구 광장동과 구의동 일원 해발 200미터의 산정에서 한강을 향하여 동남쪽으로 축성된 성. 삼국시대의 전략 요충지로 삼국의 쟁탈대상이었다. 특히 이곳 산성이 있는 아차산과 주변 용마산 일원에서 확인된 15개소의 고구려 보루성 유적 중 1개소에 대해서는 발굴조사가 이루어진 바 있다. 아차산성에 얽힌 애사(哀史)로는 백제 수도 한성이 고구려 장수왕(413−491)이 보낸 대군에게 함락되었을 때 백제 개로왕(455−475)이 이곳에서 시해당한 사실이고, 다른 하나는 고구려 평원왕(559−590)의 사위인 온달장군이 죽령 이북의 잃어버린 땅을 회복하고자 신라군과 싸우다가 이곳에서 화살을 맞아 전사한 사실이다.

3. 무악 동봉수

무악 동봉수(母嶽 東烽燧)는 서울시 서대문구 봉원동과 홍제동 경계의 해발 295.9미터인 안산 정상에 위치하고 있다. 조선시대 지지서의 기록을 통해 평안도·황해도에서 육로(陸路)로 차례차례 온 봉수가 서쪽에 위치한 고양시 소재 해포봉수(醢浦烽燧)*에

복원된 서울 무악동봉수

이르면 여기에서 보낸 신호를 받아 최종 남쪽의 목멱산 제3봉에 신호를 전달하였다.

현재 봉수는 계단시설을 갖춘 2단의 원형 기단 위에 백색 화강암으로 복원 후 서울특별시기념물 제13호로 지정되어 있다. 거화를 위한 시설인 화구 1개소가 연조 중앙부 북쪽에 마련되어 있다.

* 해포봉수(醢浦烽燧):경기도 고양시 덕양구 강매동의 해발 96미터인 봉대산 정상에 소재하며, 조선시대 제4거 직봉노선의 연변봉수로서 현재 옛터는 대부분 멸실되어 터만 남아 있는 상태이다.

4. 무악 서봉수

무악 서봉수(毋嶽 西烽燧)는 과거 모화관(慕華館)*의 서쪽에 동봉과 더불어 위치하였다고 하나 현재 인위적인 시설의 마련으로 인해 터만 확인할 수 있는 상태이다.

봉수는 조선시대 발간된 지지서의 기록을 통해 앞의 육로봉수인 무악 동봉과 달리 평안도·황해도에서 해로(海路)로 오는 제4거 직봉노선의 연변봉수가 도착하는 봉수이

통신시설이 있는 서울 무악 서봉수터

다. 고양시 소재 고봉봉수(高峰烽燧)*에서 보내는 신호를 받아 최종 남쪽의 목멱산 제4
봉에 신호를 전달하였다. 봉수는 동봉수에서 서쪽으로 약 50미터의 가까운 거리에 서로
인접하고 있는데, 통신시설이 설치되어져 있는 높다란 둔덕 모양의 토대(土臺)가 봉수
터이다.

* 모화관(慕華館) : 조선시대 중국 사신을 영접하던 곳으로 태종 7년(1407) 송도(松都) 영빈관
　(迎賓館)을 모방하여 서대문 밖에 건립하여 모화루(慕華樓)라 하였으며, 세종 11년(1429) 규
　모를 확장·개수하고 나중에 모화관이라 고쳤다. 청일전쟁 뒤 폐지되었다.
* 고봉봉수(高峰烽燧) : 경기도 고양시 일산구 성석동의 해발 208.8미터인 고봉산 정상에 소재하
　며 조선시대 제4거 직봉노선의 연변봉수이다. 산성 내에 위치하는 봉수로서 고구려 안장왕과
　한씨미녀의 설화가 전하는 경기지역내 삼국시대의 유일한 봉수이나 현재 봉수와 관련된 옛터
　는 확인할 수 없다.

5. 수원 화성봉돈

　화성봉돈(華城烽墩)은 수원시 팔달구 남수동 수원성곽내 동쪽의 팔달문과 창룡문 사
이에 위치하며, 벽돌로 축조된 조선 후기 봉수의 전형으로서 오늘날 전국적으로 봉수의
복원시 모델이 되는 봉수이다. 과거 일부 허물어진 것을 원형에 가깝게 복원하여 놓았다.
　원래는 야간에 1거로서 동쪽의 용인 석성산봉수(石城山烽燧)*와 서쪽의 흥천대(興天
臺)에 응하도록 하였으나, 흥천대의 봉화가 너무 멀어 직접 전하기가 어려우므로 또 다
시 화성부의 서쪽 30리 지점의 서봉산(棲鳳山) 위에 새로이 간봉을 두어 오는 봉화를 이
곳에서 전담하도록 하였다. 설치 시기는 정조 20년(1796)이며, 처음에는 안산봉수(安山
烽燧)로도 호칭되었다.
　봉수에 대한 최초의 문헌기록은 『화성성역의궤(華城城役儀軌)』*(1800)로서 봉돈
외도(烽墩外圖)와 봉돈내도(烽墩內圖)를 통해 자세한 구조 및 설명과 대응 봉수노선 및
축조법이 기록되어져 있다. 다음으로 『화성지(華城誌)』*(1831)의 기록에는 초축 시
기와 대응 봉수 및 감관(監官) 5원(員)과 군(軍) 15명(名)의 복무인원이 자세하게 기록
되어져 있다.
　현재 화성봉돈은 수원화성이 유네스코에 세계유산으로 등록 후 봉돈 내에 관리인을

수원 화성봉돈의 외부 전경

봉화를 올리고 있는 수원 화성봉돈

두고 장작을 원료로 평일에는 1거, 토·일요일 등 휴일에는 5거를 하고 있다. 봉돈은 남
서-북동 1열로 5개소의 봉돈이 2.1미터의 일정한 간격을 유지하고 있는데 중앙의 봉돈
만 좌우 4미터로 간격이 넓은 편이다. 좌우로 5단의 계단시설을 하여 오르내리도록 하였
다. 봉돈은 27매의 적벽돌로 높이 3.1미터이며, 중간지점에 방형의 화구를 두었다. 특이
하게도 5개소의 봉돈이 한쪽으로만 있지 않고 좌우 서로 마주보면서 있다.

* 석성산봉수(石城山烽燧):경기도 용인시 포곡면 마성리의 해발 471미터인 석성산(一名 寶盖
  山) 정상에 소재하며 조선시대 제2거 직봉노선의 내지봉수임. 산성내에 위치하는 봉수로서
  비교적 유지가 잘 남아 있다.
* 『화성성역의궤(華城城役儀軌)』:조선 정조대에 경기도 수원시 소재 화성에 성을 쌓고 새로
  운 도시를 건설한 일을 정리한 책. 10권 8책으로 이루어져 있다.
* 『화성지(華城誌)』:순조 31년(1831) 수원부 유수 박기수의 주관하에 편찬된 수원부읍지이
  다.

6. 천림산봉수

천림산봉수(天臨山烽燧)는 성남시 수정구 금토동의 청계산(淸溪山) 동쪽 기슭인 해발 약 170미터 가량의 나지막한 구릉능선에 옛터가 잘 남아 있다.

봉수대 입구는 수정구 금토동—상적동 옛골간 포장도로가 잘 나 있어 상대적으로 비고가 낮으며, 여기에서 등산로를 따라 5분 정도 올라가면 봉수대에 쉽게 도착할 수 있다. 또한 봉수대를 가로질러 청계산으로 오르는 주된 코스여서 등산객들의 왕래가 잦은 편이다. 판교—서울간 고속도로변에 인접하여 옛부터 현재까지 주요 교통로상에 있으며, 해발 170미터의 그다지 높지 않은 곳이지만 이곳에서 보면 남쪽과 북쪽으로 응하던 용인 석성산봉수(石城山烽燧)와 서울의 목멱산봉수가 시야에 가리는 것 없이 육안으로 잘 확인되어 이상적인 입지조건을 갖추고 있다.

조선시대 5거의 봉수노선 중 부산 동래 다대포진(多大浦鎭) 응봉(鷹峰)에서 초기(初起)한 제2거의 봉수가 육로로 경상도와 충청도 지역의 여러 직봉 및 간봉의 봉수와 현 경기 용인지역의 건지산(巾之山) 석성산봉수(石城山烽燧)를 차례로 거쳐 천림산봉수에 도달하면 최종 서울의 목멱산봉수 제2봉에 신호를 전달하는 역할을 하였다. 봉수노선과 성격상 제2거 직봉노선의 내지봉수이며, 특이하게 천천산봉화(穿川山烽火)·천천현봉수(穿川峴烽燧)·월천현봉수(月川峴烽燧)·천천령봉수(穿川嶺烽燧) 등으로 별칭이 많은 편이다.

봉수의 존재가 알려진 것은 최근인데 전국적으로 단일 봉수 유적으로는 최초로 세 차례의 조사가 실시되었으며, 경기도기념물 제179호로 지정되어 있다. 조사를 통해 내지봉수로는 경기지역뿐만 아니라 전국적으로 규모가 클 뿐만 아니라 보존상태가 양호하며 학술적으로도 매우 중요한 유적임을 확인하였다. 특히 국내에서는 유례가 없을 정도로 온전한 5개소의 연조가 확인되어 봉수 하부의 거화구조를 밝히는 데 크게 기여하게 되었다.

봉수의 형태는 5개소의 연조가 동—서 방향 일렬로 나란히 하면서 북쪽으로 서울의 남산봉수를 향하고 있는 북쪽 방호벽과 활처럼 휘어진 모양을 하고 있는 남쪽 방호벽에 비

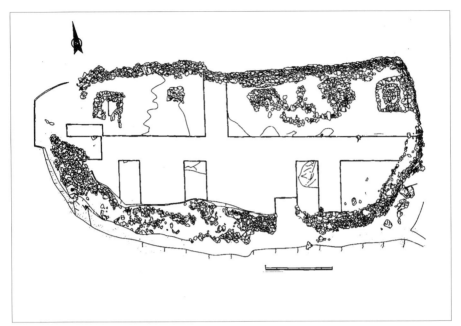

성남 천림산봉수 평면도(토지박물관)

성남 천림산봉수 발굴 조사 후의 모습

해 남−북이 짧은 동서 장축의 장반타원형이다. 동쪽 방호벽은 중간지점에 이르러 평면 '>' 자 모양으로 회절하면서 동남 방향 45도 각도로 급격히 낮아지고 있는데 서쪽 청계산(해발 618m) 으로 오르는 등산로 부분에 이르러 북쪽과 남쪽 방화벽이 점차 오므라들면서 폭 5미터 정도로 좁아지고 있다. 동·남·북 3면이 석축으로 되어 있는 반면, 서쪽은 석축의 흔적이 없다.

성남 천림산봉수에서 출토된 도기병

또한 그동안의 조사를 통해 봉수 내부와 주변에서는 많은 양의 유물이 출토되었다. 출토된 유물들은 대부분 조선시대의 것들로 크게 도·토기류, 자기류, 화폐류 등이며, 과거 봉수군의 생활과 밀접한 관련이 있었던 생활유물들이다.

특히 출토유물 중 화폐류는 모두 조선시대의 대표적인 화폐로 숙종 4년(1678)부터 유통되기 시작하여 고종 25년(1888)까지 200여 년간 사용된 상평통보(常平通寶)이다. 출토된 상평통보를 주조처별로 살펴보면 진휼청(賑恤廳), 균역청(均役廳), 호조(戶曹), 금위영(禁衛營), 선혜청(宣惠廳), 총융청(摠戎廳)* 등이다.

* 진휼청(賑恤廳):조선시대 물가조절과 기민구제를 담당하였던 관청이다.
* 균역청(均役廳):조선시대 균역법 실시에 따른 업무를 관장하기 위하여 설치한 관청이다.
* 호조(戶曹):고려−조선시대에 호구(戶口)·공부(貢賦)·전토(田土) 및 식량과 기타 재화·경제에 관한 정무(政務)를 맡아 보던 중앙관청이다.
* 금위영(禁衛營):조선 후기 오군영(五軍營) 중의 하나로 왕실의 호위임무를 맡았던 군영이다.
* 선혜청(宣惠廳):조선시대 대동미(大同米)·대동포(大同布)·대동전(大同錢)의 출납을 관장한 관청이다.
* 총융청(摠戎廳):인조 2년(1624) 서울의 외곽인 경기(京畿) 일대의 경비를 위해 서울 사직동(社稷洞) 북쪽에 설치하였던 조선시대의 군영(軍營)이다.

7. 독산봉수

독산봉수(禿山烽燧)는 고양시 일산구 문봉동·사리현동·지영동 경계 현달산(133. 3m) 정상에 원형이 잘 남아 있다.

조선 전기에 북쪽으로 파주시 파주읍 봉서리의 성산봉수(城山烽燧)*와 중기에는 파주읍 봉암리의 대산봉수(大山烽燧)*에서 보내는 신호를 받아 동남쪽으로 서울의 무악동봉 및 고양의 해포봉수(醢浦烽燧)에 보내는 역할을 하였던 경기도내 제3거 직봉노선의 마지막 봉수였다. 노선의 변동이 다양했던 만큼 명칭도 시대별로 소달산봉화(所達山烽火)·소질달산봉수(所叱達山烽燧) 등으로 다양하게 호칭되었다. 북쪽으로부터 전보를 받는데 있어 노선상에 시야를 가리는 높은 지대가 없어 전망이 용이하였을 것이며, 남쪽으로 4킬로미터 거리에 있는 제4거 직봉의 고봉봉수(高峰烽燧)와는 지척에 있는 듯이 잘 조망된다.

현재 사방으로 주위가 잘 조망되며, 서쪽으로 고봉봉수를 지척에 마주보고 있는 곳에

연조가 원형방호벽 밖에 축조되어 있는 특이한 형태의 고양 독산봉수

위치하고 있는 이 봉수는 평면 원형(圓形)의 석축 봉수로서 5개소의 원형 연조를 방호벽 밖에 마련한 특이한 구조이다.

부속시설로는 방호벽과 5개소의 연조(이중 2개소는 터만 있음), 동·서·남·북에 4개소의 출입시설(이중 남·북 출입구는 계단시설을 갖추고 있음) 및 내에 성격 불명인 3개소의 크고 작은 원형시설 등이 남아 있다.

* 성산봉수(城山烽燧) : 경기도 파주시 파주읍 봉서리 산67번지의 해발 215.5미터인 봉서산성내에 위치하였던 봉수로서 유지는 멸실된 상태이다.
* 대산봉수(大山烽燧) : 경기도 파주시 파주읍 봉암리 산77-1번지의 해발 82.4미터인 대산 정상에 위치하였던 봉수로서 유지는 멸실된 상태이다.

8. 괴태곶봉수

괴태곶봉수(塊台串烽燧)는 평택시 포승면 원정리 봉화재의 해발 83미터인 나지막한 구릉정상에 그 유지가 잘 남아 있다. 초축 시기는 고려시대이며 조선시대 제5거 직봉노선의 연변봉수로서 시대를 달리하여 괴태길곶봉수(槐台吉串烽燧)·괴태곶봉수(槐台串烽燧)·괴태길곶봉수(槐苔吉串烽燧)·괴대봉봉수 및 행정구역명에서 비롯된 원정리봉수 등으로 호칭되고 있다.

입지상 남쪽으로 아산만과 북쪽으로 남양만을 조망하는 최일선 연변봉수로서 조선 초기 남쪽의 면천 명해산봉수(明海山烽燧)에서 보내는 신호를 받아 북쪽으로 화성시 우정면 화산리의 흥천산봉수(興天山烽燧)로 보내는 역할을 하였다. 중기에는 간봉인 면천 창택곶봉수(倉宅串烽燧)*와 직봉인 직산 망해산봉수(望海山烽燧)*가 이곳에서 합쳐져 다시 화성 흥천산봉수로 신호를 보내는 중요한 위치에 있었다.

최근 학술기관의 정밀 지표조사를 통해 구조 형태와 전체 규모가 밝혀졌다. 평면 형태는 동-서 장축의 세장방형으로서 토축인 하단대지와 석축인 상단대지를 갖춘 이단식 구조로 되어 있는 까닭에 단면 형태는 긴 '凸' 모양을 하고 있는 경기지역내 최대 규모의 봉수이다. 형태면에서 이와 유사한 봉수는 화성 염불산봉수(念佛山烽燧)·흥천산봉수(興天山烽燧) 및 시흥 정왕산봉수(正往山烽燧)* 등이 있는데 장축이 단축에 비해 5-

설경의 평택 괴태곶봉수

6배에 달하는 세장한 모습을 보이는 연변봉수의 전형을 보여주고 있다.

현재 해군기지내에 위치하고 있어서 일반인의 출입이 자유롭지 못하며, 평택시 향토
유적 제1호로 지정되어 있는 봉수이다.

* 창택곶봉수(倉宅串烽燧):충남 당진군 송산면 삼월리의 해발 104미터인 창택산 정상에 소재
  하며 조선시대 제5거 간봉 노선의 연변봉수로서 현재는 원형과 다르게 복원되어져 있다.
* 망해산봉수(望海山烽燧):경기도 평택시 팽성읍 신대2리 영창마을내의 레이더 기지가 설치되
  어 있는 해발 약 70미터 가량의 나지막한 봉우리가 봉수가 있는 곳으로 추정되며, 현재 유지는
  확인할 수 없다.
* 정왕산봉수(正往山烽燧):경기도 시흥시 정왕동 봉우재마을의 해발 115미터인 정왕산 정상에
  소재하였던 제5거 직봉의 연변봉수로서 과거 시화공단조성에 필요한 매립용 토취를 위해 산
  을 삭평함으로써 유지는 완전히 멸실된 상태이다.

9. 흥천산봉수

흥천산봉수(興天山烽燧)는 화성시 우정면 화산리와 장안면 사곡리 경계상의 해발 61.3미터인 봉화산(峰火山) 정상에 그 유지가 잘 남아 있다. 주위 일대는 해발고도 60미터 내외의 저평한 충적평야지대이나, 서남쪽의 남양만(南陽灣)을 조망하기에 용이한 이 일대에서 전망이 제일 좋은 곳이다.

봉수노선상 제5거 직봉노선의 연변봉수로서, 남쪽의 평택 괴태곶봉수에서 보내는 신호를 받아 서쪽으로 화성 염불산봉수에 보내는 역할을 하였다.

현재 봉수는 봉화산 정상부의 남북 방향으로 길게 뻗은 능선상에 1개소의 큰 연조와 5개소의 작은 연조가 잘 남아 있다. 가장 남쪽에 위치한 연대는 상부가 삭평되어 'ㅁ' 형태를 띠는 토석 혼축의 방형이다.

한편 북쪽으로 가면서 능선상에는 흙으로 축조하여 원형 봉분 혹은 토만두를 연상하는 5개소의 크고 작은 원형 연조가 일정한 거리를 두고 지표면에 '△' 형태로 잘 남아 있다. 지형은 남쪽에서 북쪽으로 점차 낮아지다가 제5연조부터 다시 높아지고 있다.

아울러 흥천산봉수는 평면 형태에 있어서 장축이 단축에 비해 5-6배에 달하는 세장한 모습을 보이는 연변봉수의 전형을 띠고 있어 무척 특이하다. 또한 연조의 수에 있어서도 대개의 봉수가 5개소 내의 연조가 있으나 흥천산봉수에는 1개소의 큰 연대와 5개소의 작은 연조가 남아 있다. 이는 시기적인 차이에 의한 대응 봉수의 방향에 따라 거화를 달리하였거나, 유사시 기존 연조의 거화가 불가능할 경우를 대비한 예비적인 역할 등으로 가정해 볼 수 있다.

10. 염불산봉수

염불산봉수(念佛山烽燧)는 화성시 서신면 상안리의 해발 170.2미터인 봉화산(烽火山) 정상에 그 유지가 잘 남아 있다. 동쪽으로 직선거리 1.8킬로미터 지점의 감산 정상에는 삼국시대의 테뫼식 백곡리 토성이, 북동쪽으로 1.25킬로미터 지점에는 해발 165미터의 구봉산(九峰山) 정상에 삼국시대의 복합식 산성인 당성(塘城)*이, 또한 서북쪽으로

수풀에 가려져 있는 화성 염
불산봉수 연대

3킬로미터 지점에는 화량진성(花梁鎭城)*이 위치하고 있는 등 봉수가 위치하고 있는 곳
은 주위 일대가 전략적으로 매우 중요한 요충지이다.

봉수노선상 제5거 직봉노선의 연변봉수로서 동지역의 흥천산봉수(興天山烽燧)에서
보내는 신호를 받아 해운산봉수(海雲山烽燧)에 보내는 역할을 하였다. 특이하게 봉수명
칭에 불교적인 의미가 있으며, 후대에 염불산봉대(念佛山烽臺) 또는 행정구역 명칭에서
비롯된 상안리봉수(尙安里烽燧) 등으로 호칭되기도 하였다.

현재 봉수는 산정상의 평탄지에 설치된 헬기장을 지나 동─서 방향 장축(長軸)으로
능선을 따라 원형의 작은 봉분 혹은 토만두를 연상하는 4개소의 작은 토·석 혼축 연조
와, 서쪽 제일 높은 곳의 입지 좋은 곳에 1개소의 큰 방형 연대가 위치하고 있다. 앞의 흥
천산봉수와 마찬가지로 산정상의 능선상에 연대와 연조시설을 하였기에 출입시설 등과
같은 특별한 부속시설은 마련하지 않은 것으로 보인다.

전체적인 형태는 앞의 흥천산봉수와 유사하며, 평면 형태는 자루가 길쭉한 조롱박의

형태이다.

* 당성(塘城):경기도 화성시 서신면 상안리의 구봉산(九峰山) 정상에 있는 삼국시대의 산성이며 사적 제217호로 지정되어 있다. 산성과 봉수가 소재하는 옛 남양(南陽)은 고구려 때 당성군(唐城郡)이라 하였는데, 신라가 점유한 후 당항성(黨項城)을 축조하고, 황해를 통하여 중국과 교류하는 출입구로서 중요한 역할을 하였던 곳이다.
* 화량진성(花梁鎭城):경기도 화성시 송산면 지화2리 와룡산 서쪽능선 일대 화령마을에 소재하는 고려—조선시대 진성으로 달리 남경성·남경두토성·화량성·지화리산성·와룡산성 등으로도 부르고 있다.

11. 해운산봉수

해운산봉수(海運山烽燧)는 화성시 송산면 독지2리(문지마을)의 해발 126미터인 봉우재 정상에 위치하고 있다.

주위 일대는 해발고도 100미터 내외의 저평한 충적평야지대로서 북쪽의 아산만을 조망하기에 용이한 최일선 연변봉수이다.

조선 전기 북쪽으로 안산시 신길동의 무응고리봉수(無古里烽燧)*로만 신호를 보냈으나, 조선 중기 이후 남쪽의 화성군 서신면 상안리의 염불산봉수에서 보내는 신호를 받아 종래의 무응고리봉수 대신 신설된 시흥시 정왕동의 오질이도봉수(吾叱耳島烽燧)*로 보내는 역할을 하였던 제5거 직봉노선의 연변봉수였다. 또한 시대를 달리하여 해운산봉화(海雲山烽火)·해운산봉대(海雲山烽臺)·해망산봉수(海望山烽燧) 및 행정구역 명칭에서 비롯된 독지리봉수 등 여러 이름으로 호칭되기도 하였다.

현재 봉수는 정상부 주위를 따라 동서 장축 37미터, 남북 단축 18미터의 장방형 대지를 토석 혼축으로 조성하고 중앙부에 높이 1.5—2미터의 석축단을 축조하였다. 연조는 이 석축 위에 마련하였는데 5개소의 원형 석축 연조가 있었던 것으로 추정된다.

앞의 흥천산·염불산봉수가 산능선을 따라 1개소씩의 규모가 큰 연대가 있고, 별도로 4—5개소의 작은 토축 또는 토·석 혼축 연조가 있는 반면, 해운산봉수는 장방형의 토·석 혼축 대지를 마련하고 그 위에 5개소로 추정되는 석축의 원형 연조시설이 마련되어 있어 같은 화성지역에 존재하는 봉수지만 그 형태를 달리하고 있어 주목된다.

봉우재 정상에 남아 있는
화성 해운산봉수 연조

* 무응고리봉수(無應古里烽燧):경기도 시흥시 죽율동과 안산시 신길동 경계상의 해발 63미터
인 나지막한 구릉 정상에 소재하였던 봉수로서 현재 유지는 멸실된 상태이다.
* 오질이도봉수(吾叱耳島烽燧):경기도 시흥시 정왕동 오이도 당봉의 해발 72.9미터인 산정상
에 소재하였던 조선시대 제5거 직봉노선의 연변봉수로서 현재는 군시설물의 설치로 인해 유
지가 멸실된 상태이다. 조선 전기에는 오질애봉화(吾叱哀烽火)로도 통용되었다.

12. 화개산봉수

화개산봉수(華盖山烽燧)는 인천시 강화군 교동면 교동도의 상룡·읍내·대룡·고구
리 등 4개 리에 걸쳐 있는 해발 259.5미터인 화개산 정상에 위치하고 있다. 봉수가 위치하
는 교동도는 4면이 황해로 둘러 쌓여 있는 장타원형의 작은 섬으로서 봉수는 동쪽으로
돌출한 높은 곳에 위치하고 있다. 이에 따라 서쪽으로부터 해안선을 따라 북상하는 외적

의 침입을 조망·감시 및 이웃한 봉수로 전보하기에 유리한 입지조건을 갖추고 있다.

조선시대 제5거 직봉노선의 연변봉수로서 시대를 달리하여 성산봉화(城山烽火)·주산봉수(主山烽燧)·규산봉수(圭山烽燧)로도 호칭되었다. 대응 봉수노선은 조선 초기 동쪽의 별립산봉수(別立山烽燧)*로만 응하는 단일노선이었으나, 중기 남쪽의 망산봉수(望山烽燧)에서 보내는 신호를 받아 동쪽으로 하음산봉수(河陰山烽燧)에 보내는 역할을 하였다.

* 별립산봉수(別立山烽燧):인천시 강화군 하점면 후사리·이강리·인화리 경계의 해발 399.8미터인 별립산 정상에 소재하는 제5거 직봉의 연변봉수로서 조선 중기 이후 동군의 하음산봉수(河陰山烽燧)가 그 역할을 대신함에 따라 기능을 상실하고 일찍부터 폐지되었던 봉수이다.

강화 화개산봉수 뒤로 화개산성이 보인다.

복원된 강화 하음산봉수

13. 하음산봉수

하음산봉수(河陰山烽燧)는 인천시 강화군 하점면 신봉리와 장정리 경계의 해발 291.1미터인 봉천산(奉天山) 정상에 위치하고 있다. 강화읍내에서 인화-하점행 48번 국도를 타고 가다 보면 높다란 산의 정상부에 방형의 석축 봉천대가 보여 쉽게 위치를 확인할 수 있다. 이 봉수에 가기 위해서는 장정리의 5층석탑 있는 곳에서 오르는 길과 하점면사무소 좌측의 등산로를 따라 오르는 두 길이 주로 이용된다.

하음산봉수 봉천대비

종래의 별립산봉수를 대신하여 조선 중기인 15세기 중엽에 신설된 봉수이다. 봉수노선과 성격상 제5거 직봉노선의 연변봉수로 교동 화개산봉수에서 보내는 신호를 받아 강화 남산봉수(南山烽燧)*에 보내는 역할을 하였다. 시대를 달리하여 하음성산봉수(河陰城山烽燧)·봉천산봉수(奉天山烽燧)·봉천대(奉天臺) 등으로 호칭되었다.

본래 고려시대에 처음 축조시에는 하늘에 제사를 지내었던 제단이었으나 조선 중기에 군사통신의 목적에서 봉수대로 전용된 것이다.

* 남산봉수(南山烽燧):인천시 강화군 강화읍 신문리와 남산리 경계의 해발 222.5미터인 남산 정상에 소재하는 제5거 직봉의 연변봉수로서 조선 전기에는 송악봉화(松岳烽火)로도 통용되었으며, 산정상에 일부 봉수 유지의 흔적이 남아 있다.

14. 망산봉수

망산봉수(網山烽燧)는 강화군 내가면 황청리와 외포리 경계의 해발 193미터인 국수산(國壽山) 정상에 위치하며, 현재 수도권 지역내에서 가장 완벽한 형태인 5개소의 원형 석축 연조와 1개소의 원추형 석축 연대가 잘 남아 있다.

고려-조선시대에 유사시 서해를 거쳐 강화도 내륙으로 침입하거나 북상하려는 적의 동태를 제일 먼저 발견하여 인근 봉수대로 전보하는 역할을 담당했던 최일선 연변봉수

5개소의 석축 연조가 잘 남아 있는 강화 망산봉수

로서 중요한 역할을 담당했던 것으로 보인다.

봉수노선상 제5거 직봉노선의 연변봉수로서 후대에 일시 덕산봉수(德山烽燧)로도 호칭되었다. 조선 전기에는 북쪽으로 별립산봉수에만 응하는 단일 노선이었으나 조선 중기 이후로 동쪽으로 진강산봉수(鎭江山烽燧)*, 서쪽으로 화개산봉수에 응하도록 한 새로운 봉수노선이 정해진 이후 줄곧 노선에 변동이 없이 일관성을 유지하였다.

현재 국수산 최정상부에는 원추형 석축 연대 1기와 연대의 하단부에 서쪽에서 동쪽으로 낮아지는 지형을 따라 직경 3미터 내외인 5개소의 원형 석축 연조가 거의 완벽하게 일정거리를 두고 일렬로 보존되어 있다. 연조는 특별한 대지의 마련 없이 자연 지형을 최대한 이용하여 산의 정상부 능선을 따라 나란히 시설을 하였다. 전체 길이가 27.5미터 가량의 세장방(細長方) 형태로서 고저차가 심한 편이다.

* 진강산봉수(鎭江山烽燧):인천시 강화군 양도면 노일리·삼흥리·도장리 경계의 해발 443.1미터인 진강산 정상에 소재하는 제5거 직봉의 연변봉수로서 강화군 소재의 봉수 중 해발고도가 가장 높은 곳에 위치하는 봉수이다.

2. 강원도

강원도는 대관령(大關嶺)을 기준으로 영동·영서지역으로 확연히 구분되는 곳이며, 동해안에 인접하고 있다. 봉수 분포상 이 지역에는 조선 전기의 지지서에 모두 47개소의 봉수가 기록되어 있으나, 현재의 행정구역상 경북에 속한 일부지역의 봉수를 제외하면 실제는 40개소 내외의 봉수가 소재하였던 곳이다. 조선 전기에 수도 한양으로 집결되는 봉수망의 확정 이후 이 지역의 봉수는 후기에 들어 경흥(慶興) 서수라(西水羅)에서 초기하는 직봉 노선을 제외한 간봉 노선의 봉수는 모두 폐지되는 등 봉수노선의 변동과 철폐가 잦았던 지역이다.

1. 권금성봉수

권금성봉수(權金城烽燧)는 속초시 설악동 산정상의 일원에 위치하는데 고려시대 권씨·김씨 두 집안이 몽고의 침입을 피해 이곳에 피난하여 성을 쌓았다는 데서 유래한 권금성내에 위치한다. 봉수는 현재 유지가 남아 있지 않으나 자연 암벽지형의 높은 평탄지를 연대로 사용한듯하다.

2. 어달산봉수

어달산봉수(於達山烽燧)는 동해시 대진동의 해발 185미터인 산정상부의 동쪽 끝부분에 위치하고 있다. 강원도내에서 유일하게 기념물 제13호로 지정되어 있는 봉수로서 조선 초기에 잠깐 어을달봉화(於乙達烽火)로 표기되기도 하였다.

조선 전기의 지지서(『세종실록지리지』)에 초명(初名) 어을달봉화(於乙達烽火) 명

복원된 동해 어달산봉수

칭으로 남쪽의 삼척 교동 소재 광진산봉화(廣津山烽火)*에 응하고 북쪽으로 강릉 심곡 소재의 오근산봉화(吾斤山烽火)*에 응한다고 하였다. 철폐 시기는 조선 후기 발간의 『여지도서(輿地圖書)』(1760)를 통해 18세기 중엽을 전후한 시기로 여겨진다.

최근 학술기관에 의해 정비 복원자료 수집 차원에서 발굴조사 후 방형의 연대 1기에 대한 복원이 이루어진 상태이며, 참호·토루(土壘) 등의 관련시설이 조사되었다.

* 광진산봉화(廣津山烽火):강원도 삼척시 교동 산5번지 소재.
* 오근산봉화(吾斤山烽火):강원도 강릉시 심곡동 소재.

3. 고성산봉수

고성산봉수(古城山烽燧)는 정선군 신동읍 고성리의 고성산성내 제일 높은 봉우리에 소재하며, 원형의 석축 연대는 훼손이 된 상태이다.

정선 고성산성내에 있는 고성산봉수

3. 충청도

충청지역은 옛 백제(百濟)의 영역으로 고구려(高句麗), 신라(新羅)와의 전쟁과정에서 많은 산성(山城)·토성(土城)이 축조되었다. 특히 내륙지역인 충북과 달리 충남은 고려−조선시대에 서해의 해안을 통해 침입하려는 왜구의 침입을 방어하고자 다수의 읍성(邑城)이 해안의 주요 요새지를 중심으로 축조되어져 있다.

현재까지 파악된 충청지역의 봉수는 충북 약 21개소, 충남 약 30개소 가량이다. 충북의 경우 내륙에 위치한 까닭에 봉수노선과 성격상 제2거 직봉·간봉의 내지봉수이다. 입지상 위치가 불명확한 보은 용산점봉수(龍山岾烽燧)를 제외한 20개소 봉수의 평균 해발고도는 472미터로서 타 지역에 비해 상당히 높은 곳에 분포하는 특징이 있다. 반면 충남의 경우는 봉수노선과 성격상 제2거와 5거의 직봉·간봉의 내지봉수와 연변봉수가 혼재하고 있다. 지역상 보령·서천·당진·태안·논산·공주 등 서해 및 금강(錦江)의 수계를 중심으로 다수 분포하는 특징이 있다. 이 중 보령지역은 충남지역 전체 봉수의 1/3인 11개소의 많은 봉수가 소재하는 곳으로서 중요성이 크다.

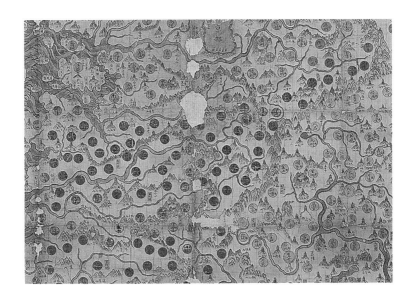

1. 백화산봉수

백화산봉수(白華山烽燧)는 충남 태안군 태안읍 동문리의 해발 284.1미터인 백화산 정상에 위치하고 있다. 봉수가 위치하는 곳은 주변에 이보다 높은 산이 없기 때문에 주변을 조망하기 매우 유리한 곳이다.

초축 시기는 조선 중기인 16세기초를 전후하여 신설된 봉수이다. 봉수노선과 성격상 제5거 간봉 노선의 봉수로서 서산 도비산(島飛山)*, 백화산(白華山), 태안 주산봉수(主山烽燧)*를 경유하여 최종 평택 괴태곶봉수에 신호를 전달하였던 봉수이다. 입지상 북쪽으로는 시야가 막힌 반면 동·남·서 삼면으로는 시야 확보가 용이한 편이다.

또한 산성내에 위치하는 봉수로서 조선 중기 발간된『신증동국여지승람(新增東國輿地勝覽)』(1530)에 "白華山城 石築周二千四十二尺 高十尺 內有一井 今廢(백화산성 석축둘레 2,042척, 높이 10척, 성안에는 한 개소의 우물이 있다. 지금은 철폐되었다)"의

산성 정상에 위치한 태안 백화산봉수. 멀리 태안반도가 한눈에 들어온다.

기록을 통해 봉수제가 운영되던 당시에는 산성이 철폐되어 있었음을 확인할 수 있다.

현재 봉수는 백화산 정상부 못 미쳐 약간 아래에 하부 방원형의 석축 위에 상부 토·석축으로 복원을 통해 원래의 모습을 상실한 상태이다.

* 도비산봉수(島飛山烽燧):충남 서산시 부석면 산동리와 지산리 경계의 해발 351.6미터인 도비산 정상에 위치하는 제5거 간봉의 연변봉수로서 일부 토·석 혼축의 유지가 남아 있다.
* 화산봉수(花山烽燧):전북 군산시 옥서면의 해발 50.9미터인 화산 정상에 소재하는 제5거 간봉의 연변봉수로서 현재 유지는 멸실된 상태이다.
* 주산봉수(主山烽燧):충남 서산시 읍내동의 해발 197.8미터인 봉화산 정상에 위치하는 제5거 간봉의 연변봉수로서 유지가 멸실되어 원형을 알 수 없는 대신 조형물 비슷하게 봉수를 복원하여 놓았다.

2. 운은산봉수

운은산봉수(雲銀山烽燧)는 충남 서천군 마서면 봉남리와 남산리 경계의 해발 146.9미터인 남산(南山)의 서쪽 봉우리 봉화산(烽火山) 정상에 위치하고 있다. 동쪽으로 500미터의 가까운 거리에는 일명 영취산성(靈鷲山城)으로 별칭되는 남산성(南山城)과 북쪽으로 2킬로미터의 거리에는 서천읍성(舒川邑城, 457.3m)과 인접하고 있다. 이는 봉수와 인접하고 있는 남산성(南山城)이 옛 서림군(西林郡)의 읍성지(邑城址)였으며, 지정학적으로 서남쪽의 서해(西海) 비인만(庇仁灣)·장구만(長久灣) 및 고군산군도(古群山群島)를 훤히 조망할 수 있는 전략적 요충지로서 중요성이 컸음을 알 수 있다.

초축 시기는 조선 중기인 16세기 초엽이며, 봉수노선과 성격상 제5거 간봉 노선의 연변봉수로서 남쪽의 옥구 점방산봉수(占方山烽燧)*에서 보내는 신호를 받아 북쪽의 서천 칠지산봉수(漆枝山烽燧)*로 보내는 역할을 하였다.

한편 이 봉수는 읍성(邑城)과 밀접한 관련이 있는데, 조선 전기의 지지서인 『세종실록지리지』에 "邑石城 在雲銀山下 周回一百六十步四尺 險阻 內有井一 冬夏不竭 有軍倉(읍석성 운은산 아래에 있다. 주위 둘레 160보4척이며 험하다. 내에는 우물이 한 개소 있는데 겨울과 여름에 마르지 않으며 군창이 있다)"의 기록을 통해서이다. 따라서 당시 서천군 행정치소의 중심이었던 읍성의 축조 이후 이를 보완하기 위해 군사통신 수단으로서 봉수가 축조되어졌음을 알 수 있다.

이를 통해 주변에 다수 분포하는 산성(山城)과 당시 서천군 행정치소의 중심이었던 읍성이 봉수가 위치한 운은산 아래에 있었던 사실로 보아 읍성의 축조 이후 군사통신 수단으로서 봉수가 축조되어졌음을 알 수 있다.

봉수는 동-서로 장축을 이루는 능선의 정상에 평면 장란(長卵) 형태를 띠고 있으며, 단면 모습은 '凸' 형태이다. 지형적으로 서고동저(西高東低)이며, 남쪽으로는 급사면을 이루고 있는 반면 북쪽으로는 폭 4.5미터 가량의 통행로를 두고 완만한 사면을 이루고 있다. 동-서로 평평한 능선을 이루고 있기에 주통행로로 이용되고 있다. 봉수 관련시설로는 내부에 연대와 출입시설 2개소가 있다.

연대는 일부 허물어진 상태이나 원형이 잘 남아 있다. 봉수의 내부 서쪽에 치우쳐 위치하며 반타원형의 석축(石築)이다. 연대 상부의 동쪽에는 내부 길이 110센티미터, 동서 340센티미터, 남북 420센티미터 가량 함몰되어 있다. 출입시설은 동서에 각 1개소씩 있는데 토축이며, 서쪽에 폭 40센티미터 가량 반원으로 2중의 호가 마련되어 있다.

* 점방산봉수(占方山烽燧):전북 군산시 소룡동 월명공원내 해발 139미터인 산정상에 위치하는 제5거 간봉의 연변봉수로서 터에는 사적비가 세워져 있다.
* 칠지산봉수(漆枝山烽燧):충남 서천군 비인면 칠지리의 해발 111.5미터인 산정상에 위치하는 제5거 간봉의 연변봉수로서 유지가 잘 남아 있으나 봉수대 내와 주변으로 대나무숲이 무성한 상태이다.

3. 연암산봉수

연암산봉수(燕巖山烽燧)는 충남 아산시 음봉면 동암리와 소동리의 경계인 해발 276미터인 연암산 정상에 위치하고 있다. 산정상에는 동일 능선상에 약 400미터의 거리를 두고 염암동·서산성이 위치하는데, 봉수는 연암산 동북단에 위치하고 있다.

봉수노선과 성격상 제5거 직봉 노선의 봉수로서 초축 시기는 조선 중기인 16세기 초엽을 전후해 설치된 봉수이다.

조선 전 시기를 통해 연암산(鳶岩山) → 연암산 → 연암산 → 연암산봉수(燕巖山烽燧)

복원된 아산 연암산봉수 연조

아산 연암산봉수 동남쪽 출입구

로 명칭의 변경이 없었던 반면 한자음의 변화가 다수 있었다. 대응 봉수노선상 천안 대학산봉수(大鶴山烽燧)*에서 보내는 신호를 받아 평택 망해산봉수로 보내는 역할을 하였으며, 폐지될 때까지 전후 봉수노선의 변동이 없이 일관성을 유지한 봉수이다.

현재 봉수는 연암산성이 있는 동북－남서의 두 봉우리 중 동북쪽 봉우리에 위치하는데, 아산시청에 의해 2000년 복원이 이루어진 상태이다. 지형적으로 서고동저(西高東低), 북고남저(北高南低)이며 복원된 봉수의 형태는 장란형(長卵形)이다. 봉수내는 동－서로 5개소의 연조가 복원되어 있다.

방호벽은 지형적 여건에 따라 고저차가 심하며, 방호벽 상부에는 폭 120센티미터의 담장지 흔적이 있다. 출입시설은 동남쪽에 1개소가 있는데, 계단식이며, 출입시설 아래로는 2단의 넓은 평지가 형성되어 있는데, 건물지로 여겨진다.

* 대학산봉수(大鶴山烽燧):충남 천안시 풍세면 삼대리의 해발 455.5미터인 산정상에 소재하였던 봉수로 달리 대학사봉수(大鶴寺烽燧)로도 호칭되었으며, 현재 유지는 멸실된 상태이다.

4. 황화대봉수

황화대봉수(皇華臺烽燧)는 충남 논산시 논산읍 등화동의 해발 80미터인 봉화산(烽火山) 정상에 위치하는 제5거 직봉 노선의 연변봉수이다. 황화산성(皇華山城) 내에 위치한 까닭으로 그동안 수차례에 걸쳐 산성조사의 일환으로 지표조사가 이루어지기도 하였다. 입지상 금강(錦江)의 지류인 논산천(論山川)변에 인접하여 서쪽으로 월성리산성(月城里山城:75.1m, 6km), 불암산성(佛岩山城:57.7m, 6.5km) 및 서남쪽으로 옥여봉산성(玉女峰山城:48.1m, 6.5km), 채운산성(彩雲山城:57m, 7km) 등이 인접하고 있어 황화대봉수와 이들 다수의 산성이 유기적으로 금강의 방어선을 구축하고 있다.

해발 높이면에서는 충남지역내 강경대봉수 다음으로 해발고도가 낮은 곳에 위치하는 봉수로 23번 국도변에 인접하여 논산평야 가운데 동북－남서 장축을 이루고 있다.

초축 시기는 백제시대로 추정되며, 달리 황화산봉수(皇華山烽燧)로도 호칭되었다. 남쪽으로 동지역의 강경대봉수(江景臺烽燧)*에서 보내는 신호를 받아 북쪽으로 노성산봉수(魯城山烽燧)*로 보내는 역할을 하였다.

특이하게도 백제 의자왕의 유연설화가 전하는데 『신증동국여지승람(新增東國興地勝覽)』(1530)에 "皇華山 在市津距令縣 治西十里 山有大石平廣俯 津水 號皇華臺 世傳 百濟義慈王 遊宴其上"(『新增東國興地勝覽』卷18, 忠淸道 恩津縣 山川條)이라 하여 봉수가 소재하는 황화산(皇華山)을 황화대(皇華臺)로 부르기도 하였으며, 백제 의자왕이 행차하여 머무르면서 잔치를 벌이기도 하였던 곳임을 전하고 있다.

현재 봉수는 평면 원형의 특이한 구조 형태를 하고 있어 경기지역내 고양의 독산봉수, 울산의 언양 부로산봉수와 서로 비교할 수 있는 유례가 드문 봉수이다. 봉수는 토축성인 황화산성의 북서벽 바깥으로 약 50−60미터 아래에 남−북 장축을 이루는 능선의 북쪽에 위치한다. 북쪽 정면에는 노성산을 바라보고 주위 잘 조망되며 토성과 봉수 주위로는 다수의 민묘(民墓)가 안장되어 있다. 봉수는 남서쪽이 낮고 북동쪽이 높은 지형 조건에 따라 평면 원형의 토축으로 축조되었으며, 내부가 비어 있어 마치 화산(火山)의 분구를 연상한다. 부대시설로는 남쪽에 출입시설 1개소가 있다.

매년 신년초에 서울 목멱산봉수와 마찬가지로 동민들의 화합과 번영을 기념하는 봉화제 행사가 거행되고 있다.

* 강경대봉수(江景臺烽燧):충남 논산시 성동면 개척리의 해발 57.7미터인 불암산(佛岩山) 정상에 위치하는 제5거 직봉의 연변봉수이다. 불암산성(佛岩山城)내에 위치하여 산성과의 밀접한 관련이 있으며, 충남지역내 약 30여개소의 봉수 중 해발고도가 가장 낮은 곳에 위치하는 봉수이다. 현재 유지는 확인할 수 없는 상태이며, 이른 시기에는 강경포봉화(江景浦烽火)·강경산봉수(江景山烽燧)로도 호칭되었다.

* 노성산봉수(魯城山烽燧):충남 논산시 노성면 송당리·가곡리와 상월면 산성리·신충리의 경계인 해발 348미터인 노성산 정상에 위치하는 제5거 직봉의 연변봉수로서 일부 유지의 흔적이 남아 있다. 노성산성(魯城山城)내에 위치하여 산성과의 밀접한 관련이 있다.

5. 옥미봉봉수

옥미봉봉수(玉眉峯烽燧)는 충남 보령시 남포면 옥서리의 해발 416.8미터인 잔미산 정상에 위치하는 제5거 간봉 노선의 연변봉수로서 대천리산성(大川里山城)내에 위치하고 있다. 이외에도 북쪽으로 수부리산성(水芙里山城:1km), 달산리산성(達山里山城:101.

복원된 보령 옥미봉봉수 연대

7m, 3km), 남포읍성(藍浦邑城:3.75km) 등이 인접하고 있어 봉수와 주변 산성·읍성 간의 군사전략적인 요충지에 이 봉수가 설치되었음을 알 수 있다. 또한 충남지역내 천안의 대학산봉수(大鶴山烽燧:455.5m), 대전의 계족산봉수(鷄足山烽燧:423m) 다음으로 해발고도가 높은 곳에 위치하는 봉수이다.

초축 시기는 조선 후기인 18세기 중엽으로 남쪽의 서천 칠지산봉수(漆枝山烽燧)에서 보내는 신호를 받아 북쪽으로 보령 조침산봉수(助侵山烽燧)*로 보내는 역할을 하였다.

현재 봉수는 잔미산 정상에 정남북 장축(長軸)으로 장반타원형의 유지가 남아 있다. 봉수가 위치하는 곳은 동쪽으로 바로 아래에 평지 및 배후로 높은 산에 막혀 있는 반면, 서쪽으로는 서해 및 멀리 원산도봉수(元山島烽燧)를 한눈에 바라볼 수 있는 전망이 좋은 곳이다. 남—북으로는 평평한 반면 동—서로는 경사가 져 있다. 예전에는 기우제를 지내던 장소로 이용되기도 하였으나 기우제가 끊기면서 인적이 끊겼다. 최근 보령시청에서 정비·복원을 시도하면서 606번 도로의 이어니재고개 넘어 소로변에 인접한 오석(烏石) 벼루 제작실 공장 뒤로 등산로를 개설하고 입구변에 봉수대 입구 안내판을 세워 놓아

쉽게 오를 수 있다.

복원이 이루어진 연대는 산정상부 가장 남쪽에 위치하는데 높이 1.9미터, 하부 둘레 9.8미터이며 서북으로 길이 1.3미터, 높이 80센티미터 규모의 'ㄷ' 자 모습으로 거화시설을 갖추어 놓았다. 연대는 내부 중앙에 직경 1.2센티미터의 원형 홈이 지면과 관통되어 있다. 연조는 북쪽으로 5개소의 원형 석축 흔적이 남아 있는데 현재 허물어져서 그 윤곽만 확인할 수 있다. 출입시설은 연대와 인접한 남쪽에 그 흔적이 남아 있는데 폭 1.4미터, 높이 70센티미터 가량이다. 또한 연대와 연조 주변으로는 방화벽을 두르고 있다.

* 조침산봉수(助侵山烽燧):충남 보령시 주교면 은포리의 해발 234.9미터인 봉대산 정상에 위치하는 제5거 간봉 노선의 연변봉수로서 2000년도에 보령시청에 의해 복원이 이루어져 원래의 모습을 알 수 없게 되었다.

6. 원산도봉수

원산도봉수(元山島烽燧)는 충남 보령시 오천면 원산도리의 해발 117.9미터인 오로봉(五老峰) 정상에 위치하는 제5거 노선의 권설봉수(權設烽燧)이다. 산정상에서 보면 서해안 일대뿐만 아니라 맞은편 대천 주변이 한눈에 들어온다. 이 봉수는 조선 후기에 설치되어 단기간 운영되었던 봉수로 바다쪽의 외연도봉수에서 보내는 신호를 받아 동북쪽의 오천수영에 설치된 망해정봉수(望海亭烽燧)*로 보내는 역할을 하였다.

초축 시기는 문헌기록을 통해 숙종 3년(1677) 비변사(備邊司)*의 장계에 의해 원산도에 봉수를 설치하고 봉군의 타처 입번을 일체 혁파 및 수영(水營) 소관으로 하자는 건의가 받아들여짐으로써 숙종 초기 즉 17세기 말경에 원산도봉수의 초축이 이루어졌던 것으로 여겨진다.

현재 원산도봉수는 섬내에 위치하여 인적이 드문 곳에 위치한 관계로 유구의 잔존상태가 좋은 편이다. 봉수가 위치하는 원산도는 충남에서 안면도 다음으로 큰 섬이다. 대천항에서 하루 3회 운행되는 여객선을 이용하여 저도·효자도를 차례로 거쳐 40분쯤 가면 원산도에서 가장 큰 마을인 선촌에 정박하는데, 여기에서 봉수까지는 여객선 도착시간에 맞춰 운행되는 마을버스를 이용하여 약 15분쯤 더 가야 한다. 섬의 모양은 동서 방향으로 길게 뻗어 있고, 섬 서편에 5개소의 나지막한 봉우리가 일렬로 나란히 있는데 그중 가장 남쪽에 있는 큰 봉우리 정상에 봉수가 위치한다.

원산도봉수 연대는 평면 원형으로 지표에서 1미터까지는 석축이나 그 위로는 토축이다. 연대의 상부 중앙에는 방형의 연소실이 있는데, 동서 2미터, 남북 2.4미터, 깊이 80센티미터의 작은 규모이며, 바닥에는 작은 할석을 깔았다.

* 망해정봉수(望海亭烽燧):조선 후기 보령시 오천면의 오천수영 인근에 설치되어졌던 권설봉수로 현재 정확한 소재는 불명확하다. 이 봉수는 조선 후기에 설치되어 단기간 운영되었던 봉수로 원산도봉수에서 신호를 받아 조침산봉수에 보내는 역할을 하였다.
* 비변사(備邊司):조선시대 군국기무(軍國機務)를 관장한 문무합의기구(文武合議機構)이다.

7. 월성산봉수

월성산봉수(月城山烽燧)는 충남 공주시 옥룡동과 신기동의 경계에 걸쳐 있는 해발 312.6미터인 월성산 남쪽과 북쪽의 두 봉우리 중 가장 높은 북쪽 봉우리 정상에 위치하는 제5거 직봉 노선의 내지봉수이다. 공주지역 3개소의 봉수 중 가장 남쪽에 위치하고 있다. 조선 전기부터 설치되어 있었던 봉수로 남쪽의 논산 노성산봉수(魯城山烽燧)에서 보내는 신호를 받아 북쪽으로 공주 고등산봉수(高登山烽燧)*에 보내는 역할을 하였다.

현재 봉수는 월성산의 북쪽 봉우리 정상에 석축유지(石築遺址)가 잘 남아 있다. 충남지역 30여 개소의 봉수 중 규모뿐만 아니라 잔존 상태에서도 옛 모습을 거의 그대로 간직하고 있는 봉수로서 가치가 있다. 평면 형태는 남-북 장축의 장란형(長卵形)으로 북쪽의 경우 반구형(半球形)이다. 지형상 북고남저(北高南低), 동고서저(東高西低)이며, 동-서쪽으로는 급격한 사면을 이루고 있다. 규모와 축조 형태면에서 경기지역내 성남의 천림산봉수와 유사하다.

축조는 4면 석축으로 동북쪽이 온전하고 남서쪽은 일부 훼손이 된 상태이다. 특히 북쪽 석축의 경우 할석을 이용하여 140센티미터의 높이로 6-7단 가량 쌓아 올렸다. 출입시설은 남쪽과 북쪽에 각 1개소씩 있는데, 특히 북쪽 출입구에 인접하여 원장지(垣墻址)의 흔적이 뚜렷하며, 폭 120센티미터 가량 기저부만 남아 있는 상태이다.

현재 월성산봉수는 충남지역내 단일 봉수유적으로서는 최초로 지역의 학술기관에 의해 향후 봉수의 복원과 관련한 기초자료 수집 목적에서 발굴조사가 이루어져 있어 봉수의 자세한 실태 파악이 이루어질 것으로 기대된다.

* 고등산봉수(高登山烽燧):충남 공주시 정안면 북계리와 의당면 두만리와의 경계를 이루는 해발 191.9미터인 봉화산 정상에 위치하는 제5거 직봉 노선의 연변봉수로서 남쪽으로 동지역의 월성산봉수(月城山烽燧)에서 보내는 신호를 받아 북쪽으로 쌍령산봉수(雙嶺山烽燧)로 보내는 역할을 하였다. 현재 이 봉수는 일명 봉화산이라 불리는 월성산의 정상에 석축 유지(石築遺址)가 잘 남아 있다.

8. 박달라산봉수

박달라산봉수(朴達羅山烽燧)는 충북도내에서 가장 남단인 영동군 용산면 한산리와 율리 경계 해발 308미터인 산정상에 위치하고 있다. 사방이 조망되는 산정상의 옆 봉우리로서 인적이 오랫동안 끊겨 길이 정비되어 있지 않다.

영동 박달라산봉수내에 설치된 석탑

봉수노선상 추풍령로(秋風嶺路)의 영동 소이산봉수(所伊山烽燧)*에서 보내는 신호를 받아 옥천 월이산봉수(月伊山烽燧)*로 신호를 전달하였던 제2거 간봉의 내지봉수이다.

내외 협축으로 쌓아 올린 남서−북동 방향으로 긴 장타원형의 석축이 잘 남아 있는데 현존상태가 충북도내의 봉수터 중에서도 가장 양호하다. 석축은 주변에서 구할 수 있는 화강암 석재를 이용하였으며, 남서쪽 끝이 북동쪽보다 지면이 2.5미터 정도 더 높고 석축의 외벽은 내벽보다 좀더 높게 쌓있다. 석축의 규모는 남시−북동 길이 37미터, 북시−남동 폭 13미터이며, 내벽의 높이는 1.2−2.3미터이고 두께는 2미터 정도이다. 그리고 남쪽 석축의 중간부에 석루(石壘)가 끊긴 부분이 있어 배수구일 가능성이 높다고 보고된 바 있다.

* 소이산봉수(所伊山烽燧):충북 영동군의 해발 653.9미터인 산정상에 위치하는 제2거 간봉 노선의 내지봉수로서 현재 유지는 멸실된 상태이다.
* 월이산봉수(月伊山烽燧):충북 옥천군의 해발 300미터 가량인 산정상에 위치하는 제2거 간봉 노선의 내지봉수로서 현재 타원 형태의 석축 유지가 일부 남아 있다.

9. 망이성봉수

망이성봉수(望夷城烽燧)는 행정구역상 충북 음성군과 경기도 안성시 경계의 해발 472미터인 망이산 정상에 위치하고 있다. 봉수가 있는 망이산은 삼국시대의 포곡식 석축 산성이 있어 그동안 여러 학술기관에 의해 지표·발굴조사가 이루어지기도 하였다. 또한 행정구역상 충북과 경기도의 여러 시·군에 걸쳐 있는 등 소속이 불분명하여 그동안 이 봉수의 소재는 안성시 소속으로 여겨져 왔으나 최근 학술기관의 세밀한 조사를 통해 봉수뿐만 아니라 성벽의 대부분이 충북 음성군에 속한 것으로 확인되게 되었다.

봉수로 가기 위해서는 중부고속도로 일죽 인터체인지에서 일죽면 방향 38번 국도를 따라 2.5킬로미터쯤 직진하다가 우회전하여 331번 지방도를 따라 약 4킬로미터쯤 가면 정면에 마주 보이는 높은 산이 봉수가 위치하는 망이산이다. 산의 7−8부 능선에는 매산사(梅山寺)라는 사찰로 인해 포장도로가 경내까지 나 있으며, 경내 뒤의 등산로로 해서

음성 망이산 정상에 일부 유지가 남아 있는 망이성봉수 방호벽

산정상의 봉수대 있는 곳까지 쉽게 도달할 수 있다.

　조선시대 5거의 봉수노선 중 제2거 직봉의 내지봉수로서 동쪽으로 충북 음성의 가엽산봉수(加葉山烽燧)*에서 신호를 받아 서쪽으로 용인의 건지산봉수(巾之山烽燧)*에 보내는 역할을 하였다. 또한 조선 전 시기 발간된 각 지지서별로 망이산봉화(望伊山烽火)·망이성봉수(望夷城烽燧)·망이산봉수(望爾山烽燧)·망이산봉수(望夷山烽燧)·망이성봉수(望耳城烽燧)·마이산봉대(馬耳山烽臺)·망이산성봉수(望夷山城烽燧) 등 여러 명칭으로 호칭되기도 하였다.

　봉수가 위치하는 곳은 산의 최정상부이므로 여기에서 보면 사방이 평야지대인 주변 일대를 한눈에 감지하기에 더없이 좋은 곳이 된다. 또한 그 유지가 산정상에 비교적 온전하게 남아 있는 봉수 중의 하나로서 중요성이 있다.

봉수대내 남쪽 방호벽으로는 음성군 삼성면 경계로 서쪽 방호벽 가장자리에는 1976년 건설부에서 재설한 삼각점이 설치되어 있다. 봉수의 규모는 동서 26.5미터, 남북 12미터, 전체 둘레 약 68미터로서 사면이 석축이며, 형태는 동-서 장축의 직방형 또는 부정장방형이다. 북쪽이 높고 남쪽이 낮으며, 남쪽으로 경사가 급한 편이다. 부속시설로는 동쪽 방호벽에 인접하여 폭 1미터, 길이 3미터 가량의 출입시설이 1개소 확인된다.

* 가엽산봉수(加葉山烽燧):충북 음성군의 해발 709.9미터인 가엽(섭) 산정상에 위치하는 제2 서 식봉 노선의 내지봉수로서 현재 유지는 밀실된 상태이나 충주의 주정산봉수(周井山烽燧)를 모방한 1개소의 연조가 복원되어 있다.
* 건지산봉수(巾之山烽燧):경기도 용인시 원삼면 맹리와 이천시 마장면 해월리 경계상의 해발 411.3미터인 건지산 정상에 위치하는 제2거 직봉 노선의 내지봉수로서 현재 일부 유지가 남아 있다.

10. 오현봉수

오현봉수(吾峴烽燧)는 충북 제천시 수산면 오티리와 한수면 덕곡리의 경계를 이루는 해발 420.5미터의 산봉우리 남측에 위치하고 있다. 봉수까지는 에스케이 텔레콤 월악기지국의 건설시 개통된 도로로 인해 접근이 용이한 편이다.

봉수노선상 죽령로(竹嶺路)의 단양 소이산봉수(所伊山烽燧)*에서 보내는 신호를 받아 충주 심항봉수(心項烽燧)*로 신호를 전달하였던 제2거 직봉노선의 내지봉수로서, 오치봉수(吾峙烽燧)·의현봉수(衣峴烽燧)로도 호칭되었다.

봉수는 남북 장축의 평면 타원형 석축으로 봉수 내부에서 거화와 관련된 연조 등의 유구는 확인할 수 없다. 대신 남·남동·북쪽 등 3개소에서 출입시설이 확인된다. 또한 봉수내에는 북서쪽에 치우쳐 산신각 터가 있으며, 매년 음력 1월 14일과 보름, 이틀에 걸쳐 마을주민들에 의해 봉화제 행사가 개최되고 있다.

* 소이산봉수(所伊山烽燧):충북 단양군의 해발 360미터인 산정상에 위치하는 제2거 직봉 노선의 내지봉수로서 현재 계란형의 석축 유지가 일부 남아 있다.
* 심항봉수(心項烽燧):충북 충주시에 소재하는 5개소의 봉수 중 1개소로서, 해발 775미터인 산정상에 위치하는 제2거 직봉 노선의 내지봉수이다. 충북도내에서는 가장 높은 곳에 위치하는

봉수로서, 현재 장타원형의 석축 유지가 일부 남아 있다.

11. 주정산봉수

주정산봉수(周井山烽燧)는 충북 충주시 상모면 온천리와 괴산군 장연면 추점리의 경계를 이루는 해발 440.2미터의 산능선 정상에 소재하고 있다.

봉수노선상 계립령로(鷄立嶺路)의 충주 마골치봉수에서 보내는 신호를 받아 동 지역의 대림성봉수(大林城烽燧)*에 보내는 역할을 하였던 제2거 간봉 노선의 내지봉수로서 달리 주정봉수(周井烽燧)로도 호칭되었다.

이 봉수는 충북 도내뿐만 아니라 국내 최초로 1995년 4월 12일부터 동년 5월 22일까지 충북대 호서문화연구소에 의해 원형 복원을 하기 위한 기초자료 수집 차원에서 발굴조사가 이루어졌다.

조사를 통해 봉수는 장축 남–북 방향이며, 봉수대내는 암반으로 된 기반부가 있고, 이 암반의 규모는 남북 약 27미터, 너비는 동서로 약 19.5미터가 된다. 이 암반의 가장 높은

복원된 충주 주정산봉수 연조

제천 오현봉수의 출입구와 내부의 산신각

부분 가장자리를 보완하여 석축한 외곽 석축, 즉 봉돈 외곽의 방화장(放火墻) 혹은 방화벽(防護壁)이 있으며, 등(磴)을 갖춘 출입구와 봉조(烽竈, 烟竈) 혹은 봉돈(烽墩), 그리고 창고지(倉庫址) 및 내구(內溝)와 외연부(外沿部) 등으로 구성되어 있다. 암반 노두와 보완된 석축의 가장자리를 돌려서 쌓은 봉돈부 주변 외곽 석축의 전체는 남북 방향으로의 길이가 최대 21미터이고, 동서 방향으로의 너비가 최대 11미터에 달하는 긴 타원형의 형태임이 확인되었다.

현재 주성산봉수는 발굴조사 결과를 토대로 5개소의 연조를 갖춘 채 정비·복원이 이루어진 상태이며, 인근의 음성 가엽산봉수(加葉山烽燧)의 복원시 모델이 되기도 하였다. 조사 후 충청북도 기념물 제113호로 지정되었다.

* 대림성봉수(大林城烽燧):충북 충주시의 해발 487.5미터인 산정상에 위치하는 제2거 간봉 노선의 내지봉수로서 현재 타원 형태의 석축 유지가 일부 남아 있다.

12. 마골치봉수

마골치봉수(麻骨峙烽燧)는 충북 충주시 상모면 사문리와 미륵리 경계의 지릅재 남쪽 해발 640미터의 산봉우리에 있는 봉수이다. 월악산 사문리 매표소에서 가까운 도로변의 남쪽 능선을 타면 쉽게 봉수터에 오를 수 있는데, 이곳은 주위의 다른 산들에 비해 해발 고도가 현저히 낮은 편이다.

충주 마골치봉수에서 출토된 각종 유물

충주 마골치봉수의 방호벽

　이 마골치봉수의 바로 아래에 있는 지릅재는 예로부터 소백산맥을 넘는 중요 교통로의 하나인 계립령로상의 요지이다. 이러한 면에서 마골치봉수는 죽령·계립령·추풍령을 넘는 봉수로 가운데 가장 오래된 고대 교통로상의 중심에 위치하며 위 3로 중에 중간노선이다.

　대응 봉수노선은 동쪽으로 경북 문경의 탄항봉수(炭項烽燧)*에서 보내는 신호를 받아서 서쪽으로 충주의 주정산봉수(周井山烽燧)로 전달하였던 제2거 간봉 노선의 내지봉수이다.

　봉수는 평면 장방형으로 장축은 남동–서북이다. 지형상 남동쪽이 높고 서북쪽이 낮으며 남북으로 급사면을 이루고 있다. 4면에 석축이 양호하게 잘 남아 있는 봉수의 전체둘레는 92미터 가량이다. 석축은 지형적 요인으로 높이에 있어 약간씩 차이가 있는데 동쪽과 북쪽의 경우 높이 130센티미터 가량에 7–8단이며, 서쪽의 경우 높이 190센티미터가량에 12–13단의 석축이 남아 있다. 특히 서쪽면의 경우 야문성(夜門城)의 북쪽 끝부분에 연접하여 봉수를 축조하였다.

봉수 내부는 소나무와 잡목이 무성하게 성장하고 있으며, 봉수의 거화와 관련된 연조 등의 시설은 확인할 수 없는 실정이다. 특이하게 남동쪽 모서리에 산신당(山神堂)이 현존하며 매년 미륵리 주민들에 의해 산신제가 거행되고 있다.

봉수 외부로는 봉수군의 생활 및 시설물 축조시 사용된 것으로 보이는 자기 및 와편 등의 유물이 채집되고 있다.

* 탄항봉수(炭項烽燧):경북 문경시 문경읍 관음리 해발 648.8미터의 봉우리 정상에 위치하는 제2거 간봉 노선의 내지봉수로서 현재 장타원 형태의 방화장(防火墻) 석축 유지와 이형(異形) 돈부(墩部)가 남아 있다.

4. 경상도

경상지역은 동남해 연안을 사이에 두고 일본과 인접하여 고대로부터 왜구로 인한 극심한 피해를 많이 입었던 지역이다. 이로 인한 방비책으로 당시 울산·부산·거제·마산·남해 등의 지역에 다수 설치되어졌던 170여 개소의 봉수는 국내에서 가장 많은 봉수가 소재하는 지역이자 또한 제2거 직봉과 10개소 간봉 노선의 연변봉수가 초기하는 곳으로 중요성이 매우 큰 곳이다. 따라서 문화재로 지정 및 복원이 이루어진 봉수도 다른 지역에 비해 월등하게 많으며, 일부 봉수에 대해서는 정비·복원이 이루어지기도 하였다.

1. 망산도

　망산도(望山島)는 한국 고대 가락국 시조 김수로왕비 허황옥(許皇玉)의 도래와 관련이 있는 곳으로, 한국의 봉수를 논할 때 시원(始原)이 되는 역사적 유래가 깊은 곳이다. 소재하는 곳은 경상남도 진해시 용원동 앞바다에 있는 작은 섬으로 위치상 한반도의 남동해안에 발달한 진해만(鎭海灣)에 자리잡고 있다. 또한 이곳은 『삼국유사(三國遺事)』에 김수로왕의 신하 유천간(留天干)이 경주(輕舟)*와 준마(駿馬)*로 망산도에서 망을 보고 있다가 횃불을 올리며 남서쪽 해상에서 오는 인도(印度) 아유타국(阿蹂陀國)의 공주 허황옥의 배를 맞이하였다는 섬으로, 이 섬의 고유이름은 '말무섬'이다.

　이곳은 과거 마을사람들이 매우 신성시해 오던 곳으로, 그들에 따르면 "이 섬에는 특히 여자의 접근을 금하며, 김수로왕에게 있던 많은 왕자의 영검이 이 섬에서 증험되어서

한국 고대 봉수의 시원지임을 기념하여 세운 진해 '망산도'명 비석

자식 없는 사람이 이 섬에 들어가 일정기간 동안 머물면서 정결하게 치성을 드리면 자식을 얻게 된다"고 한다.

또 다른 이야기는 "달이 넘도록 비가 오지 않고 가물 때는 이 섬에서 기우제를 지내면 비가 내리고, 이 섬에 몰래 무덤을 쓰면 가문다고 하는데 가뭄이 계속되면 마을사람들은 이 성역에 누가 무덤을 썼는지 살펴왔다"고 한다.

또한 주변에는 허황옥이 돌배[石舟]를 타고 망산도에 도착했을 때 타고 온 돌배가 뒤집혀져서 유주암(維舟岩)*이 되었다고 전하는 쪽박섬, 허황옥 공주가 내린 것을 기념하여 세운 비각인 유주각(維舟閣) 등이 있는데, 이 일대는 김해김씨 문중의 뿌리찾기 노력의 일환으로 사가(史家)들의 연구와 구전을 바탕으로 1988년 경상남도 기념물 제89호로 지정되었다.

허황옥의 도래지임을 기념하여 근래에 세운 '望山島' 명 비석은 높이 1미터, 넓이 60센티미터, 폭 25센티미터 가량의 소형이며, 비석이 세워져 있는 곳은 가덕도 신항만 조성 공사로 인해 육지와 연결되어 있다.

* 경주(輕舟):가벼운 배
* 준마(駿馬):빠른 말
* 유주암(維舟岩):이 섬은 쪽박처럼 생긴 두 개의 바위로 직경 5미터, 폭 2미터 정도의 길쭉한 바위이다. 쪽박섬이라 불리는 이 바위는 만조시에는 잠기고 간조시에는 노출된다.

2. 응봉봉수

응봉봉수(鷹峰烽燧)는 부산시 사하구 다대동의 해발 233.7미터인 두송산(아미산) 정상에 위치하는데, 다대중학교 옆으로 산림로가 잘 나 있어 접근이 양호한 편이다.

조선시대 5거의 봉수노선 중 제2거 직봉노선의 봉수가 초기하는 곳으로서 중요성이 매우 컸던 곳이며, 동쪽으로 부산진구 전포동 소재의 황령산봉수(荒嶺山烽燧)로 신호를 전달하였다.

봉수제가 운영되던 당시 남쪽으로 낙동강 하구 일대와 다대포진(多大浦鎭)* 및 몰운대(沒雲臺)* 앞의 바다를 조망하며 왜선(倭船)의 동태를 한눈에 감시할 수 있는 해망의

복원을 통해 오히려 원래의 모습을 상실한 부산 응봉봉수

요지로서 유사시 거화를 하기에 적합한 곳이다. 또 남쪽으로 멀리 거제도 연안과 대마도
까지 관망할 수 있는 입지조건이 양호한 반면 동·북쪽으로는 산지로 막혀 있다.

현재 봉수는 1976년 10월 복원공사를 통해 원래의 모습을 상실한 상태인데, 서쪽과 북
쪽에 2개소의 계단식 출입시설을 마련하였다. 백색 화강암 석재를 사용하여 부정 마름모
의 7각 형태로 복원하였으며, 높이는 90-150센티미터 가량이다. 봉수 내부 중앙에는 단
지 상징적인 의미로 원형의 인위적인 연소시설 1개소를 만들어 놓았다. 서쪽으로는 건물
지가 있었던 것으로 추정되는 평탄지가 있다.

* 다대포진(多大浦鎭): 낙동강 하구 최남단에 위치하며, 조선시대에는 압록강변의 만포진(滿
  浦鎭)과 함께 국방의 요충지를 이루었던 곳이다.
* 몰운대(沒雲臺): 임진왜란 때 이순신(李舜臣) 장군의 선봉장으로 이곳 앞바다에서 순국한 충
  장공(忠壯公) 정운(鄭運)의 순절을 기리는 유적비와 임진왜란 때 전공을 세운 윤흥신(尹興
  信)을 추모하여 제사를 지내는 윤공단(尹公壇)이 있다.

3. 구봉봉수

구봉봉수(龜峰烽燧)는 부산시 동구 초량동의 해발 408미터인 구봉산(龜峰山) 정상에 위치한다. 영조 원년(1725) 당시 동래부사 이중협(李重協)의 건의에 의해 석성봉수(石城烽燧)*에서 이설한 봉수로, 부산지역 12개소의 봉수 중 가장 늦은 시기에 설치된 봉수이다.

대응 봉수노선은 응봉봉수(鷹峰烽燧)에서 보내는 신호를 받아 동쪽으로 부산진구 전포동 소재의 황령산봉수(荒嶺山烽燧)로 전달하였던 제2거 직봉 노선의 연변봉수이다.

봉수제가 운영되던 당시 부산포(釜山浦)와 영도(影島) 및 감만포(甘灣浦)와 다대포(多大浦) 일대의 바다를 조망하며 왜선(倭船)의 동태를 한눈에 감시할 수 있는 바다 경계의 요지로서 유사시 거화를 하기에 적합한 곳이다.

복원을 통해 오히려 연대 본래의 모습을 상실한 부산 구봉봉수 아래로 부산 시가지가 보인다.

현재 봉수는 1976년 10월 백색 화강암 석재를 사용한 복원공사를 통해 원형과 다른 모습이며, 봉수 내부 중앙에는 응봉봉수와 마찬가지로 상징적인 의미의 인위적인 연소시설을 만들어 놓았다.

* 석성봉수(石城烽燧):부산시 서구와 사하구 경계의 해발 322.3미터의 천마산 정상에 위치하는 조선시대 제2거 노선의 연변봉수로서 서쪽으로 김해 성화야봉수(省火也烽燧), 동쪽으로 부산 황령산봉수(黃嶺山烽燧)와 대응하였다. 현재는 복원을 통해 원래의 모습을 알 수 없는 상태이다.

4. 황령산봉수

황령산봉수(荒嶺山烽燧)는 부산시 남구 대연동과 부산진구 전포동의 해발 310미터인 황령산 정상에 위치한다.

복원된 부산 황령산봉수

초축 시기는 조선 전기 발간된 지지서의 기록을 통해 고려 시대부터인 것으로 여겨진다. 대응 봉수노선은 전기에는 서쪽으로 석성봉수(石城烽燧), 동쪽으로 간비오봉수(干飛烏烽燧)*에 응하였으나, 후기에는 노선의 변동으로 인해 구봉봉

복원된 부산 황령산봉수의 연소 시설물

수에서 보내는 신호를 받아 계명산봉수(鷄鳴山烽燧)*로 전달하였던 제2거 직봉 노선의 연변봉수이다.

봉수가 위치하는 산정상은 사방을 조망하기에 양호한 곳으로, 후망의 요지이자 봉수대 앞의 바다를 통해 침입하려는 왜선의 동태를 파악하여 유사시 거화를 하기에 적합한 곳이다.

현재 봉수는 과거의 복원공사를 통해 원래의 모습을 상실한 상태인데, 언뜻 보기에 5개소의 봉돈을 갖춘 수원의 화성봉돈과 유사한 모습이다. 다만 축조재료가 화성봉돈이 벽돌인 반면 황령산봉수는 백색 화강암 석재인 차이점이 있다.

아울러 복원 이후 통일기원을 주제로 한 서울 남산봉화제와 마찬가지로 부산진구청 주최하에 매년 1월 1일 신정과 10월 5일 등 2회에 걸쳐 구민안녕을 주제로 새해맞이 황령산봉화제가 개최되고 있는데 봉수 점화, 기원제, 풍물놀이, 소망을 담은 풍선 날리기 등의 다채로운 내용으로 행사가 꾸준하게 개최되고 있다.

* 간비오봉수(干飛烏烽燧):부산시 해운대구 우1동의 해발 147.9미터인 야산 정상에 위치하며, 조선시대 제2거 간봉(1)노선의 연변봉수가 초기(初起)하는 곳으로서 기장군 소재 남산봉수(南山烽燧)에 신호를 전달하였다.
* 계명산봉수(鷄鳴山烽燧):부산시 금정구 노포동 계명봉 중턱에 위치하는 조선시대 제2거 직봉 노선의 연변봉수로서 황령산봉수에서 보내는 신호를 받아 양산 위천봉수(渭川烽燧)에 전달하였다. 현재는 복원을 통해 원래의 모습을 알 수 없는 상태이다.

기장 남산봉수

5. 남산봉수

남산봉수(南山烽燧)는 부산시 기장군 기장읍 죽성리의 해발 225미터인 봉대산(烽臺山) 정상에 위치하는 제2거 간봉 노선의 연변봉수이다. 대응 봉수노선은 조선 전기에 남쪽 간비오봉수(干飛烏烽燧)에서 보내는 신호를 받아 북쪽으로 기장 임랑포봉수(林郎浦烽燧)*에 보내는 역할을 하였으나, 후기에 임랑포봉수가 폐지된 후 아이봉수(阿爾烽燧)와 연결되었다. 현재 원형의 연대는 기저부가 일부 남아 있으며, 대부분 훼손된 상태이다.

* 임랑포봉수(林郎浦烽燧):부산시 기장군 장안읍 문동리의 해안과 인접한 산정상에 위치하며, 유지가 온전하게 남아 있다.

6. 아이봉수

아이봉수(阿爾烽燧)는 부산시에 소재하는 12개소의 봉수 중 비록 간봉 노선이지만 보존상태가 가장 양호한 유적으로 석축의 원형 봉돈과 담장, 담장 밖의 호가 잘 남아 있는 봉수이다. 현재 부산시 기장군 장안읍 효암리의 해발 129.2미터인 봉대산(烽台山) 정상부에 위치하고 있다. 조선 전 시기를 통해 아소포봉화(阿尓浦烽火)·아이포봉수(阿爾浦烽燧)·아시포봉수(阿示浦烽燧) 등으로 통용되었으나 현재는 부산시 기념물 제38호로 지정된 채 이길봉수대(爾吉烽燧臺)로 잘못 지칭되고 있다.

봉수노선상 해운대구 우1동 소재 간비오(干飛烏)에서 초기한 제2거 간봉(1) 노선의 연변봉수가 기장군 기장읍 죽성리 소재 남산봉수(南山烽燧)를 거쳐 아이봉수에 도착하면 울산·경주·장기·영일·흥해·청하·영덕·영해 등의 여러 봉수를 거쳐 직봉 노선인 안동 봉지산봉수(峰枝山烽燧)에서 합해진 다음 최종 서울의 목멱산봉수에 전달되었던 봉수이다. 1997년 12월 11일부터 동년 12월 31일까지 지역의 학술기관에 의해 시굴 조사 후 원형에 가깝게 정비·복원이 이루어진 상태이다.

기장 아이봉수의 연소실

기장 아이봉수의 방호벽 외부

조사를 통해 봉수대의 전체적인 평면 형태는 원형(圓形)으로 봉수대는 중앙의 봉돈과 일정한 거리를 두고 직경이 약 30미터 가량인 환상의 담장과 그 외곽으로 호(壕)가 둘러 싸여져 있다. 최근에 쌓은 것으로 보이는 북쪽의 담장을 제외하고는 비교적 원상을 잘 간직하고 있다.

보존상태가 양호하게 많이 남아 있었던 만큼 이 봉수는 부산지역내 다른 봉수에 비해 중요성이 강조되어 조사가 많이 이루진 편이다. 원형 연대 상부의 중앙에는 거화를 하였던 방형(方形)의 연소실이 확인된다. 이러한 방형의 연소실 구조는 울주군 서생면 나사리의 이길봉수(爾吉烽燧), 거제 강망산봉수(江望山烽燧), 보령 원산도봉수(元山島烽燧)에서도 뚜렷하게 확인할 수 있는데, 시기적으로 선후의 차이는 있으나 형태상 좋은 비교대상이 된다.

* 부산지역 소재 봉수:부산지역의 봉수는 모두 제2거 노선의 봉수로 직봉 5개소, 간봉 7개소이며, 이중 직봉인 오해야항봉수는 위치불명이다.(直烽:石城·鷹峰·龜峰·吾海也項·鷄鳴山, 間烽:荒嶺山·干飛烏·南山·林乙郎浦·阿爾·煙臺山·省火禮山)

7. 천성보봉수

천성보봉수(天城堡烽燧)는 부산시 강서구 천성동 가덕도의 연대봉 정상에 위치하고 있다. 조선 전 시기 지지서의 기록을 통해 가덕도응암연대봉화(加德島鷹巖煙臺烽火)·가덕도응암봉화(加德島鷹嵒烽火)·가덕도봉수(加德島烽燧) 등 여러 이름으로 통용되었다. 조선 후기의 지지서인 『증보문헌비고』에는 천성보봉수(天城堡烽燧)로 기록되어 있으며, 현재는 연대산봉수대(煙臺山烽燧臺)로도 통용되고 있다.

봉수노선상 초기에는 남쪽으로 성화야봉수에만 응하였으나, 이후 서쪽으로 사화랑산봉수(沙火郎山烽燧)에 응하는 노선이 신설되었으며, 최후기에는 제2거 연변봉수노선의 간봉(6)이 초기하는 곳으로서 사화랑봉수(沙火郎烽燧)에 신호를 전달하였다.

이 봉수는 비교적 원형이 잘 남아 있는 봉수로 지역의 학술기관에 의한 지표조사 후 강서구청에 의해 1996년 별도의 장소에 3단의 원통형 모양으로 석축 연대 1기가 복원되어져 있다.

복원된 가덕도 천성보봉수 연대

천성보봉수 연대 옆 절벽 위에 또 하나의 연대가 있다.

8. 위천봉수

위천봉수(渭川烽燧)는 경남 양산시 상북면 석계리의 산정상부 해발 325미터 지점에 위치하고 있으며, 달리 위천산봉수(渭川山烽燧)·원적산봉수(圓寂山烽燧)로도 통용된다. 1991년 원적산봉수대보존회에 의해 복원을 위한 자료수집 차원에서 지표조사 후 현재 복원이 이루어진 상태이며, 경상남도 기념물 제118호로 지정되어 있다.

봉수노선상 남쪽으로 부산시 금정구 노포동 소재 계명산봉수(鷄鳴山烽燧)에서 보내는 신호를 받아 북쪽으로 울산시 울주군 삼남면 교동리 소재 부로산봉수(夫老山烽燧)로 보내는 역할을 하였던 제2거 직봉의 내지봉수이다.

무엇보다도 이 봉수를 가치있게 하는 것은 『여지도서(輿地圖書)』(1760)*에 소개된 당시 경상지역 63개소의 지역내 총 153개소의 봉수 중 삼가현(三嘉縣) 금성봉수(金城烽燧)와 함께 봉수대 운영에 필요한 각종 시설 및 비치물목이 기록되어 있는 점이다.

지표조사를 통해 봉수는 동-서 장축의 할석으로 쌓은 주변 석축이 있고 정상부인 동쪽은 둥글게 쌓아 그 속에 와가(瓦家)와 고사(庫舍)를, 그리고 서쪽은 능선 정상부를 따라 경사지게 장방형으로 쌓고 그 속에 화덕을 배치하였다. 건물지가 자리하고 있는 정상부는 주변에 타원형 석축이 둘러져 있는데, 남쪽 부분의 경우 바깥쪽 227센티미터, 안쪽

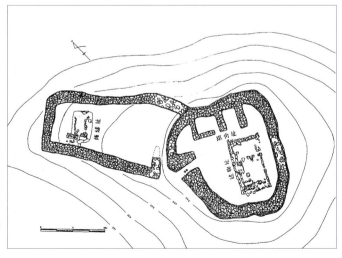

양산 위천봉수 평면도(원적
산봉수대 보존회)

양산 위천봉수 건물터와 복원된 연조

90센티미터 높이이고, 그 폭은 170센티미터이다. 입구는 서남쪽에 있으며 높이 100센티미터, 폭 105센티미터 정도 크기이고 문이 있던 흔적은 없다. 와가는 서향인 정면 3칸, 측면 2칸의 목조 건물지인데 조사 당시 축대와 초석이 남아 있었다. 방은 온돌을 사용하였고 지붕은 기와를 덮었으며 맞배지붕일 가능성이 많다. 화덕지는 대지의 서쪽 끝부분에 배치되어 있는데 길이 300센티미터, 폭 200센티미터, 깊이 55센티미터 크기의 장방형 수혈이다. 그밖에 봉수대 주변 석축에서 10미터 둘레의 낮은 곳에 토축 흔적이 보이는데 당시 그 위에는 목책을 세웠을 가능성이 많다고 하였다.

* 『여지도서(輿地圖書)』:영조 33년(1757)과 34년 사이에 각읍에서 편찬한 읍지를 모아 개수하여 전 55책으로 성책한 지지서이다. 즉 輿地圖(각읍 지도)와 書(각읍 읍지)로 이루어진 전국지리지(全國地理誌)임을 뜻한다.

9. 부로산봉수

부로산봉수(夫老山烽燧)는 울산시 울주군 삼남면 교동리의 해발 391.7미터인 산정상에 위치하는 제2거 직봉 노선의 내지봉수이다. 산정상에는 방송국 송신탑이 세워져 있어 멀리서도 이 봉수의 위치를 쉽게 확인할 수 있다. 현재 울산광역시기념물 제16호로 지정되어 있다.

초축 시기는 조선 전기 『경상도속찬지리지(慶尙道續撰地理志)』(1469)*의 발간 시점을 전후한 15세기 후엽 전후이며, 조선 전 시기를 통해 봉수노선의 변동이 없이 일관성을 유지한 봉수이다. 노선상 남쪽의 양산 위천봉수(渭川烽燧)에서 보내는 신호를 받아 북쪽으로 울주군 두서면 서하리 소재의 소산봉수(蘇山烽燧)로 보내는 역할을 하였다.

봉수군 인원은 『헌산지(獻山誌)』*의 봉수시설 및 비치물목(備置物目)을 보면 표주박(瓢子)·물독(水瓮)·대야(盤)·수저(匙)·사발(沙鉢) 등의 봉수군 개인비품이 다섯 개씩인 것을 통해 조선 후기 18세기말을 전후하여 부로산봉수에서 실제 번을 섰던 근무인원은 다섯 명이었던 것으로 여겨진다. 즉 다섯 명의 봉수군이 한 조를 이루어 5교대하는 경우 나머지 75명의 보인(保人) 역시 봉수군으로 지칭된 채 실제 근무를 서기보다는 근무를 서는 자들에 대한 경제적인 지원을 하였던 것으로 여겨진다.

울산 부로산봉수의 내부

　울산지역 8개소의 봉수* 중 해발 높이가 가장 높은 곳에 위치하는 봉수로서 유지가 잘
남아 있다. 교동향교에서 오르는 옛 길이 있으나, 삼북면 등억마을에서 임도(林道)를 타
고 오르는 길이 보다 더 접근하기에 용이하다. 봉수에서 보면 사방을 조망하기 양호한 위
치이나, 서쪽은 이보다 높은 산으로 가로막혀 있기에 대응 봉수노선이 조선 전 시기를 통
헤 남　북으로 일관성을 유지한 듯하다.

　규모는 동서 23.3미터, 남북 20.3미터, 상부 둘레 70미터 가량으로 평면 원형의 특이한
형태이다. 이러한 평면 원형의 봉수는 경기도 고양 독산봉수(제3거 직봉), 충남 논산의
황화대봉수(제5거 직봉) 등 소수 직봉 노선의 봉수에서만 확인할 수 있는 잔존 예가 드
문 봉수이다. 다만 축조에서 부로산봉수와 고양의 독산봉수가 석축(石築)인 반면 논산
황화대봉수는 토축(土築)인 차이점이 있다.

　현재 봉수 내부는 억새풀과 토사 등으로 심하게 덮여 있어 봉수가 거화를 하였던 연대
시설 등은 뚜렷이 확인할 수 없는 상태이다. 다만 봉수 내부 중앙의 풍향계(風向計)가 세
워져 있는 곳이 유난히 불룩하여 향후 이 부분의 제토를 통해 정밀조사를 실시한다면 봉

수의 거화와 관련된 구조를 밝힐 수 있을 것으로 여겨진다. 축조상 석축으로 원형 방호벽
과 상부 담장지가 잘 남아 있다.

　이상 설명한 것 외에도 무엇보다 이 봉수를 가치있게 하는 것은 『헌산지(獻山誌)』
「언양본현지(彦陽本縣誌)」의 부로산봉수(夫老山烽燧) 변물(汴物)에 대한 기록이다.
왜냐하면 현재 국내에 소재하는 다수의 봉수 중 경상지역의 봉수로서 봉수가 주연야화
(晝烟夜火)를 하기 위한 거화시설 및 재료, 방호시설 및 무기 외 봉수군의 생활시설 및
비품과 관련한 물목이 밝혀진 봉수는 부로산봉수 외 양산 위천봉수, 삼가 금성봉수, 금산
고성산(高城山) · 소산봉수(所山烽燧), 함안 파산봉수 등 총 6개소이다. 여기에 최근 울
산에서 발견된 「남목봉수별장서목(南木烽燧別將書目)」(1889)의 비치물목을 더하면
총 7개소의 봉수에서 비치물목이 확인된다. 지역적으로는 대부분 경상지역내 경남지역
의 봉수임을 확인할 수 있다.

* 『경상도속찬지리지(慶尙道續撰地理志)』:예종 원년(1469) 정월에 왕명으로 편찬되기 시작
　하여 그해 3월에 완성된 지지서. 여기에서 주목되는 점은 각 봉수별로 축조 시기 및 형태를 달
　리하였을 것으로 짐작되며, 봉수성격상 연변봉수(沿邊烽燧)를 의미하는 연대봉화(煙臺烽
　火), 내지봉수(內地烽燧)를 의미하는 봉화(烽火) 등으로 명칭 구분을 확연하게 하고 있다.

* 『헌산지(獻山誌)』:이 책은 정조 10년(1786) 진사(進士) 서석린(徐錫麟)에 의해 발간된 것으로 추정되는 필사본의 지지서이다. 종래 후손들에 의해 비장되어 오다가 2002년 삼남면지편찬위원회(三南面誌編纂委員會)의 『삼남면지 증보판(三南面誌 增補版)』발간을 계기로 소개되었다.
* 울산지역 소재 봉수:울산지역의 봉수는 모두 제2거 노선의 봉수로 직봉 2개소, 간봉 6개소 등 8개소이다.(直烽:夫老山·所山, 間烽:楡浦, 爾吉, 加里, 下山, 川內, 南木)

10. 소산봉수

소산봉수(蘇山烽燧)는 울산시 울주군 두서면 서하리 대정마을 뒤인 해발 247.1미터의 봉화산 정상에 위치하는 제2거 직봉 노선의 내지봉수이다. 과거에는 경주에 소속되어 있었던 봉수이며, 초축 시기는 조선 전기인 15세기 말엽부터이다.

이 봉수에 대한 각종 지지서의 기록을 검토하면 봉수 명칭상 시기별로 어두에 所·蘇 등으로 한자음의 변화는 있지만 조선 전 시기를 통해 명칭의 변동이 없었으며, 대응 봉수

울산 소산봉수

노선 역시 남쪽의 언양 부로산봉수에서 보내는 신호를 받아 북쪽으로 경주 고위산봉수(高位山烽燧)로 응하는 등 노선의 변동이 없이 일관성을 유지한 봉수이다.

봉수군 인원은 『여지도서』에 "봉군 구백 명(『輿地圖書』下 慶尙道 慶州鎭 慶州府 軍兵)"의 기록을 통해 총 900명의 봉수군이 배치되어 있었다. 그러나 실제는 당시 소산봉수가 속한 경주부에는 하서지(下西知)·독산(禿山)·대점(大岾)·동악(東岳)·소산(所山)·고위산(高位山)·내포점(乃布岾)·주사산(硃砂山)·형산(兄山) 등 총 9개소의 봉수가 있었기에 각각 100명씩의 봉수군이 배치되어 있었던 것으로 여겨진다.

현재 이 봉수는 경주에서 언양간 국도변에 불룩하게 솟은 산정상에 남-북 장축 평면 'ㄇ'자형의 특이한 석축 방호벽이 잘 남아 있다. 지형상 북고남저(北高南低)이며, 남쪽으로 개방되어 있는데 내부에는 민묘 2기가 안장되어 있다. 석축의 방호벽 담장은 높이 120-130센티미터, 폭 130-160센티미터 가량으로 허튼층 막쌓기하였다. 특이하게 방호벽 안쪽으로는 높이 70센티미터, 폭 90센티미터 가량의 통로시설이 마련되어 있다. 다만 봉수의 거화와 관련된 연조시설을 확인할 수 없는 아쉬움이 있다.

11. 이길봉수

이길봉수(爾吉烽燧)는 울산시 울주군 서생면 나사리의 해발 121.2미터인 봉대산(烽臺山) 정상에 위치하는 제2거 간봉의 연변봉수로서, 특이하게 소길·이길·소길·시길곶·소길·이길 등으로 명칭의 변화가 많았던 봉수이다. 현재는 고유 명칭 대신 소재하는 행정구역 명칭에서 비롯된 서생(西生) 나사봉수대(羅士烽燧臺) 명칭으로 울산광역시기념물 제15호로 지정되어 있다.

초축 시기는 고려시대부터이며, 조선 초기 『경상도지리지(慶尙道地理志)』*부터 조선 후기의 각종 읍지에 빠짐없이 기록되어 있는 봉수이다.

이 봉수에 대한 각종 지지서의 기록을 통해 대응 봉수노선은 조선 초기에는 단지 북쪽의 하산봉수(下山烽燧)로만 응하는 단일 노선이었으나, 『경상도속찬지리지』의 발간 시점을 전후하여 북쪽으로 가리산봉수(加里山烽燧), 『신증동국여지승람』*의 발간 시점을 전후하여 서쪽으로 아시포(아이)봉수에 응하는 노선이 신설된 이후 조선 후기에는

울산 이길봉수 연대 상부 원형의 연소실

동래 간비오(干飛烏)에서 초기(初起)하는 제2거 간봉(1) 노선의 4번째 연변봉수로서 남산(南山)·아이(阿爾)·이길(爾吉)·하산(下山)·가리(加里)를 경유하여 최종 안동의 봉지산봉수(峰枝山烽燧)에 전달되는 봉수였음을 알 수 있다

봉수군 인원은 『여지도서』에 "봉수군 오백 명(『輿地圖書』下(補遺) 慶尙道 蔚山府邑誌 軍額)"이라 하였으나, 실제는 당시 이길봉수가 속한 울산부에는 하산(下山)·가리(加里)·천내(川內)·남옥(南玉) 등 총 5개소의 봉수가 있었기에 각각 100명씩의 봉수군이 배치되어 있었던 것으로 여겨진다.

현재 봉수는 울주군 서생면 나사리 31번 국도상의 남북 장축을 이루는 나지막한 구릉에 유지가 잘 남아 있다. 형태상 남해군 창선면의 대방산봉수(臺方山烽燧)와 너무나도 유사하여 좋은 비교대상이 된다. 이곳에서 보면 사방을 조망하기 용이하며, 남쪽으로는 멀리 대마도가 바라다보인다.

연대의 평면 형태는 말각방형에 가까우며, 하부 둘레 30미터 가량, 높이는 250센티미터 내외이다. 연대의 동쪽은 많이 허물어진 상태이나 남쪽이 비교적 양호하게 남아 있다.

연대 상부 중앙에는 원형의 연소실이 잘 남아 있는데 직경 220-230센티미터, 높이 60-70센티미터, 상부 폭 80센티미터 가량이다. 또한 남쪽과 북쪽에 걸쳐 상부 폭 90센티미터가량의 단면 U자형 출입시설이 있으며, 연대 주위에는 남쪽을 제외한 삼면에 방어용 호가 있는데 폭 350센티미터 가량이다.

* 『경상도지리지(慶尙道地理志)』: 세종 6년(1424)에 호조(戶曹)가 경상감영(慶尙監營)에 도지(道誌)를 찬정(撰定)하라는 명령을 내린 지 1년만인 이듬해 12월에 대구지군사(大丘知郡事) 금유(琴柔), 인동현감(仁同縣監) 김빈(金鑌)이 편찬하여 춘추관(春秋館)에 바친 경상도의 도지이다.
* 『신증동국여지승람(新增東國輿地勝覽)』: 중종 25년(1530) 6월에 이행(李荇) 등에 의해 이전의 『동국여지승람(東國輿地勝覽)』을 증보하여 총 55권으로 편찬된 관찬 지지서이다.

12. 남목봉수

남목봉수(南木烽燧)는 울산시 동구 주전동의 해발 192미터인 산정상에 위치하였던 제2거 간봉의 연변봉수로서, 현재는 울산광역시기념물 제3호로 지정되어 있다.

초축 시기는 고려시대부터 설치되어 있었던 봉수로 여겨지며 조선 전기 『경상도지리지』(1425)부터 조선 후기의 각종 읍지에 빠짐없이 기록되어 있는 봉수이다.

또한 봉수 명칭상 시기별로 남목봉화(南木烽火)·남목천봉수(南木川烽燧)·남옥봉수(南玉烽燧)·남목봉수(南木烽燧) 등 여러 이름이 있으며, 현재는 행정구역 명칭에서 비롯된 주전봉수대로 통칭되고 있다.

이 봉수에 대한 각종 지지서의 기록을 통해 대응 봉수노선은 조선 초기에는 단지 북쪽의 유등포봉수(柳等浦烽燧)로만 응하는 단일 노선이었다. 그러나 『신증동국여지승람』의 발간을 전후하여 서쪽으로 천내봉수(川內烽燧)에 응하는 노선이 신설되었으며, 이후 『여지도서』의 발간을 전후해서는 종전의 서쪽으로 응하는 천내봉수 외에 동쪽으로 경주 하서지봉수(下西知烽燧)에 응하는 노선이 최종 봉수제가 폐지될 때까지 지속되는 등 조선 전 시기를 통해 봉수노선의 치폐가 두드러졌다는 사실이다.

봉수군 인원은 『여지도서』에 "봉수군 오백명(『興地圖書』下(補遺) 慶尙道 蔚山 府邑誌 軍額)"이라 하였으나 실제로 당시 하산봉수가 속한 울산부에는 소길(尒吉)·하산(下山)·가리(加里)·천내(川內)·남옥(南玉) 등 총 5개소의 봉수가 있었기에 각각 100명씩의 봉수군이 배치되어 있었던 것으로 여겨진다.

이상 설명한 것 외에도 무엇보다 이 봉수를 가치있게 하는 것은 봉수제가 운영되던 당시 남목봉수대의 운영 실상을 알 수 있는 귀중한 자료가 발굴된 점이다. 발견 이후 주전봉수대관련고문서(朱田烽燧臺關聯古文書) 명칭으로 서목을 포함한 13점의 문서는 울산시 문화재자료 제16호로 지정되어 봉호사(峰護寺)의 박호수(朴好壽) 씨에 의해 보호되고 있다.

복원된 울산 남목봉수의 연대

13. 유포봉수

유포봉수(柳浦烽燧)는 울산시 북구 당사동의 해발 173.5미터인 우가산(牛家山) 정상부에 위치하고 있다. 입지상 동쪽으로는 바로 해안과 인접하고 있으나 나머지 삼면은 산지(山地)로 막혀 있다. 조선 전기에 유등포봉화(楡等浦烽火)로 통용되기도 하였으며, 제2거 간봉 노선의 연변봉수로서, 현재 울산광역시기념물 제3호로 지정되어 있다.

초축 시기는 고려시대부터이며, 조선 전기『경상도지리지』(1425)에 처음 기록되어 있으나『학성지(鶴城誌)』(1749)의 발간을 전후하여 폐지된 봉수이다.

이 봉수에 대한 각종 지지서의 기록을 통해 유포봉수의 대응 봉수노선을 살펴보면 조선 초기에는 단지 북쪽의 경주 안산봉수로만 응하는 단일노선이었다. 그러나『경상도속찬지리지』(1469)의 발간 시점을 전후하여 종전의 안산봉수 대신 북쪽으로 경주 하서지봉수에 응하는 새로운 노선이 신설되었으며,『신증동국여지승람』(1530)의 발간을 전후하여서는 남쪽으로 남목천봉수에 응하는 새로운 노선의 신설 이후『학성지』(1749)의 발간을 전후하여 폐지될 때까지 남목천 유포 하서지로 응하는 노선이 설정되는 등 봉수노선의 치폐가 두드러졌다.

이 봉수는 울산지역 8개소의 봉수 중 유지의 원형 보존상태가 울산뿐만 아니라 국내에서 가장 양호하게 남아 있는 몇 안 되는 봉수 중 1개소이다. 또한 연대를 둘러싸고 있는 방호벽이 국내 최대의 규모로서 가치가 있다. 봉수는 평지에 높이 50∼60센티미터 가량의 토·석 혼축 기저부를 마련하고 그 위에 원형의 석축 연대를 축조하여 단면 '凸' 형태를 보이고 있다. 또한 연대 주위에는 말각 방형의 석축 방호벽이 넓게 둘러져 있다. 방호벽은 해안과 인접한 동쪽이 거의 남−북으로 직각을 이루며, 나머지는 타원형을 이루면서 거의 말각 방향에 가까운 형태이다. 현재 동북쪽의 석축이 높이 1.5미터, 너비 60센티미터 내로 잘 남아 있는데 허튼층 막쌓기로 단기간에 축조된 듯하다. 연대는 동남쪽에 치우쳐 바로 해안과 인접하고 있는데, 높이 3∼3.5미터 가량으로 일부 상부의 석재가 하부로 흘러내려 형태가 뚜렷하지 않다. 오름시설은 나선형이며, 연대 상부 중앙에는 직경 180∼200센티미터 가량의 원형 연소실이 있다. 연대 주변의 석재는 일부 적갈색으로 산

울산 유포봉수는 현존하는 국내 봉수 중 방호벽의 둘레가 가장 넓다.

▲ 울산 유포봉수 방호벽

◀ 유포봉수 평·단면도

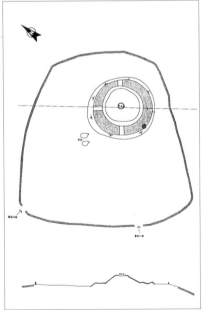

화되어 불먹은 흔적이 뚜렷한데 편마암 계통과 해수석(海水石)으로 이 지역에서 산출되는 석재이다. 또한 연대 주변으로 일부 수마석(水磨石)이 채집되고 있다. 출입시설은 서쪽에 석축으로 높이 1미터, 하부 폭 180센티미터 가량으로 뚜렷하며, 남서쪽에도 출입시설의 흔적이 확인된다.

연대에서 서북쪽으로는 민묘 2기가 나란히 안장되어 있으며, 남서쪽으로는 방호벽내 넓은 평지상에 경작 흔적이 확인된다. 반면 동북쪽에 바로 해안과 인접한 곳은 방호벽에 인접하여 평지가 협소한 편이다.

봉수의 전체적인 규모는 토·석 혼축의 연대 하단부 둘레 89.6미터, 석축 연대 하단부 둘레 43.7미터 가량이며, 연대를 둘러싼 석축 방호벽은 동서 56.2미터, 남북 59.4미터, 전체 둘레 216미터 가량이다.

14. 옥녀봉봉수

옥녀봉봉수(玉女峰烽燧)는 경상남도 거제시 장승포동의 해발 226미터인 산정상에 위치하고 있다. 이 봉수는 『대동지지(大東地志)』*에 거제의 주요 간봉인 가라산 봉수외에 가배량에 남망, 옥포에 옥림산, 지세포에 눌일곶, 율포에 가을곶 봉수가 있었다고 하는데 이중 옥림산봉수(玉林山烽燧) 명칭으로 나타나고 있다.

과거 거제시 장승포동의 옥녀봉 줄기 연대골 정상에 조선 전기인 15세기경에 초축된 직경 10-20미터 가량의 3단 석축으로 봉수대가 위치하고 있었다.

옥녀봉 봉수대는 동 지역 소재의 강망산봉수와 같은 구조로서 북쪽으로 강망산봉수대, 동쪽으로 장승포 일대 서쪽으로 아주 및 옥포, 남쪽으로 일운면 와현까지 한눈에 볼 수 있어 봉수대의 최적지로 보이며, 남동쪽 왜구 감시를 주대상으로 하였던 봉수이다.

현재 경상남도 기념물 제129호로서 원형의 연대 1기가 복원되어져 있다.

*『대동지지(大東地志)』:1864년 김정호가 편찬한 지리서로, 32권 15책으로 이루어진 필사본.

거제 옥녀봉봉수의 연소실

15. 파산봉수

파산봉수(巴山烽燧)는 한국 고대 아라가야(阿羅伽耶)*의 옛 고도(古都)인 경남 함안 군 여항면 내곡리와 주동리 경계의 해발 649미터인 봉화산(烽火山) 정상에 위치하고 있 으며, 경상남도 기념물 제220호로 지정되어 있다.

봉수노선상 거제 가라산봉수(加羅山烽燧)에서 초기하는 제2거 간봉(2) 노선의 연변 봉수로서 진해 가을포봉수(加乙浦烽燧)에서 보내는 신호를 받아 의령 가막산봉수(可 幕山烽燧)*로 전달하는 역할을 하였다.

봉수는 함안군 여항면에서 마산시 진북면간 79번 국도변의 해발고도가 높은 험준한 산정상에 위치하고 있는 관계로 접근이 매우 어려운 곳이다. 따라서 유지는 비록 오랜 세 월 지나는 동안 일부 허물어진 곳이 있지만 비교적 원형이 잘 남아 있다. 현재 남-북 장 축으로 길다란 능선을 이루는 산정상의 남쪽에 있는 석축 방형의 연대 1기는 동쪽과 북 쪽에 일부 원형이 남아 있는 반면 남쪽과 서쪽은 많이 허물어져서 원형을 알아볼 수가 없다. 일부 원형이 남아 있는 동쪽의 경우 잔존 높이는 250센티미터 가량이며, 북쪽의 경우 잔존 높이 180센티미터에 하부 직경 750센티미터 가량이다. 축조상 원래의 자연 암반 위에 하부에는 방형의 큰 괴석을 놓고 상부로 갈수록 이보다 작은 석재를 이용하여 서로 엇갈리게 쌓아 올렸다.

그러나 무엇보다도 이 봉수를 가치있게 하는 것은 앞에서 소개한 언양 부로산봉수, 울산 남목봉수, 양산 위천봉수 등과 함께 경남지역내 봉수의 비치물목이 전하는 7개소 봉수 중 하나라는 점이다. 비록 물목현황은 타 봉수에 비해 수량면에서 열세이지만 조선 후기인 19세기 전기에 발간된 『경상도읍지』의 파산봉수 비치물목을 소개하면 다음과 같다. 읍지의 기록을 통해 거화시설로는 연대 1, 연굴 5, 화덕 1, 망덕 1개소 등이 있었다고 하나, 현재로서는 연대 1개소 외에는 뚜렷한 관련시설을 확인할 수 없는 상태이다.

* 아라가야(阿羅伽耶):한국 고대 6가야 중의 하나로 함안지역을 중심으로 찬란한 고대문화를 피웠으나 신라 법흥왕대의 서진정책에 의해 병합되었다.
* 가막산봉수(可幕山烽燧):경남 의령군 정곡면 적곡리의 해발 190미터 지점에 위치하는 조선

함안 파산봉수 석축 연대 북쪽 부분

시대 제2거 간봉 노선의 연변봉수로서 남쪽으로 함안 파산봉수(巴山烽燧), 북쪽으로 초계군 미타산봉수(彌陀山烽燧)와 대응하였다.

16. 금산봉수

금산봉수(錦山烽燧)는 경남 남해군 상주면 상주리의 해발 681미터인 산정상에 위치하고 있으며, 경상남도 기념물 제87호로 지정되어 있는 봉수이다. 봉수노선상 제2거 연변봉수노선의 간봉(9)이 초기하는 곳으로서 동지역의 대방산봉수(臺防山烽燧)에 신호를 전달하였다.

봉수는 1999년과 2000년에 걸쳐 남해군 창선면에 의해 지표조사가 이루어졌다. 조사를 통해 봉수대는 자연암반을 기저부로 인근에 있는 자연석을 모아 축조하였음이 확인되었으며, 현재는 남해군에 의해 연대로 오르는 나선형의 오름시설을 갖춘 채 복원되어져 있다.

남해 금산봉수, 암벽 위에 축조한 원형의 연대

남해 금산 절경 위에 있는 봉수대

17. 대방산봉수

대방산봉수(臺防山烽燧)는 경남 남해군 창선면 옥천리의 해발 446미터인 산정상부에 그 유지가 잘 남아 있다. 봉수노선상 제2거 간봉 노선의 연변봉수가 초기하는 남해 금산 봉수에서 보내는 신호를 받아 진주 각산봉수로 전달하는 역할을 하였다.

초축 시기는 『경상도속찬지리지』(1469)에 진주의 남쪽 흥선도(興善島)에 소재하는 초명(初名) 대방산연대봉화(臺方山煙臺烽火) 명칭으로 표기되어 있는 것을 통해 15세기 말을 전후한 시기에 축조되어진 봉수이다. 이후 조선 전 시기에 발간된 지지서의 기록을 통해 남쪽과 북쪽으로 대응하는 봉수노선의 변동이 없이 유지되었다.

앞의 금산봉수와 마찬가지로 남해군 창선면에 의해 1999년과 2000년에 걸쳐 정비 복원 자료수집 차원에서 지표조사가 이루어졌는데, 연대와 석축 담장지의 형태가 울산 이길 봉수와 상당히 유사하다.

봉수는 남-북으로 이어지는 산정상의 능선부 지형을 최대한 이용하여 지반을 정지한 후 석축으로 연대와 주위 담장을 축조하였는데, 북쪽에서 본 봉수의 단면 형태는 '凸' 형태이다. 아울러 북쪽과 동쪽의 연대 하단부 주위로는 화성 흥천산·염불산봉수, 마산 가을포봉수와 동일한 형태인 5개소 내의 토·석 혼축 연조를 일정한 간격으로 배치하였는데, 이는 신호를 받는 기능보다는 전달하는 기능을 강조한 배치구조이다.

봉수의 장축 방향은 편서향한 남-북이다. 북쪽에 위치한 연대의 하단부에 맞붙어서는 남쪽으로 높이 60-110센티미터, 너비 60-100센티미터 가량의 담장시설이 잘 남아 있는데, 최대 직경이 하단부 2/3 지점에 있는 계란형이다. 아울러 담장지의 가장 남쪽 중앙부에는 민묘가 1기 안장되어 있다.

연대는 평면 형태가 언뜻 원형으로 보이나, 각을 죽인 말각방형이며, 상부는 평평한데 서쪽으로는 일부 허물어진 상태이다. 규모는 높이 2.6미터, 동서 11.1미터, 남북 10.3미터 가량이다. 담장은 지형에 따라 고저차가 있으며, 규모는 동서 15미터, 남북 23.8미터 가량 이다. 이외에 연대의 북동편에는 일부 공지에 5개소의 토·석 혼축 원형구조물이 잘 남아 있는데 직경 3-4미터의 규모이다. 이는 봉수의 초축 시기가 조선 전기인 1469년을 전

남해 대방산봉수 방호벽과 연대 전경

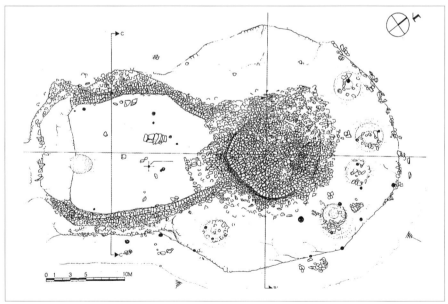
남해 대방산봉수 평면도(남해군 창선면)

후한 시기이고 조선시대에 봉수제가 5거제로 확립됨에 따라 축조된 별도의 연조 시설로 보고 싶다. 즉 대방산봉수는 원래의 연대와 후대에 축조된 연조를 별도로 갖추고 있었으며 위급상황에 따라 신호체계를 분명하게 전달하기 위해 다른 봉수에서는 볼 수 없는 5개소의 원형 연조를 추가로 시설하였던 중요한 봉수였던 것으로 추정된다.

아울러 이 봉수와 동일한 형태인 울산 나사봉수(원명 이길봉수) 연대 상부에서 보이는 연소실의 흔적은 확인할 수 없는 차이가 있다.

18. 분산성봉수

분산성봉수(盆山城烽燧)는 김해시 어방동 분산(盆山)의 사적 66호인 분산성에서 가장 높은 남쪽 끝 돌출부에 위치하여 김해평야와 낙동강을 조망하기 좋은 곳에 있다.

김해 분산성봉수의 복원된 연대와 출입시설

암벽 위에 복원된 김해 분산성봉수의
방호벽과 출입시설

봉수노선상 제2거 간봉 노선의 연변봉수로서 남쪽으로 성화야봉수(省火也烽燧)에서
보내는 신호를 받아 북쪽으로 자암봉수(子菴烽燧)에 전달되었다.

현재 이 봉수의 초축 시기는 가야시대로 추정되며, 고려 우왕 3년(1377년) 박위가 왜
구를 막기위해 축성한 뒤 임진왜란 때 파괴되었던 것을 고종 8년(1871년) 정현석 부사가
개축한 분산성 정상부에 원형의 연대 1기가 복원되어 있다.

19. 각산봉수

각산봉수(角山烽燧)는 경남 사천시 대방동의 해발 412미터인 산정상에 위치하고 있
으며, 경상남도 문화재자료 제96호로 지정되어 있는 봉수이다.

봉수노선상 제2거 간봉 노선의 연변봉수로서 남해군 창선면의 대방산봉수(臺防山烽
燧)에서 보내는 신호를 받아 사천 안현산봉수(鞍峴山烽燧)에 전달되었다.

이 봉수는 각산 정상부의 해발 332미터인 서쪽 봉우리를 중심으로 각산산성(角山山
城)과 인접하고 있으며, 멀리 남해안 일대의 바다를 조망하면서 해안을 통해 침입하려는
왜적의 침입을 파악하여 봉수의 역할을 수행하기에 좋은 입지조건이다. 현재는 사천시
에 의해 원형의 연대 1기가 복원되어 있다.

▲ 사천 각산 정상에 복원된 봉수
◀ 사천 각산봉수 연대

20. 망진봉수

망진봉수(望晉烽燧)는 경남 진주시 망산동의 망진산 정상에 위치하고 있다. 처음 명칭은 망진산봉화(望津山烽火)로서 망진산봉수(望晉山烽燧)·망진봉수(望陳烽燧) 등 한자 표기의 차이가 있다.

봉수노선상 제2거 간봉(9)노선의 연변봉수로서 사천 안현산봉수(鞍峴山烽燧)*에서 보내는 신호를 받아 진주 명석면 덕곡리 소재의 광제산봉수(廣濟山烽燧)*에 전달하였다. 현재는 진주시에 의해 원형의 연대 1기가 복원되어져 있다.

* 안현산봉수(鞍峴山烽燧):경남 사천시 용현면 신복리와 사남면 화전리 경계인 해발 310미터 인 안점산(鞍岾山) 정상에 소재하는 조선시대 제2거 간봉(9)노선의 봉수로서 경남기념물 제 175호임. 고려 때 봉수인 침지(針枝) 및 성황당봉수(城隍堂烽燧)를 폐지하고 조선 세종 때 새 로 설치한 봉수이다.

* 광제산봉수(廣濟山烽燧):경남 진주시 명석면 덕곡리의 산정상에 소재하는 조선시대 제2거 간봉(9)노선의 내지봉수로서 경남기념물 제158호이다.

복원된 진주 망진봉수

21. 표산봉수

표산봉수(表山烽燧)는 경북 울진군 기성면 봉산리의 해발 78.3미터인 속칭 배밑동 뒷산에 유지가 잘 남아 있으며, 북쪽으로는 현재 기성공항이 건설중에 있다.

봉수제가 운영되던 조선시대에는 강원도 평해군 소속 3개소의 봉수 중 1개소로서 전기에는 단지 북쪽으로 기성면 사동리의 사동산봉수(沙銅山烽燧)에만 신호를 전달하는 단일 노선이었으나, 이후 중기에 남쪽으로 평해읍 거일리의 후리산봉수(厚里山烽燧)에 응하는 새로운 노선이 신설되었다.

봉수는 지형상 3단 가량의 대지상에 산정상을 평탄하게 정지한 후 높이 3미터 내외의 석축 연대가 마련되어 있다. 하부 방형에 내부 원추형으로 규모는 동서 7.9미터, 남북 8.9미터 가량이며, 나선형 오름시설이 마련되어 있다. 특이하게도 연대 하단부 북쪽에는 높이 2미터, 너비 1.5미터 직경 0.6미터 가량의 터널형 구조물과 동쪽에는 연대 하단부에 맞붙어 높이 1.8미터, 너비 2.8미터 가량의 구조물이 마련되어 있다. 용도는 자세한 조사가 이루어지지 않아 불명이나 봉수의 거화와 관련된 아궁이 혹은 연소시설로 추정된다.

* 후리산봉수(厚里山烽燧) : 울진군 평해읍 거일리에 소재하였던 봉수로, 현재 유지는 멸실된 상태이다.

22. 사동산봉수

사동산봉수(沙銅山烽燧)는 경북 울진군 기성면 사동리 마을의 북쪽에 위치하고 있는데 봉수로 오르는 길에 대나무숲이 울창하여 인상적이다. 봉수 주변은 약 15년 전까지 밭으로 경작되었고, 현재는 아카시아 나무 등 잡목이 우거져 있는 상태로 인근 주민들에 의해 봉우재로 불리는 곳이다. 산 서쪽에는 주상과 마악산이, 북서쪽에는 현종산이 위치하고, 서쪽 기슭에는 강굿태 목재라는 길이 있는데 옛날 보부상들이 다녔던 길이라고 한다. 한편 동쪽으로 바로 바다에 조망되는 곳은 절벽을 이루고 있어 적의 침입이 곤란한 천혜의 방어조건을 갖추고 있는 곳이며, 남쪽으로는 기성면 봉산리의 표산봉수를 정면에 바라보고 있다.

원형이 잘 보존되어 있는 울진 사동산봉수 연대

봉수제가 운영되던 조선시대에는 강원도 평해군 소속 3개소의 봉수 중 1개소로서 전기에는 단지 북쪽으로 근남면 산포리의 전반인산봉수(全反仁山烽燧)*에만 신호를 전달하는 단일 노선이었으나, 이후 중기에 남쪽으로 기성면 봉산리의 표산봉수에 응하는 새로운 노선이 신설되었다.

봉수는 입지상 남쪽에서 북쪽으로 점차 낮아지고 있는데 높이 3미터 내의 석축 연대로 하부 방형에 내부 원추형이며, 서쪽으로 폭 80센티미터 가량의 오름시설이 마련되어 있다. 규모는 동서 8.7미터, 남북 8.6미터 가량이다. 연대 상부의 연소실은 확인할 수 없다.

봉수 주변으로는 다수의 조선시대 토·도기편 및 와편이 산재하고 있어 봉수제가 운영되던 당시 봉수군의 생활과 관련된 건물지 등이 있었던 것으로 보인다.

* 전반인산봉수(全反仁山烽燧):울진군 근남면 산포리에 소재하였던 봉수로, 현재 일부 유지가 남아 있다.

복원 전 원형의 영덕 대소산봉수 연대와 연조(이 봉수시설은 복원으로 다시 볼 수 없게 되었다.)

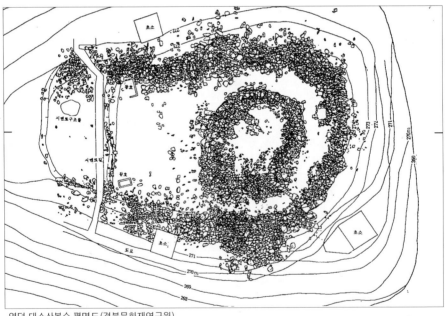

영덕 대소산봉수 평면도(경북문화재연구원)

23. 대소산봉수

대소산봉수(大所山烽燧)는 경북 영덕군 축산면 도곡리의 해발 282미터인 산정상부에 동서로 길게 자리잡은 능선의 동쪽 산봉우리에 위치하고 있다. 입지상 동쪽으로는 바로 동해안과 인접하여 절벽지대를 이루고 있어 사방으로 전망에 유리한 반면 천혜의 방어 조건을 지니고 있는 곳이다. 봉수에 대한 문화재지정이 많은 경남지역과 달리 경북도내 에서 유일하게 기념물 제37호로 지정되어 있는 봉수이다. 비록 간봉 노선의 봉수이지만 규모면에서 경북도내 최대 규모이며, 봉수와 인접하여 봉수 규모에 걸맞은 대형 통신탑 이 설치되어 있다.

봉수노선상 동래 간비오에서 초기한 제2거 간봉의 연변봉수가 동 군의 영덕읍 창포동 소재 별반산봉수(別畔山烽燧)를 거쳐 대소산봉수에 도착하면 영해읍 대리 소재 광산봉 수(廣山烽燧)로 신호를 전달하는 역할을 하였던 봉수이다.

최근 학술기관에 의해 복원을 위한 자료수집 차원에서 지표조사 후 현재는 정비·복 원이 이루어져 원래의 모습을 완전히 상실한 상태이다.

24. 광산봉수

광산봉수(廣山烽燧)는 경북 영덕군 영해면 대리의 해발 409.4미터인 봉화산(烽火山) 정상부에 위치하고 있다. 봉수가 위치하는 대리는 영덕군에서 제일 깊은 골짜기이자 오 지로 주민들은 참나물·더덕·드릅 등을 채집하여 판매 및 담배를 재배하여 생긴 수입 을 주수입원으로 하고 있다. 그럼에도 이곳 주민들은 조상대대로 매년 사월초팔일날 석 가탄신일을 기념하여 마을의 평안 및 과거 호환(虎患)을 방지하기 위해 한해도 빠짐없 이 봉수에 대한 제사를 지내오고 있는 등 봉수는 이곳 주민들의 정신적 믿음으로서 상징 적인 역할을 하고 있다. 이렇듯 봉수에 대한 제사를 지내는 곳은 전국에서 이곳 영덕군 대리의 광산봉수가 유일하나 주민들의 대부분이 대부분 연로한 까닭에 조만간 봉수에 제사를 지내는 전통은 사라질 위기에 놓여 있다.

봉수로 가기 위해서는 마을에서 봉화산 밑에까지 산림로가 잘 나 있으며, 다시 20분 가량 산행을 통해 도착할 수 있다. 과거 길이 없을 때는 험한 계곡의 산길을 통해 한나절이 걸렸었다고 한다.

봉수가 위치하는 곳은 입지상 태백산맥의 지맥이 사방으로 뻗친 가운데 우뚝 솟은 한 봉우리로 산정상은 남–북으로 길게 능선을 이루고 있다. 북쪽은 시야가 막힌 반면 동쪽으로 16킬로미터의 거리에는 과거 봉수제가 운영되던 당시 신호를 받았던 축산면 도곡리의 대소산봉수가 아련하게 조망된다.

봉수노선상 초기에는 광산봉화(廣山烽火) 명칭으로, 서쪽 신보현 남각산봉화(南角山烽火)에만 응하는 단일노선이었으나 15세기 중엽경 광산연대봉화(廣山煙臺烽火) 명칭으로 새로이 동쪽 대소산연대봉화(大所山煙臺烽火)에 응하는 노선이 신설되어 한동안 유지되었다. 그러나 18세기 중엽경에는 종전에 서쪽으로 응하였던 진보현 남각산봉수대신 신법산봉수(神法山烽燧)의 신설로 인해 봉수제가 폐지될 때까지 동래 간비오봉수(干飛烏烽燧)에서 초기한 제2거 간봉 노선의 연변봉수가 축산면 도곡리 소재 대소산봉수를 거쳐 광산봉수에 도착하면 진보 신법산봉수(神法山烽燧)로 신호를 전달하는 역할을 하였다.

영덕 광산봉수에서 주민들이 제사를 지내고 있다.

암반 위에 축조되어 있는 영덕 광산봉수 연대

봉수는 그동안 마을주민들의 각별한 보호 속에 인적이 드문 깊은 산속에 있었던 관계로 원형이 잘 남아 있다. 입지상 산정상부 남–북으로 길게 능선을 이루는 곳에 자연암반을 기저부로 하여 석축의 방호벽과 연대 및 출입시설을 갖추고 있는데, 동서로는 급사면을 이루고 있다. 연대는 방호벽내 남쪽에 위치하며 평면 직방형이다. 바위 암반 위에 할석을 이용하여 허튼층 막쌓기를 하였는데 규모는 동서 460센티미터, 남북 640센티미터이며, 높이는 동쪽 낮은 곳이 130센티미터, 서쪽 높은 곳이 380센티미터 가량이다.

5. 전라도

전라지역은 옛 백제(百濟)의 영역으로 신안군·진도군·완도군·고흥군·여수시 등의 지역은 크고 작은 다수의 도서(島嶼)를 끼고 있는 곳이다. 이러한 지형적 조건은 려말선초(麗末鮮初) 왜구의 침입이 극성을 이루었을 때 이들에게 은신처의 제공 및 침입하기에 좋은 조건을 제공하여 경상지역과 더불어 숱한 침입을 겪었으며, 약탈대상지로서 큰 피해를 입었던 곳이다. 이에 대한 방비책으로 당시 이들 도서 연안지역에 설치되어졌던 봉수 중 여수 돌산도봉수는 조선시대 5거제의 봉수제에서 제5거 직봉 노선의 연변봉수를 처음으로 올렸던 곳이다. 조선시대 발간의 각 지지서에 기록되어 있는 약 50개소 내외의 봉수 외에 조선 후기 지방지도에 보이는 여수지역 26개소 내의 요망 표기를 통해 경상지역 다음으로 많은 봉수가 소재하였던 중요한 지역이었다.

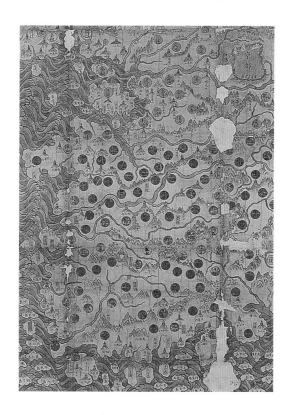

여수 돌산도봉수의 연대모습

1. 흑산도

흑산도(黑山島)는 우리나라 최서남단에 위치하며 영산도·다물도·대둔도·장도·홍도 등 대소의 군도로 구성되어 산과 바다가 푸르다 못해 검게 보인다 하여 흑산도라 불리고 있는 곳이다.

이곳은 고려 의종 3년(1149) 8월, 서북면병마사(西北面兵馬使) 조진약(曹晉若)의 상주(上奏)로 야화주연(夜火晝烟)에 의한 1급(急)에서 4급(急)의 봉호식(烽燧式)을 정하고 매 소에 방정(防正) 2명과 백정(白丁) 20명씩을 두고 평전(平田) 1결(結)씩을 주어 생활기반을 마련하여 주는 등 정식으로 봉수제가 성립되기 이전부터 이미 봉수제가 활용되었던 곳이다.

즉 인종 원년(1123) 송인(宋人) 서긍(徐兢)이 고려 수도 개경에 1개월간 머무르면서 집필한 『고려도경(高麗圖經)』*에는 송(宋) 사신들이 배를 타고 고려의 흑산도에 이르렀을 때 밤이 되면 산마루에서 봉화불을 밝히고 여러 산들이 차례로 호응하여 왕성(開京)까지 가는데, 그 일이 이 산(흑산도)에서 시작된다는 기록을 통해서이다.

* 『고려도경(高麗圖經)』 : 송(宋)나라 휘종(徽宗)이 고려에 국신사(國信使)를 보낼 때 수행한 서긍(徐兢)이 고려 수도 개경에서 보고 들은 것을 그림을 곁들여서 기록한 책. 전 40권. 원명은 『선화봉사고려도경(宣和奉使高麗圖經)』이다.

2. 돌산도봉수

돌산도봉수는 전남 여수시 돌산읍 둔전리 봉수마을 뒷산인 해발 381미터의 봉화산 정상에 위치하고 있다. 조선 전기 『세종실록』의 지리지(1454)에 돌산봉화(突山烽火)로 기록되어 있으나, 이후 전라좌수영의 전초기지였던 방답진이 설치되면서 달리 방답진봉수(防踏鎭烽燧)로도 통칭되었다.

올라가는 길은 둔전리 봉수마을에서 저수지 건너편의 산림도로를 이용하여 오를 수 있으며, 왕복 2시간 정도의 거리이다. 비록 오르는 길은 힘드나 돌산도봉수에서 바라보는 크고 작은 도서와 푸른빛 바다는 오묘한 조화를 이루며 절경을 이루고 있어 등산객의 발걸음을 오래도록 머물게 하는 곳이다.

봉수노선상 제5거 직봉 노선의 봉수가 초기(初起)하는 연변봉수로서, 조선 전기에는 서쪽으로 여수시 화양면 장수리 소재 백야봉수(白也烽燧)에 응하고 북쪽으로 현재 소재 불명의 성두봉화(城頭烽火)에 응하였다.

조선 중기 이후에는 북쪽으로 진례산봉수(進禮山烽燧)*의 신설 이후 조선 후기까지 노선의 변동없이 유지되었다. 따라서 돌산도봉수에서 초기한 봉수는 전라북도 서해안을 따라 충청도 내륙지방을 거쳐서 강화도의 여러 봉수를 경유한 다음 서울의 개화산봉수(開花山烽燧)*에 도착하며, 최종 경봉수인 서울 목멱산 제5봉으로 통하였다.

현재 이 봉수는 비교적 원형이 잘 남아 있는 석축 평면 원형의 봉수로, 동쪽에서 시작하여 서쪽으로 돌면서 최종 북쪽으로 오를 수 있는 폭 1미터 가량의 나선형 오름시설*과 동쪽에는 근래에 사다리형의 인위적인 출입시설을 해놓았다. 연대의 높이는 4미터내이며, 상부의 직경은 3미터 가량이다.

또한 봉수의 동쪽 하단부에서 7미터 가량 떨어져서는 바위 중앙에 폭 16센티미터, 깊이 13센티미터 가량으로 구멍을 낸 확돌 1기가 인접하여 있는데, 봉수군이 나무열매와 곡식 등을 가는 데 사용하였던 것으로 여겨진다.

* 진례산봉수(進禮山烽燧):전라남도 여수시 상암동의 영취산(靈鷲山) 정상에 소재하며 조선 시대 제5거 간봉 노선의 연변봉수로서 돌산도봉수에서 보내는 신호를 받아 이를 광양의 건대 산봉수(件對山烽燧)에 전달하였으며, 순천 성황당봉수(城隍堂烽燧)를 거쳐 최종 본읍(本 邑)에 전달되었다.
* 개화산봉수(開花山烽燧):서울시 강서구 개화동과 방화동 경계의 해발 128.4미터인 개화산 정 상에 소재하며 조선시대 제5거 직봉노선의 연변봉수로서 김포 냉정산봉수(冷井山烽燧)에서 보내는 신호를 받아 이를 최종 목멱산 제5봉에 전달하였다.
* 나선형 오름시설:전라·경상지역의 남해연안 연변봉수에서 특징적으로 보이는 오름시설로 서 꽈배기처럼 원형 혹은 반원형으로 돌아 연대 상부에 오르도록 되어 있다.

복원된 여수 백야곶봉수의 연대

3. 백야곶봉수

백야곶봉수(白也串烽燧)는 전남 여수시 화양면 장수리 장등마을 뒷산인 해발 370미터의 봉화산 정상에 위치하고 있다. 백야(白也)라는 명칭은 이곳이 육지가 바다에 내미는 곳이며, 백야도를 내왕하는 관문이기 때문에 그 섬 이름을 따서 백야곶봉수라 하였다는 유래가 있다. 여수반도의 서해안 지역에 위치하여 멀리 고흥군의 외나라도까지 폭넓게 관망할 수 있는 장소이다.

화양면 화동리 산전마을과 원포마을에서 시작된 산림도로가 8부능선까지 연결되어 있으며, 장등 마을쪽은 등산로가 잘 다듬어져 있어 비교적 접근이 용이하다. 봉수노선상 제5거 직봉 노선의 봉수가 초기하는 돌산도봉수에서 신호를 받아 고흥 팔전산봉수*로 신호를 전달하였다.

여수 백야곶봉수에서 내려다 본 남해연안

현재 봉수는 1997년도에 화양면에서 복원 축조하여 원형을 상실한 상태이며, 봉수에서 바라보는 남해의 도서해안은 앞의 돌산도봉수와 마찬가지로 절경을 이루고 있다.

* 팔전산봉수(八巓山烽燧):전라남도 고흥군 영남면 금사리의 해발 608.6미터인 팔영산(八巓山)에 소재하며, 조선시대 제5거 직봉노선의 연변봉수로서 백야곶봉수에서 보내는 신호를 받아 고흥의 마북산봉수(馬北山烽燧)에 전달하였다.

4. 봉화산봉수

봉화산봉수(烽火山烽燧)는 전남 여수시 만흥동의 해발 460미터인 봉화산 정상에 위치하고 있다. 남해화학 앞으로 난 임도를 따라 봉수에 쉽게 도착할 수 있으며, 입지상 왜적의 침입이 잦았던 동쪽의 남해안 앞바다와 통영·거제·광양 등 사방을 한눈에 조망

여수 봉화산봉수의 방호벽과 복원된 연대

할 수 있는 곳이다.

아쉽게도 관련 문헌기록이 없어 위치하고 있는 산의 이름을 빌어 봉수 명칭을 표기하고 있다. 축조 시기와 봉수 성격은 조선 후기에 자체방어 및 전보통신 수단으로 사용하기 위해 축조된 권설봉수(權設烽燧)이다.

현재 이 봉수는 2002. 10 –2003. 2월에 걸친 정비를 통해 무너진 곳을 보수하고 동쪽에서 시작하여 북쪽으로 오를 수 있는 나선형 오름시설을 마련하여 복원된 상태이다. 복원 전의 모습은 평면 말각장방형의 석축으로 남쪽과 서쪽의 석축이 잘 남아 있는 반면, 북쪽은 많이 무너진 상태였다. 축조상 하부에 56×38, 66×60, 90×40센티미터 가량의 화강암 석재로 기저부를 마련하고 상부로 갈수록 직방형의 큰 석재와 이보다 작은 돌을 섞어 축조하였는데, 사이마다 작은 돌을 채워 넣어 빈 공간을 보충하였다.

5. 마북산봉수

마북산봉수(馬北山烽燧)는 전남 고흥군 포두면 차동리의 해발 538.5미터의 마복산(馬伏山) 정상에 위치하고 있다. 고흥읍에서 15번 국도를 따라 나로도 방향으로 가다가 내산 삼거리 내산마을의 마복사 뒤로 난 등산로를 따라 봉수가 있는 산정상까지 오를 수 있다.

입지상 사방을 조망할 수 있는 곳으로, 특히 동남쪽으로 순천만과 고흥반도의 해상을 조망하기에 좋은 곳이다.

봉수노선상 동쪽의 팔전산봉수에서 보내는 신호를 받아 서쪽의 천등산봉수(天燈山烽燧)*에 신호를 전달하였던 제5거 간봉의 연변봉수이다.

봉수는 산정상의 평탄지에 원형으로 축조된 연대와 그 주변으로 원형의 석축 방호벽 유지가 남아 있다. 연대는 원형이 비교적 잘 보존되어 있는데 높이 220–250센티미터 가량이며, 남동쪽에서 시작하여 동남쪽에서 끝나는 나선형 오름시설은 폭 150센티미터로 최근 정비한 것이다.

* 천등산봉수(天燈山烽燧):전라남도 고흥군 도화면·포두면·풍양면의 경계인 해발 555미터

고흥 마북산봉수 연대 위에서 본 다도해 해상국립공원

복원된 고흥 마북산봉수의 연대와 오름시설

의 천등산에 소재하며 조선시대 제5거 간봉 노선의 연변봉수로서 대응 봉수노선이 시기별로 차이는 있으나, 조선 후기에는 최종 동으로 마북산봉수에서 보내는 신호를 받아 서쪽으로 장기산봉수(帳機山烽燧)에 전달하였다.

6. 장기산봉수

장기산봉수(帳機山烽燧)는 전남 고흥군 도양읍 용정리의 해발 226.8미터인 산정상에 위치하고 있다. 입지상 고흥반도의 서남해를 비롯한 사방을 조망하기 좋은 곳이다. 또한 바다를 사이에 두고 보성·장흥·완도군과 마주보고 있으며, 전방에는 비교적 큰 섬인 거금도 외에 손죽열도, 초도군도로 일컫는 다수의 작은 도서해안이 해중(海中)에 산재하고 있다. 봉수의 남쪽에는 조선시대 만호진이 있었던 녹동항이 바라다보인다.

봉수는 27번 국도변에 인접한 용정마을에서 남암마을을 지나 산정상으로 오르는 임도가 잘 나 있어 접근이 용이한 편이다.

고흥 장기산봉수

봉수노선상 천등산봉수(天燈山烽燧)에서 보내는 신호를 받아 보성 정흥사봉수(正興寺烽燧)로 전달하였던 제5거 직봉의 연변봉수이다.

현재 봉수는 산정상에 남-북장축의 능선을 이루는 평탄지를 따라 남단부에 말각방형의 토석 혼축 연대 1기와 그 외곽으로 석축시설이 남아 있다.

7. 사화랑봉수

사화랑봉수(沙火郞烽燧)는 전남 고흥군 금산면 석정리 거금도(居金島) 내의 해발 592.2미터인 적대봉(積台峰) 정상에 위치하고 있다. 섬내에 위치한 까닭에 녹동항에서 뱃길로 30분 가량이 소요되며, 섬내에서 가장 해발고도가 높은 적대봉 정상에 위치한 까닭에 달리 적대봉봉수(積台峰烽燧)로도 호칭되고 있다. 적대봉의 7부능선부터는 평지 주위에 사람키만한 억새풀이 장관이며 바람이 불 때마다 스치는 모습은 다른 봉수에서는 느낄 수 없는 낭만적인 모습으로 오래도록 기억된다.

입지상 봉수가 위치한 거금도는 고흥반도의 서남쪽에 돌출하여 있는 가장 큰 섬으로

적대봉 정상에 남아 있는 원형의 고흥 사화랑봉수 연대

고흥 사화랑봉수 연대 위의 연소실

남해안을 통해 침입하려는 적의 동태를 파악하기 좋은 곳이다.

봉수노선과 성격상 제5거 간봉의 연변봉수로서, 서쪽으로 녹도진(鹿島鎭)에 응하고 동쪽으로 발포진(鉢浦鎭)에 응하였다. 조선 중기에 초축되어 18세기 중엽경 철폐된 봉수이다. 봉수는 산정상의 암반 위에 축조한 원형의 석축 연대로 외면은 마치 성벽을 쌓듯이 치석한 장방형의 석재를 '품(品)' 자 형태로 쌓아 올렸다.

과거 금산면의 유적보존회에서 실시한 보수를 통해 원래의 축조 부분과 동·북쪽의 보수 부분이 구분된다.

8. 유주산봉수

유주산봉수(楡朱山烽燧)는 전남 고흥군 도화면 구암리의 해발 416.6미터의 유주산(楡朱山) 정상에 위치하고 있다. 입지상 남·서쪽으로 해안을 조망하기 양호한 반면 동·북쪽은 산으로 막혀 있는데 특히 서쪽으로는 거금도와 마주보고 있다.

봉수노선상 동쪽의 마북산봉수(馬北山烽燧)에서 보내는 신호를 받아 서쪽의 천등산봉수(天燈山烽燧)에 신호를 전달하였던 제5거 간봉 노선의 연변봉수이다.

봉수는 유주산의 정상부에 북동-남서로 긴 능선을 이루는 중간지점에 방형으로 축조된 연대 1기가 남아 있다. 연대는 남쪽면이 허물어진 반면 나머지 삼면은 원형이 잘 남아 있다. 전체적인 규모는 기저부 760-780센티미터로 거의 일정한 반면 높이는 동쪽이 290센티미터, 북쪽은 350센티미터 가량으로 약간의 차이가 있다.

특이하게도 봉수에 오르기 전 산의 8부능선상에는 타 봉수에서는 찾아보기 힘든 봉수군의 주둔 혹은 생활과 관련된 석축 건물지가 잘 남아 있는데 남-북 장축의 직방형이다. 건물지의 남쪽 바로 앞에는 4매의 판석을 세워 방형으로 축조한 우물이 한 개소 있다.

고흥 유주산봉수 연대 위에서 내려다본 해상국립공원

◀ 복원된 장흥 천관산봉수 연대
▼ 장흥 천관산봉수

9. 천관산봉수

천관산봉수(天冠山烽燧)는 전남 장흥군 관산읍과 대덕읍 경계의 해발 723.1.미터인 천관산 정상에 위치하고 있다. 오르는 길은 5개소로서 탑산사(塔山寺)로 오르는 길이 용이하나 절경을 구경할 수 없는 단점이 있다.

봉수가 위치한 천관산은 기암괴석의 돌산으로 산정상에서 보는 다도해 해상국립공원은 장관을 이루며 사방을 조망하기 용이한 곳이다. 또한 산이 기(氣)가 세다는 속설대로 산정상은 항상 안개에 가려 있을 때가 많다.

봉수노선과 성격상 제5거 직봉 노선의 연변봉수로서, 시기에 따라 별도로 북쪽으로 억불산봉수(億佛山烽燧)에 응하기도 하였으나, 최종 동쪽으로 전일산봉수(全日山烽燧)에서 보내는 신호를 받아, 서쪽으로 강진 원포봉수(垣浦烽燧)에 보내는 역할을 하였다.

현재 봉수는 산정상에 방형의 석축 연대 1기가 복원되어 있으며, 중간쯤에 직선으로 계단식 오름시설이 마련되어 있다.

10. 달마산봉수

달마산봉수(達麻山烽燧)는 전남 해남군 송지면 서정리의 해발 485미터인 달마산 정상에 위치하고 있다. 산 아래 5부능선쯤에는 전남에서 아름다운 절로 소문난 미황사(美黃寺)가 있어 사찰답사 겸 동쪽으로는 진도, 완도군 등의 도서와 다도해 해상국립공원이 장관을 이루고 있어 산행의 보는 즐거움을 더해 주고 있다.

봉수 명칭상 달마산(達磨山) → 達摩山 → 達麻山 등으로 한자음의 차이가 있으며, 특이하게 봉수 명칭에 남인도인(南印度人)으로서 6세기경 중국으로 건너가 선종(禪宗)의 개조(開祖)가 되었다는 보리달마(菩提達磨)의 이름에서 연유한 듯 명칭에 불교적인 색채가 짙다.

봉수노선과 성격상 제5거 직봉 노선의 연변봉수로서, 동쪽으로 완도봉수(莞島烽燧)에서 보내는 신호를 받아, 서쪽으로 해남 관두봉수(館頭烽燧)에 보내는 역할을 하였다.

현재 봉수는 산정상에 밑부분 기단석만 원형이고 위로는 원형으로 석축 연대 1기가 복

복원된 해남의 달마산봉수 연대

원되어 있는데, 오름시설 1개소가 마련되어 있다.

봉수군 인원은 조선 후기인 1872년경 발간된 『호남읍지(湖南邑誌)』「영암군읍지(靈巖郡邑誌)」에 봉수 오장 12명, 봉군 20명 등 총 32명의 봉수군이 소속되어 있었다.

11. 갈두산봉수

갈두산봉수(葛頭山烽燧)는 전남 해남군 송지면 송호리 해남의 땅끝마을이자 육지 최남단인 해발 109.6미터인 갈두산 정상에 위치하며 해안에 바로 인접하고 있다. 이전에는 영암군에 속하여 있었으나 1906년 송지면이 해남에 이속됨으로써 해남군에 편입된 지역이다.

봉수노선과 성격상 제5거 직봉 노선의 연변봉수로서, 동쪽으로 강진 좌곡산봉수(佐谷山烽燧)에서 보내는 신호를 받아, 서쪽으로 해남 관두산봉수(館頭山烽燧)에 보내는 역할을 하였다. 현재 봉수는 오래 전에 석축 연대 1기가 복원되어 원형을 상실한 상태이다.

12. 첨찰산봉수

첨찰산봉수(僉察山烽燧)는 전남 진도군 고군면 고성리, 의신면 사천리 경계의 해발 485미터인 첨찰산 정상에 위치하고 있다. 봉수가 위치하는 첨찰산은 진도에서 가장 높은 산으로 진도의 진산(鎭山)이다. 진도기상청이 들어오면서 도로를 내어 접근이 용이하며 다도해 해상국립공원을 훤히 조망하는 것 외에 일직선상에 고려시대 삼별초의 항몽유적지인 용장산성(龍藏山城)*을 시야에 두고 있는 곳이다.

봉수노선과 성격상 남쪽의 여귀산봉수(女貴山烽燧)*에서 보내는 신호를 받아 북쪽의 황원성봉수(黃原城烽燧)*에 신호를 전달하였던 제5거 직봉의 연변봉수이다.

현재 봉수는 산정상에 원형의 석축 연대 1기가 복원되어 있으며, 봉수에서 200미터 아래에 집터가 있으나 대나무숲에 가려 확인할 수 없다.

* 용장산성(龍藏山城) : 전라남도 진도군 내면 용장리에 있는 고려시대 석축 산성으로 사적 제126호. 고려 배중손(裵仲孫)이 삼별초군을 이끌고 강화에서 이곳에 들어와, 관부(官府)·영성(營城)을 쌓고 고려와 원나라에 저항하였으나, 김방경(金方慶)이 이끈 관군에게 패하였다. 현재 성내에는 용장사지(龍藏寺址)·행궁지(行宮址)가 남아 있다.
* 여귀산봉수(女貴山烽燧) : 전라남도 진도군 임회면 죽림리의 해발 475미터인 여귀산 정상에 소재하며, 조선시대 제5거 직봉노선의 연변봉수로서 대응 봉수노선은 관두산봉수(館頭山烽燧)에서 보내는 신호를 받아 첨찰산봉수(僉察山烽燧)에 전달하였다.
* 황원성봉수(黃原城烽燧) : 전라남도 해남군 화원면 장춘리, 문내면 고당리 경계의 일성산(日星山)에 소재하며, 조선시대 제5거 직봉노선의 연변봉수로서 대응 봉수노선은 첨찰산봉수에서 보내는 신호를 받아 나주 군산봉수(群山烽燧)에 전달하였다.

13. 상당곶봉수

상당곶봉수(上堂串烽燧)는 전남 진도군 임회면 귀성리의 해발 204미터인 오봉산(五峰山) 정상에 유지가 잘 남아 있다. 봉수는 오봉산 정상에 위치한 까닭에 달리 오봉산봉수(五峰山烽燧)로도 불리고 있다.

봉수노선과 성격상 제5거 간봉의 연변봉수로서 동지역의 여귀산봉수에 신호를 전달하는 기능을 하였던 보조기능의 역할을 하였다. 초축 시기는 조선 후기이다.

진도 첨찰산봉수 연대

진도 오봉산 정상에 원형이 남아 있는 상당곶봉수

　현재 봉수는 가파른 절벽의 암반 위에 석축 연대 1기와 석축 연조 4기가 있다. 연대는 상부에 연소실로 추정되는 원형의 시설과 내에 육안으로 드러나는 검은 재층이 있어 거화의 흔적이 뚜렷하다. 연조 4기는 약 3미터의 거리를 두고 동서 일직선으로 있다. 또한 육지쪽으로 동서의 석축 방호벽이 있다.

14. 상라산봉수

　상라산봉수(上羅山烽燧)는 전남 신안군 흑산면 대흑산도내 진리의 해발 226.7미터인 상라산 정상에 위치하고 있다. 목포에서 흑산도행 카페리로 2시간 이상의 거리이며, 상라산으로 올라가는 열두 구비마다 길 옆으로 동백나무가 군락을 이루고 있어 장관이며, 상라산에서 보는 일출과 일몰은 환상적인 분위기를 자아낸다.
　대흑산도내에서 가장 높은 곳에 위치하는 봉수로서 동쪽으로는 봉수가 있는 대봉산

▶ 흑산도 상라봉봉수에서 중국
으로 가는 바닷길에 홍도가 있다.
▼ 흑산도 상라산 정상에 남아 있
는 봉수 연대(내부가 비워져 있
다.)

(大鳳山)과 인접하고 있다. 또한 주위에는 다물도(多物島)·대둔도(大芚島)·대장도(大長島)·영산도(永山島) 등의 작은 도서가 둘러싸고 있는 형세이다.

봉수는 상라산 정상부를 배경으로 육지쪽으로 할석을 이용하여 막쌓기한 연대 1기가 남아 있다. 내부 공간의 깊이는 150센티미터 가량이다. 출입구는 연대 위에서 들어가게 끔 시설하였다.

15. 대봉산봉수

대봉산봉수(大鳳山烽燧)는 전남 신안군 흑산면 예리의 해발 100미터 가량인 대봉산 정상에 위치하며 서쪽으로 진리의 상라산봉수를 마주보고 있다. 해발고도가 낮은 데다 최근 통신탑의 개설로 인해 접근이 용이한 편이다.

봉수는 토석 혼축의 연대 1기와 건물터 및 석축의 연조 4기가 잔존하고 있다. 연대는 훼손되어 유지만 남아 있는데, 연대 아래에는 약 50미터의 거리를 두고 석축 건물터 유지가 있다. 또한 동−서로 일직선상에 석축의 연조 4기가 약 3미터의 간격을 두고 찔레 잡목 속에 있다.

흑산도 대봉산봉수 연대 옆으로 4개소의 연조가 훼손된 채 묻혀 있다.

진안 태평봉수 연대 위에서 본 대불리와 운장산

16. 태평봉수

　태평봉수(太平烽燧)는 전라북도 진안군 주천면 대불리의 해발 830미터인 성재봉우리
에 위치하고 있다. 전북 소재 봉수 중 가장 원형이 잘 남아 있는 봉수로서 전라북도 지방
기념물 제36호로 지정되어 있다. 현재 봉수는 방형으로 일부 보수한 흔적이 있다.

6. 제주도

제주도는 봉수제의 성립 시기인 고려시대에 왜구의 빈번한 침입 및 중국 송(宋)나라 상인들의 수시로 왕래하는 곳으로서 일찍부터 봉수(烽燧)·연대(烟臺) 외에 읍성(邑城)·진성(鎭城) 등의 관방시설이 다수 축조되어졌다.

조선 전 시기에 발간된 지지서에 기록된 제주도의 봉수는 초기에 23개소에서 후기에는 25개소로 큰 변동없이 유지되었다. 이들 제주 봉수는 초기부터 대부분 산정상에 축조되어 있어 조선 후기에 봉수제를 정비하면서 해안을 중심으로 축조된 38개소의 연대와 구분되는 특징이 있다.

이들 연대는 유사시 서로 인근의 연대와 신호를 주고받으면서 제주도의 해안 방어체제를 구축하여 왔다.

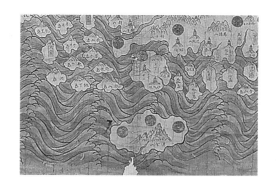

제주도 서남쪽의 서림연대

1. 서림연대

서림연대(西林煙臺)는 남제주군 대정읍 일과리에 소재하고 있다. 과거 모슬진(摹瑟鎭)에 소속되어 있었던 연대로, 무수연대(茂首煙臺)·우두연대(牛頭煙臺)와 서로 대응하지만, 우두연대를 대신하여 당산봉수(唐山烽燧)가 중계역할을 하였던 것으로 보인다.

현재 연대는 1977년 고증을 거쳐 보수된 상태인데, 형태상 사다리꼴이며, 난간벽(欄干壁)을 갖추고 있다.

2. 우지연대

우지연대(牛池煙臺)는 북제주군 한림읍 귀덕리에 소재하고 있다. 과거 명월진(明月鎭)에 소속되어 있었던 연대로, 동쪽으로 귀덕연대(歸德煙臺), 서쪽으로 죽도연대(竹島煙臺)와 인접하고 있다.

현재 연대는 1976년 고증을 거쳐 보수된 상태인데, 형태상 사다리꼴이며, 난간벽을 갖추고 있다.

제주 애월연대의 출입시설

복원한 제주은지역대

3. 애월연대

애월연대(涯月煙臺)는 북제주군 애월읍 애월리에 소재하고 있다. 과거 애월진(涯月鎭)에 소속되어 있었던 연대로, 동쪽은 남두연대(南頭煙臺), 서쪽은 귀덕연대(歸德煙臺)와 응하였다. 현재 연대는 형태상 사다리꼴로, 타 연대와 비교하여 연대의 높이가 매우 높고 출입구가 오른쪽에 치우쳐 있는 것이 특징이다.

4. 남두연대

남두연대(南頭煙臺)는 북제주군 애월읍 신엄리 해안가에 인접하여 있다. 과거 애월진(涯月鎭)에 소속되어 있었던 연대로, 동쪽은 조부연대(藻腐煙臺), 서쪽은 애월연대(涯月煙臺)와 응하였다. 현재 연대는 1977년 고증을 거쳐 보수된 상태인데, 형태상 기저부가 상부보다 큰 사다리꼴이다.

복원된 제주 남두연대

부록

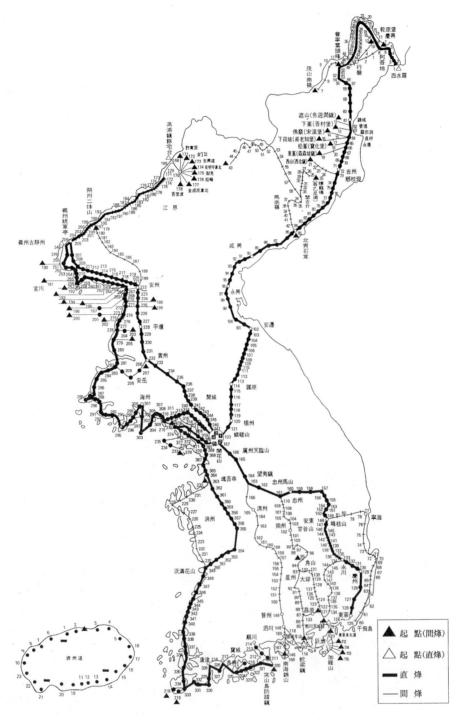

조선 후기 전국 봉수지도 자료:『증보문헌비고』

1. 봉수용어

가가(假家) 임시로 지은 집.

각성(角聲) 봉수의 신호수단으로 물소뿔로 만든 나팔을 불어 소리를 냄.

간봉(間烽) 연변(沿邊)·내지봉수(內地烽燧) 직봉(直烽) 대응노선상의 봉수 사이에 연락두절을 우려하여 보조로 설치한 봉수. 이중 제2거 노선에 특히 간봉이 많이 설치되어 있는 특징이 있음. ·『萬機要覽』(1808):제1거 60, 제2거 123, 제3거 22, 제4거 35, 제5거 34. 合 274개소 ·『增補文獻備考』(1908):제1거 59, 제2거 110, 제3거 22, 제4거 21, 제5거 34 合 246개소

관방유적(關防遺蹟) 육지 내륙 또는 변경지역의 방어유적, 해방유적(海防遺蹟).

거수(擧數) 주연야화(晝煙夜火)로 변경의 정세를 그 완급에 따라 擧(炬)數로 차별하여 전하는 것. · 고려중엽:4炬, 고려말-조선초:2炬, 조선 초기 이후:5炬

거화(炬火) 횃불을 붙이는 것. 불을 일으키는 것.

거화(擧火) 횃불을 올리는 것.

거화(苣火) 중국의 봉수에서 갈대(苣)를 태워 야간에 신호로 사용. 멀리서 볼 수 있도록 籠에 넣어 蓬干에 매달아 사용.

거화법(擧火法) 위급에 따라 횃불을 올리도록 한 규정.

겸자(鎌子) 낫

경봉수(京烽燧) '목멱산봉수(木覓山烽燧)' 또는 '남산봉수(南山烽燧)'라고 하며 조선시대에 전국의 모든 봉수가 집결하였던 중앙봉수.

권설봉수(權設烽燧) 조선 후기 군사적으로 중요하였던 영진(營鎭)에서 자체적으로 설치하여 본읍으로만 연락하도록 운영한 봉수. 주로 해안 연변지역에 설치되어 있으므로 연변봉수(沿邊烽燧)와 같은 말로 통용. 『대동지지(大東地志)』의 各道 烽燧條에서 확인. ·경기도:7처, 충청도:4처, 경상도:10처, 전라도:10처, 함경도:5처

고사(庫舍) 창고

궁가(弓家) 활쏘는 집

궁자(弓子) 활

궁현(弓絃) 활줄

기현(旗懸) 적변(賊變)이 있을 때 큰 기(白旗 등)를 긴 장대에 달아서 적변을 알리는 것.

길고(桔橰) 중국의 봉수에서 불을 전달하는 시설의 하나.

나선형(螺旋形) 오름시설 전라·경상지역의 남해 연안 연변봉수에서 특징적으로 보이는 오름시설로서 꽈배기처럼 원형 혹은 반원형으로 돌아 연대 상부에 오르도록 계단식으로 되어 있다.

납의(衲衣) 솜으로 만든 덧옷. 봉수군에게 지급된 옷.

낭분(狼糞) 이리의 똥. 봉수의 거화시 이리의 똥을 땔나무에 섞어서 불을 피우면 바람이 아무리 불어도 그 연기가 흐트러지지 않고 똑바로 올라간다고 하여 여러가지 거화재료 중 최고로 간주되었으나 실제 우리나라에서 활용된 예는 확인 할 수 없다.

낭화(狼火) 봉화(烽火, 烽燧)를 달리 일컫는 말. = 낭연(狼煙)

내지봉수(內地烽燧) 연변봉수와 경봉수를 연결하는 육지내륙봉수로서 '복리봉수(腹裏烽燧)'와 같은 말. 조선 전기인 세종 29년(1447) 3월 의정부에서 병조의 정장(呈狀)에 의거하여 올린 건의를 통해 연변연대조축지식(沿邊烟臺造築之式)과 복리봉화배설지제(腹裏烽火排設之制)가 동시에 마련되어 시행되게 됨으로써 구체적인 내지봉수의 시설을 갖추게 되었다. ↔ 연변봉수(沿邊烽燧)

내탁외축(內托外築) 산봉우리 정상부를 삭토(削土)하여 다듬고 할석으로 사방의 벽을 축조하는 수법.

노구(爐口) 돌과 흙으로 쌓은 부뚜막의 아궁이.

능장(稜杖) 봉수 문의 출입을 금하기 위해 어긋맞게 세운 둥근 나무 또는 밤에 순경을 돌 때에 쓰는 기구(길이 150cm 되는 장대 끝에 쇳조각 등이 달려 있음).

단창(短槍) 짧은 창

대(臺) 흙을 높이 쌓아서 사방을 관망할 수 있게 만든 곳.

대변량(待邊糧) 비상식량

돈대(墩臺) 약간 높직하고 평평한 곳에 흙을 높이 쌓아서 사방을 관망할 수 있게 만든 곳.

동화주을(同花注乙) 새끼줄

등(磴) 계단식 통로. 봉수 내부로의 출입을 용이하게 하기 위한 시설. 충주 주정산(周井山)·고양 독산봉수 등에서 이러한 계단식 출입시설의 전형을 확인 할 수 있다.

마뉴거(麻紐炬) 거화재료의 일종인 삼해.

마분(馬糞) 거화재료의 일종인 말똥.

마조(馬槽) 말구유

망군(望軍) 요망군(瞭望軍)

망덕(望德) 관망대

멸화기(滅火器) 소화기

목부자(木斧子) 나무망치

목익(木杙) 봉수대에서 근무하는 봉수군을 외부로부터 보호하기 위해 봉수대 주변에 설치한 방어시

설의 일종인 말뚝을 달리 일컫는 말.

몽돌 수마석(水磨石)

반(盤) 대야

방화벽(放火壁) 방화 석축

방화석축(防火石築) '방화장(防火墙)' '방화벽(防火壁)' 혹은 '防護壁(외곽석축)'이라고도 하며, 봉수대에 근무하는 봉수군이 나쁜 짐승으로부터 피해 입는 것을 방지하거나 연조의 불이 산 아래로 번지는 것을 방지하기 위한 방어·방화용 시설.

방화장(放火墙) 방화 석축

변경(邊警) 변방의 긴급한 경보

변정(邊亭) 춘추전국 시대에 봉화대를 달리 이른 말.

법수목(法首木) 난간의 귀퉁이에 세운 기둥 머리 나무.

보인(保人) 봉수군의 복무에 대한 대가로 급여된 사람을 지칭하는 용어. 이들은 실제 근무를 서지 않는 대신 근무를 서는 봉수군에 대한 경제적인 지원을 하였다.

복리봉수(腹裏烽燧) 내지봉수와 같은 말.

봉(烽) 봉화봉. 병란을 알리는 불. 전(轉)하여 적에 대한 경계의 비유.

봉(蓬) 중국의 봉수에서 사용된 신호용 깃발로 주간에 신호로써 사용. 봉은 봉수대 위에 봉간(蓬干)이라는 기둥을 세우고 깃대봉(旗竿)에 걸어 사용.

봉경(烽警) 봉화로 알리는 경보. 전(轉)하여 변방의 경비.

봉대(烽臺) 봉화를 올리는 누대(樓臺). 봉수대의 약어 = 봉루(烽樓)

봉돈(烽墩) 횃불과 연기로 대응 봉수에 신호를 보내기 시설한 약간 높직하고 평평한 땅 또는 시설물.

봉라(烽邏) 봉화와 정찰.

봉루(烽樓) 봉대(烽臺)

봉로(烽路) 대응 봉수노선간 봉수가 지나는 길로 봉수로와 동일 용어.

복리봉수(腹裏烽燧) 내지봉수(內地烽燧)와 같은

말.

봉보(烽堡) 봉화를 올리는 데 쌓은 보루(堡壘).

봉수(烽戍) 봉화를 올리는 수병(戍兵).

봉수(烽燧) 봉(烽·횃불·炬·夜烽·夜火)과 수(燧·연기·煙·晝燧·晝煙)로 변방의 급보를 중앙에 전달하던 군사적 목적의 통신수단. 그러나 타 목적으로도 활용(왕비의 도래–駕洛國, 평화시 외국사신의 길 안내–高麗)되거나 악용된 사실(총애하는 애첩의 웃는 모습을 보기 위해–고대 중국의 周, 억울함의 호소수단–조선 후기 숙종대)이 확인됨.

봉수군(烽燧軍) 봉수를 올리는 일을 맡아 보는 군사. 烽卒·烽軍·烽火干·烽火軍·看望軍·看望人·瞭望人·海望人·煙臺軍·守直軍 등과 같은 말.

봉수대(烽燧臺) 상호 연락이 편리한 고지에 봉수를 올리던 臺 봉대(烽臺).

봉수로(烽燧路) 봉로(烽路)

봉연(烽煙) 봉화의 연기.

봉자(烽子) 봉수대를 지키는 군사.

봉조(烽竈) 횃불과 연기로 대응 봉수에 신호를 보내기 시설한 아궁이.

봉탁(烽柝) 봉화와 딱다기. 전(轉)하여 경계하는 일.

봉화(烽火) 변란발생시 변경에서 서울까지 경보를 알리는 불. 봉수·연화·낭화·낭연과 같음.

봉화간(烽火干) 조선 초기에 봉수군을 달리 부른 말로 봉화간은 봉화를 드는 자로서 국속(國俗)에 신량역천(身良役賤)으로서 하는 일이 천하면 干 또는 尺이라 하였던 데서 유래.

봉화둑 봉화를 올릴 수 있게 만든 둑.

봉후(烽堠) 봉보(烽堡)

부자(釜子) 솥

부자(斧子) 도끼

사발(沙鉢) 사기로 만든 국그릇이나 밥그릇.

삼혈총(三穴銃) 삼발총

생송지(生松枝) 산솔갱이가지

세사(細沙) 잔모래

세승(細繩) 가는 세끼줄

소고(小鼓) 작은 북

소정(小鼎) 작은 솥

송거(松炬) 솔갱이 다발

수(燧) ① 부싯돌수. 불을 일으키는 돌이나 나무 또는 금속. ② 봉화수. 적의 침입을 경보하는 불.

수강(水矼) 물독

수마석(水磨石) 경상, 전라 남해 연안지역의 각 연변봉수마다 비치하였던 방어용 투석도구. 몽돌로도 통용.

수봉(燧烽) 봉화

수석(燧石) 부싯돌

수연(燧烟) 수봉(燧烽)

수옹(水瓮) 물동이

수조(水槽) 물통

수화(燧火) 부싯돌로 일으킨 불.

승자총(勝子銃) 조선 선조 때에 만들어진 임진왜란(1592) 당시 사용한 소화기.

시목(柴木) 땔나무

시자(匙子) 숟가락

식정(食鼎) 취사를 위한 밥솥.

신기전(神機箭) 일명 주화(走火). 화살에 화약통을 달아 불을 붙이면 그 추진력에 의해 화살의 속도가 배가되는 구조였다.

야화(夜火) 야간의 불빛.

엄두(掩頭) 머리를 가리는 무구.

엄심(掩心) 가슴을 가리는 갑옷.

연굴(煙窟) 연기가 빠지는 굴.

연대(煙臺) 해안 연변봉수에서 항시적으로 1거 또는 비상시 거화(炬火)를 위해 설치한 높이 3미터 내외의 토축, 석축 또는 토·석 혼축의 인공적인 시설물. 연대 상부 중앙에는 원형 혹은 방형의 연소실이 마련되어 있다.

연돌(煙突) 굴뚝

연변봉수(沿邊烽燧) 국경과 해변에 설치되어 '연대(煙臺)'라고도 불린 해안 연변지역 최전방 변경 봉수. 조선 전기인 세종 29년(1447) 3월 의정부에서 병조의 정장(呈狀)에 의거하여 올린 건의를 통해 연변연대조축지식(沿邊烟臺造築之式)과 복리봉화배설지제(腹裏烽火排設之制)가 동시에 마련되어 시행되게 됨으로써 구체적인 내지봉수의 시설을 갖추게 되었다. ↔ 내지봉수(內地烽燧)

연소실(燃燒室) 봉수가 거화를 하기 위한 목적에서 연대 상부의 중앙부에 마련한 연료 소성방. 주로 연변봉수에서 확인되며 울산 유포봉수(楡浦烽燧), 부산 기장 이길봉수(爾吉烽燧), 거제 강망산봉수(江望山烽燧), 충남 보령 원산도봉수(元山島烽燧)에서 이러한 구조물이 뚜렷하게 확인됨. 소성실·거화구조와 같은 말.

연조(煙竈) 불을 피우는 시설. 내지봉수에 쓰이는 용어로 달리 아궁이·봉조(烽竈)·연굴(煙窟)로도 통용.

연초(煙草) 담배

연통(煙筒) 연조 상부에 연기가 용이하게 배출되도록 설치한 시설. 조선 성종 6년(1475) 이후 왕명(王命)으로 모든 봉수의 필수시설로 규정되게 되었다.

연화(煙火) 봉화

연환(鉛丸) 납 탄환

요망(瞭望) 높다란 곳에서 적의 동정을 살펴 바라봄. 조선 후기 지방지도에 문헌에는 기록이 없는 다수 요망의 존재가 확인된다.

요망대(瞭望臺) 높다란 곳에서 적의 동정을 살펴 바라보기 위해 흙 또는 석재를 높이 쌓아서 사방을 관망할 수 있게 만든 곳.

요망군(瞭望軍) 지난날 요망하는 임무를 맡아하던 군사. = 망군(望軍)

우분(牛糞) 거화재료의 일종인 소똥.

유기(柳器) 고리나 대오리로 엮어 상자같이 만든 기물.

유의(襦衣) 털옷. 세종대에 연대 비변책(備邊策)으로서 고역이 컸던 연변봉수군에게 겨울용으로 지급한 옷.

와가(瓦家) 기와집

원봉(元烽) 직봉(直烽)과 같은 말. 『대동지지(大東地志)』의 각 도 봉수조 말미에 비로소 보인다.

장소(日巡) 중국의 봉수에서 매일 봉수대 순찰을 도는 일을 말함.

장소(長所) 긴 밧줄

장전(長箭) 전투시 쓰는 긴 화살.

장창(長槍) 긴 창

조강(糟糠) 거화재료의 일종인 겨.

조총(鳥銃) 화승총(火繩銃)의 구칭.

적시(積柴) 땔감

적신(積薪) 중국의 봉수에서 옥외의 지면에 거(巨; 갈대) 또는 거(炬)를 정(井)자 모양으로 쌓아 올려 주야 신호로 사용.

전각(戰角) 전투시 부는 동물의 뿔로 만든 호각.

전제(前梯) 사다리

정장(亭障) 중국 고대 위나라 시대에 봉화대를 달리 이른 말로 적을 요망하고 봉화를 전달하는 신호체계.

정장(亭部) 중국 고대 한나라 시대에 봉화대를 달리 이른 말.

주연(晝煙) 낮의 연기

죽통(竹桶) 대나무통

지갑주(紙甲胄) 종이갑옷

직봉(直烽) 조선시대 전체 5거노선상의 주요 봉수노선. 원봉(元烽)과 같은 말. ↔ 간봉(間烽) ·『萬機要覽』(1808):제1거 120, 제2거 40, 제3거 78, 제4거 71, 제5거 60. 合 369개소 ·『增補文獻備考』(1908):제1거 122, 제2거 44, 제3거 79, 제4거 70, 제5거 61 合 376개소

진회(眞灰) 참회석

천아성(天鵝聲) 사변이 있을 때에 군사를 모으기 위해 길게 부는 나팔소리.

천전(天田) 중국의 봉수에서 봉수대 주변의 지표상에 천전(天田)이라는 모래밭을 설치하여 사람이나 말이 통과하면 발자국을 남기기 때문에 적의 침입 유무와 동태를 추정하는데 활용.

철갑주(鐵甲冑) 철갑옷

철부자(鐵斧子) 쇠망치

책(柵) 봉수대에서 근무하는 봉수군을 외부로부터 보호하기 위해 봉수대 주변에 설치한 방어시설의 일종으로 나무를 둘러친 울타리.

뉴거(杻炬) 싸릿다발

초거(草炬) 풀다발

초석(草席) 짚·왕골 등으로 친 자리.

취목(炊木) 취사목

치고(馳告) 대응 봉수노선상의 전봉(前烽)에서 봉수가 오르지 않거나 비·바람·안개 등으로 횃불·연기가 보이지 않을 때 봉수군이 즉시 달려서 변보를 다음 봉수대에 전달하는 것.

통아(桶兒) 화살통

편전(片箭) 총통에 넣어서 놓는 하나로 된 화전(火箭). 짧고 작은 화살로 일명 '애기살'. 화살촉은 철촉이며 화살의 길이가 1척 2촌 이하로 다른 화살에 비해 짧았다. 화살의 길이가 짧았으므로 발사시에는 통아(筒兒)라 불리는 대롱에 넣어 발사하였다. 중량이 가벼운데 비해 가속도가 커서 관통력이 강한 장점이 있었다. 조선 전기에는 조선의 중요한 무기의 하나로 간주되어 이 기술의 대외 유출, 특히 여진지역으로의 유출을 강력히 막기도 하였다. 무술 시험 때 130보 밖에서 쏘는데, 표적을 맞히면 15점, 과녁을 맞추면 100점을 주었다. (청년사, 『원문·역주 受敎輯錄』, 2001, pp. 364−365.의 해당 설명부분 인용)

표(表) 중국의 봉수에서 봉(蓬)과 유사한 깃발의 일종.

표자(瓢子) 표주박

한간(漢簡) 중국 漢의 竹簡을 말하며 여기에서 고대 중국의 봉화 신호체계를 알 수 있다.

호(壕) 해자 호. 성 또는 봉수 둘레에 방어목적에서 판 도랑.

호(蒿) 중국의 봉수에서 거화를 위한 쑥.

화뉴거(火紐炬) 불사르개

화석(火石) 부싯돌

화승(火繩) 심지

화전(火箭) 불화살

화철(火鐵) 부쇠

환도(還刀) 옛 군복에 갖추어 차던 軍刀.

현표(縣瓢) 표주박·바가지

현표자(縣瓢子) 거는 표주박

흑각궁(黑角弓) 물소뿔 활.

2. 봉수 연표

시대	연 도	내 용
三國	溫祚王10년 (B.C.9)	10월, 靺鞨의 국경침범시 왕이 精騎 100명을 이끌고 烽峴에 나아감.
	首露王7년(48)	7월, 왕이 신하를 시켜 望山島에서 허황옥을 맞이하게 함.
	古爾王33년(266)	8월, 병사를 보내어 신라의 烽山城을 공격함.
	烽上王8년(299)	9월, 귀신이 烽山에서 움.
	烽上王9년(300)	왕을 烽山原에 장사하고 호를 烽上王이라 함.
高麗	仁宗원년(1123)	宋사신이 黑山島에 이르렀을시 봉화불을 밝히어 왕성까지 안내함.
	毅宗3년(1149)	8월 서북면병마사 曹晉若이 夜火晝烟에 의한 1급에서 4급의 烽燧式을 정함.
	원종13년(1272)	11월, 三別抄가 合浦에 침입하여 蒙古 烽卒 4인을 잡아감.
	忠烈王7년(1281)	10월, 印侯를 昭勇大將軍 鎭邊萬戶로, 張舜龍을 宣武將軍 鎭邊摠管으로 삼고 합포·가덕·동래·울주·죽림·거제·각산·내례량 등 좁은 바다 어구와 탐라 등지에 경계를 구획하여 烽燧을 설치함.
	忠定王3년(1351)	8월, 松嶽山에 烽燧所를 설치함.
	恭愍王5년(1356)	간신 蔡河中의 역적모의에 관련된 여러 사람들을 장형을 가하여 각도의 烽卒로 배속시킴.
	恭愍王22년(1373)	7월, 江華 萬戶 河乙沚·漢陽 尹辛廉 등이 倭를 防禦하지 못하였으므로 王이 內府副令 李傑生을 體覆使로 파견하여 杖罰을 가하고 烽卒로 流配. 10월, 崔瑩이 楊光道 道巡問使 李成林이 倭를 防禦하지 못하였으므로 형장을 쳐서 烽卒로 流配.
	辛禑3년(1377)	5월, 왜의 강화 침입시 烽火가 대낮에 계속 오름.
	辛禑14년(1388)	4월, 왜적이 수도 개성과 가까운 인근의 椒島에 침입하였을 때 경성의 장정들은 모두 종군하고 오직 노약자만이 남아 있는 상태에서 밤마다 烽火가 여러번 오름.
	辛禑14년(1388)	간신 이인임의 아우 李仁敏을 鷄林으로 추방하여 烽卒로 함.
朝鮮前期	太宗6년(1406)	12월, 慈州人 曹守를 거제현 烽卒로 장배하고 慈州戶長 金良義를 기장현 봉졸로 내려 보냄.
	世宗1년(1419)	5월, 종전의 2거제를 5거제로 확정함. 8월, 烟臺를 높이 쌓고 주야로 적변을 간망토록 함.
	世宗4년(1422)	12월, 烽燧制 제정.
	世宗5년(1423)	1월, 봉화를 올리지 않은 泰日 烽火干 黃連에게 곤장80대를 침. 2월, 南山에 烽火 5개소를 설치함.
	世宗9년(1427)	7월, 전남 고흥의 馬北·愁德 두 산에 별도로 海望을 설치함.
	世宗12년(1430)	6월, 私馬를 도살한 金寶를 유배소의 烽火干에 영속시킴.

시대	연 도	내 용
朝鮮前期	世宗14년(1432)	6월, 慶源·石幕 이북과 龍城에 이르는 길목에 연대 17개소가 설치되고, 매 소마다 火㷁軍人 1명, 군인 3명이 배치되고 信砲 2,3개, 大發火 4,5자루, 白大旗 등이 비치됨.
	世宗18년(1436)	4품 이상의 조신들에게 制寇策을 마련토록 함. 윤6월, 평안도도절제사에게 전지를 내려 양계지방에 연대를 축조할 것을 명하다.
	世宗19년(1437)	2월, 각도의 極邊 初面으로서 봉화가 있는 곳은 煙臺를 높이 쌓고 인근 백성 10인을 烽卒로 정하여, 每番 3인이 모두 병기를 가지고 항상 그 위에서 주야로 정찰하여 5일 만에 교대하게 함. 7월, 평안도 所用怪·趙明干·於怪用의 煙臺에 중국식 제도를 모방하여 臺를 축조하고 대 밑에는 塹壕를 파서 적의 침입에 대비.
	世宗21년(1439)	4월, 적변을 알리기 위해 信砲와 烽火를 사용하게 함.
	世宗24년(1442)	경상도 居叱多浦와 가까이 있는 防垣峴에 연대 설치 및 角聲이 서로 들릴 수 있도록 吹角軍을 배치토록 함.
	世宗28년(1446)	1월, 김종서가 監考 제의. 10월, 연변·내지봉수에 각각 2명씩 배치되어 봉수군을 지휘감독하게 함. 4월, 도절제사 金自雍이 봉화를 삼가지 못하여 야인의 평안도 무창군 노략질을 방치함.
	世宗29년(1447)	3월, 沿邊烟臺造築之式과 腹裏烽火排設之制를 마련함. 4월, 태안군 智靈山에 봉화대를 쌓고 信砲를 설치토록 함.
	世宗30년(1448)	10월, 의정부의 건의로 노약한 烽卒이 직무를 불감당시 그 子孫, 弟姪, 동거하는 親屬 또는 奉足 중에서 대립을 원하는 자를 봉졸로 허용하고, 또한 京外 죄인으로 徒刑을 받은 자를 刑期 동안 供役케 함.
	文宗1년(1451)	4월, 진도현 花山烽火를 館 근처로 옮기게 함.
	端宗2년(1454)	1월, 남해현 望雲山·城峴 두 봉화를 혁파함. 2월, 경상도우도수군처치사가 봉화를 적변에 따라 일시에 아울러 들게 하니 그대로 따름.
	世祖1년(1455)	11월, 平安道 敬差官 梁誠之의 건의로 狄踰嶺에 烟臺를 설치함.
	世祖2년(1456)	11월, 藍浦 烽火軍 李德明이 승려 學修에게 의탁하여 삭발하고 중이 되어 봉화군 漢永과 도망하여 군역을 피함.
	世祖3년(1457)	8월, 호조판서 朴元亨의 건의로 義州 統軍亭 남쪽 40리 거리상에 있는 7개의 연대 중 적로가 멀리 떨어져 있는 造山·也日浦·光城煙臺 등 3개소의 연대를 폐지함.
	世祖4년(1458)	12월, 平安·黃海道 都體察使 申叔舟의 계본에 의해 좌우 거리가 멀지 않은 벽동군의 水落烟臺 등 14개소를 폐지함.

시대	연 도	내 용
朝鮮前期	世祖5년(1459)	4월, 烽卒 5명 중 1명을 甲士로 보충함. 회령부 甫乙下煙臺 혁파. 12월, 연변의 중요 연대에 그 소재 진의 갑사 1명을 한 달 교대로 망 보게 함.
	世祖6년(1460)	2월, 연대에 銃筒과 神機箭을 비치토록 함. 4월, 平安·黃海道 都體察使 金礩의 건의로 江界府의 山端과 乾背者介의 烟臺를 철폐함. 11월, 갑산진 鎭東堡를 이설 및 동인원에 東仁院堡 및 東仁院煙臺를 신축.
	世祖10년(1464)	2월, 경상도의 창원부 峯山과 양산군 鷄鳴山의 烽燧가 모두 낮고 작 아서 먼 곳과는 서로 통할수 없으므로 각각 合山과 渭川驛 北山으로 옮김.
	世祖13년(1467)	3월, 唐浦 彌勒山의 烽燧軍 吳仲山이 경상도 해변에 왜선의 출몰을 알림.
	成宗2년(1471)	經國人典의 반포로 인해 朝鮮의 烽燧制를 法制化. 烽火軍과 伍長은 봉수 근처에 사는 사람으로써 差定케 함.
	成宗5년(1474)	6월, 冬衣 129領을 영안북도에, 50領을 영안남도에 보내어 봉수와 척 후 등의 군인에게 나누어 주게 함.
	成宗6년(1475)	2월, 병조에서 사변을 보고하지 않은 북쪽지방의 봉수군을 국문하도 록 아룀. 2월, 전남 고흥의 馬北山과 楡朱山의 봉수를 예전대로 다시 세우게 함. 5월, 봉수가 있는 곳에는 모두 煙筒을 만들게 함. 5월, 봉수 부근에 거주하는 사람으로만 差定케 함.
	成宗8년(1477)	4월, 봉화를 들지 않은 唐浦의 烽燧軍 尹元寄·金元京에게 형을 내 림.
	成宗9년(1478)	3월, 병조에서 白也山烽燧監考 申明會가 후망을 조심하지 않아 적선 이 오는 것을 알지 못한 것에 대한 처벌을 보고하다.
	成宗23년(1492)	9월, 衲衣를 만들어 煙臺에 척후하는 사람에게 나누어 주게 함.
	燕山君1년(1495)	8월, 성준이 남방의 연대가 허술함을 보고함. 11월, 邊境의 烟臺候望人에게 衲衣를 하사하였는데, 평안도에 350벌, 영안북도에 500벌, 영안남도에 62벌이었다.
	燕山君8년(1502)	7월, 병조가 三千鎭에 烽火臺의 설치를 건의하다.
	燕山君10년(1504)	8월, 전교하여 평안·황해 2도의 봉수를 들이지 말도록 함. 8월, 승지 강징이 무악재와 아차산봉수를 제외한 각진의 봉수를 올려 변을 보고하기를 아룀. 8월 전교하여 함경도에서 보고하는 것을 아차 산봉수에서는 올리지 못하게 함. 10월, 전교하여 下三道의 烽燧를 폐지시킴.

시대	연 도	내 용
朝鮮前期	中宗1년(1506)	10월, 팔도관찰사에게 하교하여 烽燧의 복구를 거듭 촉구하다.
	中宗5년(1510)	三浦倭亂시 봉수가 알리지 않음.
	中宗7년(1512)	7월, 변방 경보가 자주 오는데 南山烽燧는 평안함을 보고하므로 살피게 함.
	中宗27년(1532)	9월, 領事 鄭光弼이 "국초에 봉수가 경계를 늦출까 염려되어 남몰래 변방으로 하여금 시험삼아 봉화를 들게 하자 5-6일 만에 서울에 이르렀는데 지금은 한 달이 걸려도 결코 통할 수 없을 것이다"라고 함.
	明宗1년(1546)	9월, 왜노와의 접전을 알리지 않은 1路의 烽燧軍을 차례로 추고하도록 함.
	明宗11년(1556)	9월, 전라도 南原의 烽燧軍 金世堅이 벼락에 맞아 죽음.
	明宗14년(1559)	2월, 전라도 장흥 億佛山烽燧烟臺가 벼락에 부서지고 그 밑 地臺의 큰 돌이 뽑혀 간 곳이 없었다.
	宣祖16년(1583)	8월, 鍾城의 烽燧軍 韓揚이 오랑캐의 변으로 慶源이 함락될 때 적중으로 돌입하여 부친을 구해 돌아왔으므로 무명저고리 2벌, 甲胄 1벌, 활, 長片箭, 環刀 등을 하사함.
	宣祖30년(1597)	擺撥制度 실시.
朝鮮後期	宣祖32년(1599)	12월, 北道兵使 李守一의 장계에 鎭浦의 烟臺烽燧軍 全坤이 지난 갑오년 3월에 胡賊에게 사로잡혀 갔음을 아룀.
	宣祖33년(1600)	11월, 通判 陶良性의 국방 강화책 중 봉화와 돈대를 증축할 것을 아뢰다.
	光海君1년(1609)	10월, 북방 오랑캐에 대한 방비 철저를 전교하다.
	仁祖2년(1624)	5월, 義州 白馬山과 葛山에서 烽火5炳를 잘못 올린 자를 참수하다.
	仁祖26년(1648)	8월, 선전관 金繼得을 보내 北路의 烟臺를 순행하면서 살펴보게 하다.
	顯宗1년(1660)	7월, 근무를 태만히 한 南所의 部將을 의금부에 하옥함.
	肅宗3년(1677)	備局이 장계를 통해 보령에 元山烽燧를 설치하고 봉군의 他處入番을 일체 혁파 및 水營 소관으로 하자는 건의를 올림.
	肅宗10년(1684)	8월, 특별히 宣傳官 鄭翔周 등을 보내어 北路의 烽燧를 살피게 하다.
	肅宗16년(1690)	4월, 호조참판 이의징이 경기도 수원의 봉수가 허술함을 보고 및 禿城山城내 연대의 설치를 건의함.
	肅宗19년(1693)	11월, 좌의정 睦來善이 아뢰어 함경, 강원, 경기의 각 읍 봉화와 연락이 안 되어 남산의 봉화대에서 매양 네 자루를 올리고 있음을 아룀.
	肅宗20년(1694)	烽燧摘奸官을 재가함.

시대	연도	내용
朝鮮後期	肅宗27년(1701)	3월, 靑山縣 騎兵 保人 徐日立과 崔余尙이 억울함을 호소하고자 봉화를 들었다가 체포되다. 北兵使 李弘述이 아뢰어 六鎭부터 서울까지 길이 멀어서 初境의 봉화를 오후에 올리면 날이 저물어서야 비로소 峨嵯山에 도달한다고 아룀.
	肅宗29년(1703)	3월, 瑞興에서 도적이 干山烽燧에 들어가 軍器를 훔쳐감. 5월, 端川 烽臺軍이 闕直하여 烽火를 끊었다 하여 곤장을 치고 극변에 충군하게 하다.
	肅宗31년(1705)	4월, 부호군 閔鋒이 봉수가 육지와 연결된 곳에는 겸해서 대포를 설치하도록 상소하다. 12월, 利城의 무인 鄭斗根의 상소에 북로의 민폐 5조 중 烽燧別將을 가려서 정하도록 아뢰다.
	肅宗37년(1711)	3월, 제조 민진후가 아뢰기를 봉화대에는 의례히 성첩처럼 장벽을 쌓고 약간의 군기 등속을 보관하여야 하는데 畿甸에서는 烽軍이 원래 몸을 가릴 곳조차 없다고 하므로, 각 고을에 분부하여 빨리 장벽을 쌓게 하되 그 고을 물력이 미치지 못하면 조정에서 별도로 돌보아주도록 건의함.
	肅宗38년(1712)	12월, 함경남도 병사 尹慤이 甲山府 伊叱乫烽燧를 옮길 것을 청하다.
	肅宗39년(1713)	10월, 충청도 해미현 봉화대의 庫直이 벼락에 맞아 죽고, 庫舍1칸이 불탐.
	英祖1년(1725)	동래부사 李重協의 건의로 石城烽燧를 龜峰으로 이설함.
	英祖5년(1729)	6월, 근무를 태만히 한 목멱산·안현의 봉수장과 봉수군을 치죄하라고 명하다.
	英祖22년(1746)	12월, 병조에서 봉수군을 선왕조의 수교에 따라 氷役에 동원하지 말도록 계청하다. 12월, 寧海府使 李徵夏가 상소하여 영양·德睍은 예로부터 봉수의 길이 매우 순탄하였는데, 중간에 와서 본부 廣山으로 이설하면서 산세가 험준하고 외져서 지키는 자가 고생을 견디지 못하므로 廣山烽燧를 폐지하고 다시 덕현으로 이설할 것을 아뢰다.
	英祖33년(1757)	좌의정 金尙魯의 건의로 항해도 德月山에 봉수대를 설치하게 하다.
	英祖39년(1763)	掌令 韓必壽가 아뢰기를 "대개 六鎭 여러 고을에서는 巳時(9-11시)나 午時(11-1시)에 晝烟를 올려서 端川를 지나 磨雲嶺 이남에 이르러 비로소 夜烽으로 서로 응하게 된다"고 함.

시대	연 도	내 용
朝鮮後期	英祖46년(1770)	5월, 병조참의 申─淸이 상소하여 "북쪽 牛巖에서 峨嵯山까지 이르는 봉수대의 수는 120개인데 만약 加設한다면 그 수효는 더욱 늘어나게 되어 다른 도에 비하여 가장 많을 것이니 아침 일찍이 봉화를 들어야만 초저녁 어둡기 전에 아차산까지 이를 수 있습니다. 우암에서 처음 봉화 드는 것을 보통 아침 [平朝]을 기준으로 삼아 三南 및 兩西의 烽報보다 뒤지는 일이 없게 해야 합니다" 라고 하니, 임금이 소장을 備局에 내려 소상히 품처하도록 하였다.
	正祖7년(1783)	12월, 沃川人 鄭潤煥이 조부 鄭時雄의 무신년 군공이 있었음에도 상문할 길이 없자 木覓山烽燧 근처에서 방화하므로 병조에서 잡아다가 심문하다.
	正祖10년(1786)	8월, 延豊縣 麻骨烽火를 피우지 않은 원인을 보고하지 않은 절도사 具世勣을 처벌하다. 8월, 봉수를 신중히 하지 않은 충청수사 李延弼을 파직하다.
	正祖12년(1788)	9월, 서북변방의 수졸과 봉수군에게 지급하는 유의와 紙衣의 점검을 도백이 직접하게 하다.
	正祖17년(1793)	6월, 영변부사 민태혁의 건의에 따라 영변부의 藥山東臺에 봉화대를 다시 설치하다.
	正祖21년(1797)	6월, 강화부 南山烽臺에 봉화를 올리지 못한 것 때문에 해당 유수를 파직하다.
	正祖23년(1799)	7월, 함경도병마절도사 崔景岳이 봉수대에 관해 장계하다.
	純祖11년(1811)	3월, 비국에서 하양의 匙山烽燧에 대해 회계하다.
	高宗5년(1868)	4월, 議政府에서 永宗·喬桐은 一小島로 備禦策이 어려운 데다가 近來에 外洋船의 去來가 잦으므로 마땅히 煙燧臺를 設置하여 江華府와 相應시키어 有難時에는 곧 赴援케 하자고 請하다. 그리고 그 經費는 營建都監 所在의 錢中에서 보내어 鎭撫使와 防禦使로 하여금 築臺시키자고 請하여 그에 따라 允許하다.
	高宗7년(1870)	3월29일, 병조에서 鞍峴의 烽幕에서 실화로 瓦家 6칸과 什物이 전소했음을 아룀
	高宗32년(1895)	5월9일, 各處烽臺烽燧軍廢止
	建陽1년(1896)	11월9일, 蔚山 南木烽燧의 각종 備置物品 回收

3. 『세종실록지리지』 전국 봉수일람표

지역	지명	봉화수	봉화 이름
경도	한성부	7	木覓山(5) 母岳東峯 母岳西峰
구도	개성유후사	3	松嶽, 首岬山, 開城神堂
경기도	광주목	1	穿川山
	양주도호부	2	大伊山, 加仇山
	원평도호부	1	城山
	고양현	3	所達山, 城山, 峰峴
	임진현	1	都羅山
	포천현	2	禿山, 仍邑岾
	수원도호부	1	興天山
	남양도호부	2	念佛山, 海雲山
	안산군	2	吾叱哀, 無應古里
	용인현	1	石城
	양성현	1	槐台吉串
	철원도호부	2	所伊山, 惠才谷
	영평현	1	弥老谷
	임강현	1	天水山
	부평도호부	1	桁串
	강화도호부	5	大母城, 鎭江山, 網山, 別笠山, 松岳
	인천군	1	城山
	해풍군	3	德積, 三聖堂, 芚民達
	김포현	2	主山, 白石山
	양천현	1	開花山
	교동현	2	修井山, 城山
	통진현	2	主山, 藥山
	소계	48	
충청도	충주목	4	梧城, 大林城, 馬山, 望伊山
	단양군	1	所伊山
	청풍군	1	吾峴
	음성현	1	加葉山
	연풍현	2	麻骨岾, 周井
	청주목	2	居次大, 猪山驛城山
	옥천군	2	月伊山, 環山
	문의현	1	所伊山
	죽산현	1	巾之山
	연기현	1	龍帥山
	직산현	1	慶陽山
	아산현	1	笠巖山
	영동현	1	朴達山
	황간현	2	訥伊項, 所伊山
	회인현	1	龍山岾

지역	지명	봉화수	봉화 이름
충청도	보은현	1	金積山
	청산현	1	德義山
	진천현	1	所伊山
	공주목	2	月城山, 禿城
	임천군	2	介巖, 主山
	한산군	2	都里山, 南山
	서천군	2	長巖, 茶沙山
	남포현	2	德山, 余道岾
	비인현	1	漆紙
	은진현	2	江景浦, 爐山
	회덕현	1	鷄足山
	석성현	1	佛巖
	이산현	1	山城
	홍주목	2	興陽山城, 高丘城
	태안군	1	主山
	서산군	2	主山, 都飛山
	면천군	1	倉德山
	해미현	1	安國山
	당진현	1	高山
	보령현	1	助侵山
	결성현	1	高山
	소계	51	
경상도	경주부	9	顏山, 下西知, 禿村, 大岾, 東岳, 皇福, 乃布岾, 朱砂, 北兄山
	밀양도호부	3	南山, 推火山城, 盆項
	울산군	8	林乙郞浦, 阿爾浦, 爾吉, 下山, 加里, 川内, 南木, 柳等浦
	청도군	2	南山, 八助峴
	흥해군	2	知乙山, 烏煙臺
	대구군	2	法伊山, 馬川
	경산현	1	城山
	동래현	3	東平石城, 黃嶺山, 干飛烏
	창녕현	1	峯(烽)山
	기장현	1	南山
	장기현	5	卜吉, 磊山, 大串, 沙只, 獐谷
	영산현	2	所山, 餘通山
	현풍현	1	所山
	영일현	2	冬乙背串, 沙火郞岾
	청하현	1	都里山
	안동대도호부	7	南山, 申石山, 若山, 甘谷, 南山, 開目, 烽火岾
	영해도호부	2	大所山, 廣山
	순흥도호부	1	竹嶺山
	예천군	2	西岩山, 所伊山
	榮川郡	1	所伊山

지역	지명	봉화수	봉화 이름
경상도	永川郡	3	方山, 城隍堂, 所山
	의성현	2	盈尼山, 馬山
	영덕현	2	黃石山, 別畔
	예안현	1	祿轉山
	하양현	1	匙山
	기천현	1	望前山
	인동현	2	件伐山, 朴執山
	봉화현	1	西山
	의흥현	2	吐峴, 繩木山
	신녕현	1	餘音同
	진보현	1	南角山
	비안현	2	肝岾山
	상주목	6	功城回龍山, 靑里西山, 所山, 中牟所山, 化寧 國師堂, 山陽 所山
	성주목	5	星山, 角山, 末應德山, 城山, 伊夫老山
	선산도호부	2	石峴, 南山
	합천군	2	所峴, 美崇山
	초계군	1	彌抒山
	금산군	2	高城, 所山
	고령현	1	望山
	개령현	1	城隍堂
	함창현	1	南山
	용궁현	1	龍飛山
	문경현	2	炭項, 禪巖山
	군위현	2	馬井山, 朴達山
	지례현	1	龜山
	진주목	5	望津山, 光濟山, 角山鄕主山, 陽芚山, 桂花山
	김해도호부	6	加德島鷹嵓, 省火也, 打鼓巖, 子巖山, 沙火郎山, 高山
	창원도호부	3	長卜山, 餘浦, 城隍堂
	함안군	1	所山
	곤남군	3	錦山, 所屹山, 望雲山
	고성현	5	彌勒山, 牛山, 天王岾, 曲山, 佐耳山
	거제현	1	加羅山
	사천현	2	針枝, 城隍堂
	거창현	1	金貴山
	진성현	1	笠嵓
	칠원현	1	安谷山
	삼가현	1	金城
	의령현	1	可莫山
	진해현	1	加乙浦
	소계	135	

지역	지명	봉화수	봉화 이름
전라도	만경현	1	吉串
	임피현	1	鷹旨
	옥구현	4	獅子巖, 花山, 占方山, 刀津
	함열현	1	所伊坊
	용안현	1	廣頭院
	부안현	3	月古伊, 占方山, 界件伊
	나주목	2	群山, 馬岳山
	해진군	1	花山
	영암군	2	葛頭, 黃原
	영광군	3	次音山, 古道島, 弘農
	강진현	3	巨次山, 佐谷山, 修因山
	무장현	2	古里浦, 所應浦
	함평현	2	兒山, 海際
	무안현	2	楡達伊, 高林
	광양현	1	件臺山
	장흥도호부	5	八賞, 場機, 全乃峴, 於佛, 天冠山
	순천도호부	4	突山,城頭,進禮,白也
	보성군	2	正興, 天燈
	낙안군	1	臨示
	제주목 제주현	9	東門,別刀,元堂,西山,南門,道道里山,水山,高內,郭山 *板浦岳(山) 笠山
	정의현	6	達山,岳沙只,水山,達山,兎山,狐兒村　　*三每陽 只末山
	대정현	4	仇山,居玉岳,貯里別伊,毛瑟浦岳,遮歸岳
	소계	60	
황해도	황주목	2	天柱山, 琵琶串
	서흥도호부	2	所乙亇山, 回山
	봉산군	1	巾之山
	안악군	3	甘積山, 所山, 月乎山
	해주목	5	皮串, 松山, 馬兒彌, 南山, 沙串
	옹진현	2	炭項, 開龍山
	장연현	4	几串, 彌羅山, 靑石山, 大串
	강령현	3	堅羅山, 九月山, 蜜岾山
	연안도호부	5	走之串, 定山, 看月山, 白石山, 角山
	평산도호부	4	禿鉢山, 奉子山, 南山, 聲衣串
	배천군	2	奉子山, 彌陀山
	강음현	1	城山
	풍천군	2	古里串, 所山
	은율현	1	巾之山
	장련현	1	今音卜只
	소계	38	

지역	지명	봉화수	봉화 이름
강원도	강릉 대도호부	5	於乙達, 吾斤, 所伊洞, 沙火, 注乙文
	양양도호부	4	水山, 德山, 陽也山, 廣汀
	회양도호부	6	个呑, 餘伊破, 楸池, 所山, 嵐谷城北, 雙嶺
	금성현	3	阿峴, 仇乙破, 城北
	김화현	1	所伊山
	평강현	3	松古介, 栽松, 珍隱村
	이천현	4	所良伊, 檜彌施, 大父院, 加乙峴
	삼척도호부	5	可谷山, 臨院山, 草谷山, 陽也山, 廣津山
	평해군	3	厚里山, 表山, 沙東山
	울진현	4	全反仁山, 竹津山, 竹邊串, 亘出道山
	간성군	3	竹島山, 正陽戌, 戌山
	고성군	3	浦口, 仇莊遷, 都乙目串
	통천군	3	金蘭, 荳白, 戌串
	흡곡현	1	致空串
	소계	48	
평안도	평양부	5	賓堂岾, 雜藥山, 斧耳山, 畵寺, 水路佛谷
	중화군	1	神主院
	순안현	1	獨子山
	증산현	1	炭串立所
	함종현	2	曹土地(池), 吾串立所
	삼화현	2	新寧江, 貴林串立所
	용강현	1	所山立所
	안주목	5	城隍堂, 靑山, 小山, 烏頭山, 老斤江立所
	숙천도호부	2	通寧山, 餘乙外立所
	영유현	4	米頭山, 闊谷立所, 馬岳立所, 主山立所
	의주목	6	統軍亭, 水口, 金同田洞中, 驪駝灘中, 延平, 威遠古城
	정주목	7	彌勒堂, 舍山, 仍朴串, 馬岩, 蛤禾(笭+禾), 馬山, 七岳山
	인산군	3	枷山, 鎭兵串立所, 于里巖
	용천군	5	西山, 石串立所, 少爲浦立所, 辰串, 吾道串
	철산군	3	熊骨山, 普賢岾, 所串
	곽산군	4	所山, 靑岩, 亏里串海望, 南峯
	수천군	2	都致串, 仇令嶺
	선천군	2	吾道串, 蟻腰立所
	가산군	1	蓮池山
	삭주도호부	5	城頭, 梨洞, 件田洞, 延平, 所串
	영변도호부	1	栗峴
	창성군	2	廟洞, 廻限洞
	벽동군	6	郡內口子, 大波兒口子, 小波兒口子, 廣坪口子, 阿耳口子, 胡照里
	박천군	2	禿山, 德安里
	태천군	1	籠吾里
	강계도호부	6	伊車加大, 餘屯, 分土, 山端, 好頓, 伊羅
	이산군	4	山羊會, 都乙漢, 林里, 羅漢洞

지역	지명	烽火數	봉화 이름
평안도	여연군	4	築臺, 無路, 虞芮, 多日
	자성군	7	小甫里, 所灘, 西解, 伊羅, 好屯, 楡坡, 南坡
	무창군	11	厚州東峯, 西峰, 甫山南峯, 占里, 時介, 邑城西峰, 奉浦, 宋元仇非, 甫浦山, 家舍洞, 禾仇非
	우예군	5	趙明干主山, 申松洞, 楡坡, 小虞芮, 秦日
	위원군	3	舍長仇非山, 南坡山, 銅遷山
	소계	114	
함길도	함흥부	8	石門, 門岩, 蒿三仇未, 耶堆, 馬仇未, 昏同岾, 安也會, 城串山
	정평도부	1	府城內
	북청도호부	4	多浦, 所應巨台, 多灘台, 山芥
	영흥대도호부	2	寧仁, 鎭戌
	고원군	1	熊望山
	문천군	1	天佛山
	예원군	1	元定峴
	안변도호부	5	山城, 沙介峴, 鐵嶺, 進士院, 船峴
	의천군	2	戌岾, 見山
	용진현	1	楡岾
	길주목	9	八下, 泥亇退, 獐項, 古岾, 藥水, 綠磻巖, 山城, 古營, 歧伊洞
	경원도호부	2	南山, 餘背者介
	단천군	4	好禮, 吾羅退, 末訖羅, 磨雲嶺
	경성군	5	靑巖, 於伊管, 長平, 朱乙溫, 朱村
	경원도호부	8	伯顔家舍, 阿山, 守貞, 東林, 者未下, 南山, 中峯, 馬乳
	회령도호부	13	北面下乙介, 高嶺北峯, 高嶺前峯, 吾弄草, 鰲山, 府東隅, 永安, 念通, 錢掛, 西面保和, 甫乙下, 禿山, 關門
	종성도호부	8	甫靑洞, 童關堡北峯, 府北峯, 府南峯, 中峰, 三峯, 防垣北峰, 時應居伊
	온성도호부	15	立巖, 石峰, 錢江, 迷錢, 浦項, 坪烽火, 南山, 綏遠, 壓江, 古城, 時建, 犬灘, 中峯, 松峯, 小童巾
	경흥도호부	6	獐項, 鎭邊堡前峯, 仇信浦, 多弄介家北山, 波泰家北山, 撫安前山
	부령도호부	5	高峰, 茂山堡北峰, 邑城西峰, 上獐項, 下獐項
	삼수군	6	農所烽火, 加乙波知, 松峰, 南峰, 禿湯, 羅暖
	소계	107	
총계		601	

4. 『增補文獻備考』에 나타난 전국 봉수망

第一炬 : 慶興 → 漢城

直烽 初起

1. 牛巖(西水羅) → 2. 南山(造山堡) → 3. 豆里山(造山堡) → 4. 仇信浦 → 5. 望德 → 6. 浦項峴 → 7. 西峰(撫夷堡) → 8. 東峰(阿吾地堡) → 9. 白顔(阿山堡) → 10. 件加退(阿山堡) → 11. 水汀(乾原堡) → 12. 東臨(安原堡) → 13. 南山 → 14. 厚訓 → 15. 城上(訓戎鎭) → 16. 獐項(訓戎鎭) → 17. 馬乳(訓戎鎭) → 18. 中峰(이상 慶原) → 19. 長城峴(黃拓坡堡) → 20. 錢江(美錢鎭) → 21. 松峰(美錢鎭) → 22. 美錢(美錢鎭) → 23. 浦項 → 24. 坪烟臺 → 25. 射場 → 26. 坪烟臺(柔遠鎭) → 27. 壓江(柔遠鎭) → 28. 古城(柔遠鎭) → 29. 時建(柔遠鎭) → 30. 大灘(柔遠鎭) → 31. 中峰(永達堡) → 32. 松峰(永達堡) → 33. 小童建(永達堡, 이상 穩城) → 34. 甫淸浦(潼關鎭) → 35. 北峰(潼關鎭) → 36. 長城門(潼關鎭) → 37. 北峰 → 38. 南峰 → 39. 三峰 → 40. 鳥碣巖 → 41. 釜回還(防垣堡) → 42. 新岐里(防垣堡) → 43. 浦項(防垣堡, 이상 鍾城) → 44. 下乙浦(高嶺鎭) → 45. 北峰(高嶺鎭) → 46. 竹堡(高嶺鎭) → 47. 吾弄草 → 48. 鰲山 → 49. 古煙臺 → 50. 雲頭峰 → 51. 南峰 → 52. 松峰(甫乙下鎭) → 53. 中峰(甫乙下鎭) → 54. 奉德(甫乙下鎭) → 55. 梨峴(古豊山堡, 이상 會寧) → 56. 古峴(廢茂山堡) → 57. 黑毛老(廢茂山堡) → 58. 南峰 → 59. 仇正坂 → 60. 漆田山(이상 富寧) → 61. 松谷峴 → 62. 姜德 → 63. 羅赤洞 → 64. 長坪 → 65. 永康 → 66. 朱村 → 67. 中德 → 68. 壽萬德(이상 鏡城) → 69. 北峰 → 70. 項浦洞 → 71. 古站峴(이상 明川) → 72. 磑磻 → 73. 鄕校峴 → 74. 山城 → 75. 場古介 → 76. 雙浦嶺(城津鎭) → 77. 岐里洞(城津鎭, 이상 吉州)) → 78. 胡打里 → 79. 吾羅退 → 80. 訖乃 → 81. 甑山(이상 端川) → 82. 城門 → 83. 邑主峰 → 84. 眞鳥峰(이상 利原) → 85. 石茸 → 86. 山城 → 87. 佛堂 → 88. 六島(이상 北靑) → 89. 南山(洪原) → 90. 蘽三仇味 → 91. 倉嶺 → 92. 草古臺 → 93. 城串(이상 咸興) → 94. 鼻白山 → 95. 王金洞(이상 定平) → 96. 德峙 → 97. 城隍峙(이상 永興) → 98. 熊望山(高原) → 99. 天達山(文川) → 100. 所達山 → 101. 長德山(이상 德原) → 102. 蛇洞 → 103. 山城 → 104. 沙古介 → 105. 鐵嶺(이상 安邊) → 106. 峰道只 → 107. 所山 → 108. 城北 → 109. 屛風山 → 110. 雙嶺 → 111. 箭川(이상 淮陽) → 112. 松古介 → 113. 土水(이상 平康) → 114. 所伊山 → 115. 割眉峴(이상 鐵原) → 116. 適骨山 → 117. 彌老谷(이상 永平) → 118. 禿峴 → 119. 芿邑峴(이상 抱川) → 120. 汗伊山 → 121. 峨嵯山(이상 楊州) → 122. 漢城 木覓山第一峰

間烽(一)

[1] 阿吾地堡 東峰(直烽 8) → 1. 金石山 → 2. 皮德 → 3. 行營

[2] 乾元堡 水汀(直烽 11) → 4. 進堡 → 行營

[3] 會寧 古煙臺(直烽 49) → 5. 池德 → 6. 南孝郎 → 行營

間烽(二)

初起

7. 南嶺 → 8. 錚峴(이상 茂山) → 9. 西峴(梁永堡 會寧) → 10. 大巖 → 11. 琥珀德 → 雲頭峰(直烽 50)

間烽(三)

[1] 初起12. 遮山(魚游潤鎭, 이하 鏡城) → 姜德(直烽 62)

[2] 初起13. 下峰(吾村堡, 이하 鏡城) → 羅赤洞(直烽 63)

[3] 初起14. 佛巖(朱溫堡, 이하 鏡城) → 15. 古烽 → 長坪(直烽 64)

[4] 初起16. 下田坡(甫老知堡, 이하 鏡城) → 17. 淸德 → 長坪(直烽 64)

[5] 初起18. 松峰(寶化堡, 이하 鏡城) → 20. 永康(直烽 65)

[6] 初起19. 東峰(森森坡鎭, 이하 鏡城) → 20. 牟德 → 朱村(直烽 66)

[7] 初起21. 西山(四北鎭, 이하 吉州) → 22. 古峰 → 23. 東山 → 24. 崔世洞 → 鄕校峴(直烽 73)

間烽(四)

初起

25. 隱龍德(吾乙足堡, 이하 端川) → 26. 馬膽嶺(吾乙足堡) → 27. 檢義德(吾乙足堡) → 28. 口字(雙靑堡) → 29. 日彦(雙靑堡) → 30. 沙器(雙靑堡) → 31. 獐項(雙靑堡) → 32. 古所里(雙靑堡) → 33. 霍嶺家舍(雙靑堡) → 34. 瑟古介(雙靑堡) → 35. 杉峰(雙靑堡) → 36. 梨洞 → 37. 馬底 → 38. 虛火 → 39. 厚峙 → 40. 新設峰 → 41. 沙乙耳 → 42. 者羅耳 → 石茸(北靑, 直烽 85)

間烽(五)

初起

43. 龍峰(魚面堡, 이하 三水府) → 44. 乙山德(自作仇非堡) → 45. 松峰(舊茄乙坡知堡) → 46. 龍起峰(茄乙坡知堡) → 47. 甕洞(茄乙坡知堡) → 48. 西峴(羅暖堡) → 49. 家南(羅暖堡) → 50. 西峰(仁遮外堡) → 51. 水永洞 → 52. 何方金德(惠山鎭, 이하 甲山) → 53. 所里德(雲寵堡) → 54. 阿叱間(同仁堡) → 55. 伊叱間 → 56. 南峰 → 57. 牛頭嶺(龍淵) → 58. 石茸 → 59. 天秀嶺(이하 端川) → 瑟古介(直烽 34)

第二炬 東萊 → 漢城

直烽 初起

123. 鷹峰(多大浦鎭, 이하 東萊) → 124. 龜峰(多大浦鎭) → 125. 荒嶺山(釜山鎭) → 126. 鷄鳴山 → 127. 渭川(梁山) → 128. 夫老山(彦陽) → 129. 蘇山(이하 慶州) → 130. 高位 → 131. 蝶布峴 → 132. 砂峰 → 133. 方山(이하 永川) → 134. 永溪 → 135. 城隍堂 → 136. 城山 → 137. 仇吐峴 → 138. 餘音洞(新寧) → 139. 吐乙山(이하 義興) → 140. 甫只峴 → 141. 繩木山 → 142. 繩院(이하 義城) → 143. 大也谷 → 144. 城山 → 145. 鷄卵峴 → 146. 馬山 → 147. 甘谷山(이하 安東) → 148. 峰枝山 → 149. 開目山 → 150. 祿轉山(禮安) → 151. 菖八來山(榮川) → 152. 龍岾山(奉化) → 153. 堂北山(安東) → 154. 沙郎堂(順興) → 155. 城內山(榮川) → 156. 望前山(豊基) → 157. 竹嶺山(順興) → 158. 所伊山(丹陽) → 159. 吾峴(淸風) → 160. 心項(이하 忠州) → 161. 馬山 → 162. 加葉山(陰城) → 163. 望夷山(忠州) → 164. 巾之山(竹山) → 165. 石城山(龍仁) → 166. 天臨山(廣州) → 167. 漢城 木覓山第二峰

間烽(一)

初起

60. 干飛島(東萊) → 61. 南山(이하 機張) → 62. 阿爾 → 63. 爾吉(이하 蔚山) → 64. 加里 下山(西生浦鎭) → 65. 川內 → 66. 南木(西生浦鎭) → 67. 下西知(이하 慶州) → 68. 禿山 → 69. 福吉(이하 長) → 70. 磊城 → 71. 鉢山 → 72. 大冬背(迎日) → 73. 知乙(이하 興海) → 74. 鳥峰 → 75. 桃李山(淸河) → 76. 別畔山(盈德) → 77. 大所山 (이하 盈海) → 78. 廣山 → 79. 神法山(眞寶) → 80. 藥山(이하 安東) → 81. 新石山 → 峰枝山(直烽 148)

間烽(二)

初起

→ 82. 加羅山(巨濟) → 83. 彌勒山(이하 固城) → 84. 牛山 → 85. 天峙 → 86. 曲山 → 87. 加乙浦(鎭海) → 88. 巴山(咸安) → 89. 可慕山(宜寧) → 90. 彌 山(草溪) → 91. 彌崇山(陜川) → 92. 望山(高靈) → 93. 伊夫老山(이하 星州) → 94. 星山 → 95. 角山 → 96. 朴執山(이하 仁同) → 97. 件臺山 → 98. 石古介(이하 善山) → 99. 藍山 → 100. 城隍山(開寧) → 101. 所山(金山) → 102. 回龍山(이하 尙州) → 103. 西山 → 104. 所山 → 105. 南山(咸昌) → 106. 禪巖(이하 聞慶) → 107. 炭項 → 108. 麻骨峙(이하 延豊) → 109. 周井山 → 110. 大林城(이하 忠州) → 馬山(直烽 161)

間烽(三)

[1] 111. 唐浦鎭 閑背串(巨濟) → 巨濟 本鎭

[2] 112. 助羅浦鎭 柯乙串(巨濟) → 同上(本鎭)

[3] 113. 知世浦鎭 訥逸串(巨濟) → 同上(本鎭)

[4] 114. 玉浦鎭 玉山(巨濟) → 同上(本鎭)

[5] 115. 栗浦鎭 別望(巨濟) → 同上(本鎭)

間烽(四)

牛山(固城 間烽二. 84)

116. 蛇梁鎭主峰(固城)

117. 佐耳山(固城)

118. 三千浦角山(間烽九 118)

間烽(五)

[1] 119. 加背梁鎭 別望(固城) → 固城 本鎭

[2] 120. 所非浦堡 別望(固城) → 同上(本鎭)

間烽(六)

初起

121. 天城堡(이하 熊川) → 122. 沙火郎 → 123. 高山 → 124. 城隍堂(昌原) → 125. 安谷山(漆原) → 126. 所山(이하 靈山) → 127. 餘通(昌原) → 128. 太白山(昌寧) → 129. 所伊山(玄風) → 130. 末乙應德(星州) → 131. 城山(이하 大邱) → 132. 馬川山 → 星州角山(間烽二. 95)

間烽(七)

沙火郎(熊川 間烽六 122) → 133. 餘浦(昌原) → 加乙浦(鎭海 間烽二 87)

間烽(八)

初起 天城堡(熊川 間烽六 121) → 134. 省火也(이하 金海) → 135. 山城 → 136. 子菴 → 137. 栢山(이하 密陽) → 138. 南山→139. 城隍 → 140. 盆項 → 141. 南山(이하 淸道) → 142. 北山 → 143. 法伊山(大邱) → 144. 城山(慶山) → 145. 匙山(河陽) → 永川 城隍堂(直烽 135)

間烽(九)

初起

146. 錦山(南海) → 147. 臺防山(赤梁) → 角山(晋州) → 148. 鞍峴山(泗川) → 149. 望晋(이하 晋州) → 150. 廣濟山 → 151. 笠巖山 → 152. 金城山(三嘉) → 153. 所峴山(陜川) → 154. 金貴山(이하 居昌) → 155. 渠末屹山 → 156. 龜川(知禮) → 157. 高城山(金山) → 158. 訥伊項(이하 黃澗) → 159. 所伊山 → 160. 朴達羅山(永同) → 161. 月伊山(이하 沃川) → 162. 環山 → 163. 鷄足山(懷德) → 164. . 所伊山(文義) → 165. 巨叱大山(淸州) → 166. 所屹山(鎭川) → 忠州 望夷城(直烽 156)

間烽(十)

[1] 167. 南海 猿山 → 錦山(間峰九 146) → 南海本邑(本鎭)
[2] 168. 南海彌助項鎭 別烽臺 → 錦山(間峰九 146) → 同上(本鎭)
[3] 169. 泗川三千堡 別望(巨濟) → 同上(本鎭)

第三炬 江界 → (內陸)→ 漢城

直烽 初起

168. 餘屯臺(滿浦鎭, 이하 江界) → 169. 車加大 → 170. 宰邑洞(滿浦鎭) → 171. 朱土(伐登鎭) → 172. 分土 → 173. 許麟浦 →174. 馬時里 → 175. 奉天臺(高山里鎭) → 176. 林里(吾老梁鎭, 이하 渭原) → 177. 舍長仇非(吾老梁鎭) → 178. 南坡 → 179. 新烟臺 → 180. 銅遷 → 181. 蛤池山(이하 楚山) → 182. 北山 → 183. 古烟臺 → 184. 東烽臺(阿耳鎭) → 185. 東烟臺(廣坪鎭堡, 이하 碧潼) → 186. 松林(小坡兒堡) → 187. 豆音只 → 188. 金昌山 → 189. 秋羅仇非 → 190. 胡照里 → 191. 小斤古介 → 192. 古林城(이하 昌城) → 193. 徐加洞(昌州鎭) → 194. 於汀灘 → 195. 船豆洞(廟洞堡) → 196. 雲頭里山 → 197. 二峯山(甲岩堡) → 198. 權狄巖(仇寧鎭, 이하 朔州) → 199. 田往仇非(仇寧鎭) → 200. 老土灘(淸水鎭, 이하 義州) → 201. 亭子山(淸城鎭) → 202. 金洞(方山鎭) → 203. 浮箇(玉江鎭) → 204. 金洞(水口鎭) → 205. 石階(乾川堡) → 206. 統軍亭 → 207. 白馬山 → 208. 葛山 → 209. 龍骨山(龍川) → 210. 甑峯(이하 鐵山) → 211. 熊骨山 → 212. 鶴峴(이하 宣川) → 213. 圓山 → 214. 西望日峰 → 215. 松足山(이하 郭山) → 216. 所串 → 217. 仇寧山(이하 定州) → 218. 馬山 → 219. 七嶽山 → 220. 冬乙郎山(嘉山) → 221. 竝溫山(博川) → 222. 舊靑山(이하 安州) → 223. 吾道山 → 224. 所里山 → 225. 都延山(肅川) → 226. 米豆山(永柔) → 227. 獨子山(順安) → 228. 斧山(이하 平壤) → 229. 雜藥山 → 230. 畵寺山 → 231. 雲峰山(中和) → 232. 天柱山(이하 黃州) → 233. 古每峙 → 234. 巾之山(鳳山) → 235. 所卞山(이하 瑞興) → 236. 回山 → 237. 禿鉢山(이하 平山) → 238. 奉子山 → 239. 南山 → 240. 古城山(金天) → 241. 松嶽 國師堂(開城) → 242. 道羅山(長湍) → 243. 大山(坡州) → 244. 禿山(이하 高陽) → 245. 浦 → 246. 毋嶽東峯(漢城) → 247. 漢城 木覓山第二烽

間烽(一)

[1] 171. 許實里(江界) → 170. 江界　　[2] 172. 金 訖(江界) → 同上(江界)

[3] 173. 安興道(江界) → 同上(江界)　　[4] 174. 安明守家北(江界) → 同上(江界)

[5] 175. 梨峴(江界) → 同上(江界)　　[6] 176. 松峰(江界) → 同上(江界)

[7] 177. 金成民家北(江界) → 同上(江界)　　[8] 178. 吾里波(江界) → 同上(江界)

[9] 餘屯臺(江界 直烽 168) → 同上(江界)

間烽(二)

二峰山(昌城 直烽 197) → 179. 廷坪(이하 朔州) → 180. 件田洞 → 181. 吾里洞 → 182. 古城頭山 → 183. 所串(이하 龜城) → 184. 姑城 → 185. 籠吾里(泰川) → 186. 栗古介(이하 寧邊) → 187. 德山 → 188. 深原山(博川) → 189. 城隍堂(이하 龍川) → 靑山(安州 直烽 222)

第四炬 義州 → (海岸) → 漢城

直烽 初起

248. 古靜州(이하 義州) → 249. 岐伊城(麟山鎭) → 250. 里巖(楊下鎭) → 251. 龍眼山(龍川) → 252. 辰串(彌串鎭) → 253. 少爲浦(이하 龍川) → 254. 石乙串 → 255. 所串山(이하 鐵山) → 256. 鷲家山 → 257. 白梁山 → 258. 東所串山(이하 宣川) → 259. 海岸 → 260. 靑庵山(이하 郭山) → 261. 防築浦 → 262. 都致串(이하 定州) → 263. 鎭海串 → 264. 慈聖山 → 265. 舍音山 → 266. 沙邑冬音 → 267. 虎穴(이하 安州) → 268. 冬乙郎山 → 269. 息浦(이하 肅川) → 270. 餘乙外 → 271. 所山(永柔) → 272. 大船串(順安) → 273. 佛谷(이하 平壤) → 274. 馬項 → 275. 鐵和 → 276. 兎山(甑山) → 277. 吾串(이하 咸從) → 278. 漕土池 → 279. 所山(龍岡) → 280. 牛山(三和) → 281. 今卜只(長連) → 282. 甘積山(安岳) → 283. 巾之山(殷栗) → 284. 所山(이하 豊川) → 285. 古里串 → 286. 兀串(이하 長連) → 287. 松藁 → 288. 彌羅山 → 289. 淸石 → 290. 大串 → 291. 開龍山 → 292. 大峴(이하 甕津) → 293. 檢勿餘 → 294. 炭項 → 295. 推峙(이하 綱領) → 296. 九月山 → 297. 堅羅山 → 298. 食大山 → 299. 沙串(이하 海州) → 300. 花山 → 301. 南山 → 302. 睡鴨島 → 303. 延坪島 → 304. 龍媒 → 305. 皮串 → 306. 聲串(平山) → 307. 注之串(이하 延安) → 308. 定山 → 309. 看月山 → 310. 白石山 → 311. 角山 → 312. 鳳在山(이하 白川) → 313. 彌羅山 → 314. 松嶽 城隍山(開城府) → 315. 德積山(交河) → 316. 兄弟峰(交河) → 317. 高峰(高陽) → 318. 毋岳西峰(漢城) → 319. 漢城 木覓山第四烽

間烽(一)

[1] 190. 龍川龍虎烽 → 龍眼山(直烽 251) → 本邑

[2] 191. 宣川大睦山 → 東所串山(直烽 258) → 同上(本邑)

[3] 192. 郭山金老串 → 防築浦(直烽 261) → 同上(本邑)

[4] 193. 定州古堂山 → 都致串(直烽 262) → 同上(本邑)

[5] 194. 嘉山古堂峴 → 沙邑冬音(直烽 266)

[6] 195. 安州新靑山 → 舊靑山(第三炬 直烽 222) → 虎穴(直烽 267)

[7] 196. 肅川麻甲山 → 197. 牙山 → 餘乙外(直烽 270)

[8] 198. 永柔米豆山新烽 → 所山(直烽 271)

[9] 199. 順安金剛山 → 大船串(直烽 272)

[10] 200. 平壤承令山 → 201. 秀華山 → 佛谷(直烽 273)

[11] 202. 甑山西山 → 兎山(直烽 276)

[12] 203. 江西正林山 → 204. 咸從 窟嶺山 → 漕土池(直烽 278)

[13] 205. 龍岡大德山 → 所山(直烽 279)

間烽(二)

206. 黃州 琵琶串 → 207. 月呼山 → 208. 安岳所山 → 209. 梨峴 → 甘積山(直烽 282) → 232. 兵營

間烽(三)

延安 角山(直烽 311) → 210. 喬桐修井山 → 延安看月(直烽 309)

第五炬 順天 → 漢城

直烽 初起

320. 突山島(이하 順天) → 321. 白也串 → 322. 八田山(이하 興陽) → 323. 馬北山 → 324. 天登山 → 235. 帳機山 → 326. 全日山(이하 長興) → 327. 天冠山 → 328. 垣浦(이하 康津) → 329. 佐谷山 → 330. 莞島 → 331. 達麻山(海南) → 332. 館頭山(海南) → 333. 女貴山(이하 珍島) → 334. 僉察山 → 335. 黃原城(海南) → 336. 群山 → 337. 鏺達山(이하 務安) → 338. 高林山 → 339. 甕山(이하 咸平) → 340. 海際 → 341. 次音山(이하 靈光) → 342. 古道島 → 343. 弘農山 → 344. 古里浦(이하 茂長) → 345. 所應浦 → 346. 月古里(이하 扶安) → 347. 占方山 → 348. 界火里 → 349. 花山(沃溝) → 350. 五聖山(이하 臨陂) → 351. 佛智山 → 352. 所防山(咸悅) → 353. 廣頭院(龍安) → 354. 江景臺(이하 恩津) → 355. 皇華臺 → 356. 魯城山(魯城) → 357. 月城山(이하 公州) → 358. 高登山 → 359. 雙嶺山 → 360. 大鶴山(天安) → 361. 燕巖山(牙山) → 362. 望海山(稷山) → 363. 塊台串(陽城) → 364. 興天山(水原) → 365. 念佛山(이하 南陽) → 366. 海雲山 → 367. 正往山(安山) → 368. 城山(仁川) → 369. 杻串(富平) → 370. 白石山(金浦) → 371. 守安山(通津) → 372. 大母城山(이하 江華) → 373. 鎭江山 → 374. 綱山 → 375. 圭山(喬桐) → 376. 河陰山 → 377. 南山(江華) → 378. 南山(通鎭) → 379. 冷井山(金浦) → 380. 開花山(陽川) → 381. 漢城 木覓山第五烽

間烽(一)

[1] 順天 突山島(直烽 320) → 211. 順天 進禮山 → 212. 光陽 件對山 → 213. 順天 城隍堂 → 214. 本邑

[2] 興陽 帳機山(直烽 325) → 215. 藪德山 → 同上

[3] 長興 全日山(直烽 326) → 216. 長興 億佛山 → 328. 康津 修仁山 → 同上

[4] 全日山(直烽 326) → 217. 寶城 眞興山 → 同上

[5] 珍島 女貴山(直烽 333) → 218. 珍島 屈羅浦 → 同上

[6] 女貴山(直烽 333) → 219. 珍島 上堂串 → 同上

間烽(二)

沃溝 花山(直烽 349) → 220. 雲銀山(舒川) → 221. 漆枝山(庇仁) → 222. 玉眉峰(藍浦) → 223. 助侵山(保寧) → 224. 興陽山(洪州) → 225. 高山(結城) → 226. 高丘(洪州) → 227. 島飛山(瑞山) → 228. 白華山 → 229. 泰安 主山 → 230. 安國山(海美) → 231. 高山(唐津) → 232. 倉宅串(沔川) → 陽城 塊苔串(直烽 363)

間烽(三)

初起 233. 長烽島(이하 江華) → 234. 甫音島 → 235. 末叱島 → 江華鎭江山(直烽 373)

濟州島 烽燧

濟州牧：1.沙羅 － 2.元堂岳 － 3.西山 － 4.笠山 － 5.往可 － 6.道圓岳 － 7.高內岳 － 8.道內岳 － 9.板浦 － 10.晩早

旌義縣：11.三每陽岳 － 12.孤村 － 13.自盃岳 － 14.達山 － 15.南山 － 16.沛子岳 － 17.城山 － 18.水山

大靜縣：19.龜山 － 20.蠔山 － 21.松岳 － 22.毛瑟岳 － 23.遮歸岳

5. 평안도 각 봉수군에게 지급된 유·지의 현황

읍명	봉수명	伍長(將)		烽燧軍(卒)			읍명	봉수명	伍長(將)		烽燧軍(卒)	
		人員	紙衣	人員	襦衣				人員	紙衣	人員	襦衣
厚昌	운동 雲洞	1	1	4	4		舊從浦鎭	안명수가북 安明守家北	1	1	5	襦衣3 紙衣2
	덕전 德田	1	1	4	4			이고대 梨古介	1	1	5	襦衣3 紙衣2
	금창 金昌	1	1	4	4			송봉 松峯	1	1	5	襦衣3 紙衣2
	동돌봉 東乭峯	1	1	4	4		舊外叱재鎭	오리파 五里坡	1	1	5	襦衣3 紙衣2
	부흥 富興	1	1	4	4			금성민가북 金城民家北	1	1	5	襦衣3 紙衣2
	갈전 葛田	1	1	4	4		蒲浦鎭	여둔 餘屯	1	1	5	襦衣3 紙衣2
	추동 楸洞	1	1	4	4			차가대 車家大	1	1	5	襦衣3 紙衣2
	상장항 上獐項	1	1	4	4			재신동 宰臣洞	1	1	5	襦衣3 紙衣2
慈城	이평 梨坪	1	1	4	4		伐登鎭	주토동 朱土洞	1	1	5	襦衣3 紙衣2
	하입암 下立岩	1	1	4	4		高山里鎭	분토동 分土洞	1	1	4	襦衣2 紙衣2
	고여연 古閭延	1	1	4	4		高山里鎭	허린보 許麟堡	1	1	4	襦衣2 紙衣2
	중덕 中德	1	1	4	4			마보리 馬寶里	1	1	4	襦衣2 紙衣2
	호예 胡芮	1	1	4	4		渭原	합장구배 合長仇俳	1	1	5	襦衣2 紙衣2
	조속 早粟	1	1	4	4			남파 南坡	1	1	5	襦衣2 紙衣2
	노동 蘆洞	1	1	4	4		五老梁鎭	임리 林里	1	1	5	襦衣3 紙衣2
	박달구배 朴達仇俳	1	1	4	4			봉천대 奉天臺	1	1	5	襦衣3 紙衣2
	속사 束沙	1	1	4	4		直洞堡	신연대 新烟臺	1	1	5	襦衣3 紙衣1
	송암 松巖	1	1	4	4		乭軒洞堡	동천대 洞遷臺	1	1	5	襦衣3 紙衣1
	백산 白山	1	1	4	4							
慈城	희아 熙牙	1	1	4	4							
	강계삼강 江界三江	1	1	4	4							
	임토 林土	1	1	4	4							
	제폐 諸弊	1	1	4	4							
	용암 龍巖	1	1	4	4							
	문악 文岳	1	1	4	4							
江界	허실리 虛實里	1	1	5	襦衣3 紙衣2							
舊楸坡鎭	안흥도가북 安興道家北	1	1	5	襦衣3 紙衣2							
	김간흘가북 金干屹家北	1	1	5	襦衣3 紙衣2							

자료:『各司謄錄』卷 40, [平安道內江邊各邑鎭烽把將卒 衣紙衣頒給數爻成冊](高宗27:1890) 단위:사람 명, 옷:領

읍명	봉수명	伍長(將)		烽燧軍(卒)		
		人員	紙衣	人員	襦衣	
楚山府	합지 蛤池	1	1	5	襦衣3 紙衣2	
	북산 北山	1	1	5	襦衣3 紙衣1	
山羊會鎮	고연대 古烟臺	1	1	5	襦衣3 紙衣2	
阿耳鎮	동연대 東烟臺	1	1	5	襦衣5	
碧潼郡	금창 金昌	1	1	5	襦衣1	
碧團鎮	호조리동 胡照里洞	1	1	5	襦衣5	
楸仇俳堡	추라 楸羅	1	1	5	襦衣5	
小吉號里堡	소현 小峴	1	1	5	襦衣5	
大坡兒堡	두음지 豆音只	1	1	5	襦衣1	
小坡兒堡	송림 松林	1	1	5	襦衣5	
廣坪堡	동연대 東烟臺	1	1	5	襦衣5	
昌城府						
甲巖堡	일봉산 一峯山	1	1	5	襦衣3 紙衣1	
雲頭里堡	운두리산 雲頭里山	1	1	5	襦衣3 紙衣2	
廟洞堡	선두동 船頭洞	1	1	5	襦衣3 紙衣2	
於汀灘堡	어정탄 於汀灘	1	1	5	襦衣3 紙衣2	
昌州鎮	서가동 徐哥洞	1	1	5	襦衣3 紙衣2	
大吉號里堡	길림성 吉林城	1	1	5	襦衣3 紙衣2	
朔州府	연평 延平	1	1	5	襦衣3 紙衣2	
	건전동 件田洞	1	1	5	襦衣3 紙衣2	
	오리동 五里洞	1	1	5	襦衣3 紙衣1	
	고성리 古城里	1	1	5	襦衣3 紙衣2	
仇寧鎮	권적암 權(権?)狄巖	1	1	5	襦衣3 紙衣3	
	전왕구배 田往仇俳	1	1	5	襦衣3 紙衣2	
清城鎮	정자산 亭子山	1	1	5	襦衣3 紙衣2	
水口鎮	금동곶 金洞串	1	1	5	襦衣5	
麟山鎮	갈산 葛山	1	1	5	襦衣3 紙衣2	
	기리파 岐里坡煙臺	1	1	3	襦衣2 紙衣1	
	우리암 迂里巖煙臺	1	1	3	襦衣2 紙衣1	
龍川府	용골산 龍骨山	1	1	5	襦衣5	
彌串舊鎮	진곶 辰串煙臺	1	1	7	襦衣7	
鐵山府	증봉산 甑峯山	1	1	5	紙衣5	
	웅골산 熊骨山	1	1	5	紙衣5	
宣川府	학현 鶴峴	1	1	5	襦衣5	
	원산 圓山	1	1	5	紙衣5	
	서망일 西望日	1	1	5	襦衣5	
郭山郡	통경산 通景山	1	1	5	紙衣5	
	소산 所山	1	1	5	紙衣5	
定州牧	구령산 仇寧山	1	1	5	紙衣5	
	마산 馬山	1	1	5	紙衣5	
	칠악산 七岳山	1	1	5	紙衣5	
合計	烽燧將卒 476	86	86	400	襦衣270 紙衣206	襦衣236 紙衣205
	煙臺將卒 16				襦衣4 紙衣12	합계441

■ 사진작업 후기

역사의 보물 찾아 20년…

당국 무관심 속… 전국 봉수대 대부분 원형 멸실, 남은 곳 30여 곳.

최근 들어 역사 향기 가득한 유적지를 찾아 산행을 즐기는 사람들이 부쩍 늘면서 봉수대에 대한 관심이 날로 높아지고 있다. 그러나 역경과 신분상의 천대 속에서도 이 땅을 지키려 했던 선조들의 호국의지 표상인 봉수대의 대부분은 돌보는 사람 없이 오랜 세월 동안 훼손 방치돼 원형을 잃어가고 있는 실정이다.

우리나라는 지역마다 평균 10킬로미터 내외 간격으로 전국에 줄잡아 약 700여 개소의 봉수대가 있다. 현장조사 결과 30여 곳만 원형이 양호한 상태이고, 40여 곳은 복원한 상태이다. 나머지는 묘지 또는 각종 시설물들이 들어서는가 하면 오랜 풍파로 자연붕괴되거나 방치하여 대부분 멸실된 상태이다. 현존하는 봉수중 원형을 비교적 잘 간직하고 있는 곳은 해안을 끼고 있는 연변봉수로 사람의 발길이 뜸한 지역에서만 볼 수 있었다.

봉수시설은 연대와 4−5개소의 연조(아궁이)가 축조돼야만 그 기능을 발휘할 수 있다. 그러나 각 지방마다 시대별 또는 지형 조건 때문에 봉수는 한 개소의 연대만 있는 곳이 많다. 또한 훼손된 봉수지를 정확한 고증 없이 복원해 지역축제행사로 이용하면서 봉수 원래의 모습이 상실됐다. 특히 부산과 인근지역에는 연조 및 연대시설이 거의 비슷하게 모방 복원돼 원형을 찾아볼 수가 없다.

경북 영덕군에 소재한 대소산봉수는 연대와 4개소의 연조시설이 거의 양호한 상태로 남아 있었으나 2001년 복원하면서 원래의 모습이 멸실됐다. 유적은 한 번 멸실되면 다시는 원형 복원이 어렵다.

그동안 봉수대는 높은 산정상에 설치돼 있어 현장조사가 힘들고 어려웠다. 1990년대 중반부터 지방자치시대가 열리면서 박물관·학계·향토사학자 들 사이에 봉수연구가 활발하게 진행되고 있어 좋은 결과가 기대된다.

취재중 만난 경북 영덕군 영해면 산간오지의 대리마을의 박만종(67) 씨는 봉화산 마지막 봉군의 생활에 관한 증언을 기록해 놓은 수첩을 공개했다. 조선시대말, 개방의 물결로 전신·전화시설이 들어오면서 봉수제도가 고종 32년(1895) 폐지되자 광산봉수의 마지막 봉군(권낙돌)은 그 봉수군은 그곳에 정착해 부인과 함께 살았다. 곡물이 끊기자 마을사람들은 해마다 봄, 가을로 두 번 곡식을 모아 그 노부부에게 올려 보냈다. 봉수군은 관청을 오가며 지금의 동장 역할까지 하다가 말년에는 마을로 내려와 일생을 마쳤다고 한다. 실제 마을에서는 언제부턴가 매년 석가탄신일(음력 4월 8일) 새벽, 정성들여 제물을 장만하고 광산 정상 봉수대 제단터에 두 분(노부부)의 제사상을 차려 제를 올리고 있다. 이 의식은 마을의 안녕을 비는 공동체문화로 대대로 이어져 내려왔다고 한다.

무거운 카메라 장비를 짊어지고 험한 산등성이를 헤맨 지 20여 년, 훼손 방치된 역사의 흔적들을 카메라(비디오, 슬라이드 필름)에 담았다. 그리하여 『한국의 성곽』에 이어 두번째 『한국의 봉수』를 출간하게 되었다.

봉수대는 선조들의 피와 땀이 얼룩진 역사의 현장이자 모두가 지켜야 할 소중한 문화재이다. 사진 촬영에 협조해 주신 각 지역 관계자분들께 감사의 마음을 전한다.

2003년 10월
최진연

■ 참고문헌

사료

『三國史記』『三國遺事』『高麗圖經』『高麗史』『高麗史節要』『東史綱目』『道路考』『萬機要覽』『增補文獻備考』『烽燧調査表』

지지서

『世宗實錄』地理志, 『新增東國輿地勝覽』『東國輿地志』『輿地圖書』『輿圖備志』『大東地志』『獻山誌』『慶尙道邑誌』『嶺南邑誌』『湖南邑誌』

논문

姜仁中, 「釜山地方의 烽燧台沿革 및 位置考」『朴元杓先生回甲紀念釜山史論叢』1970.

김기섭, 「천림산봉수의 위치와 현황」『조선시대의 사회와 사상』, 조선사회연구회, 1998.

金一來, 『朝鮮時代 忠淸道 지역의 沿邊烽燧』, 서울市立大學校 碩士學位論文, 2001.

김주홍, 「천림산봉화터의 고고학적 실증」『천림산봉화 고증을 위한 학술세미나 논문집』, 성남문화원, 1999.

_____, 「京畿道의 烽燧制度」『平澤 關防遺蹟(I)』(遺蹟調査報告 第3冊), 京畿道博物館, 1999.

_____, 「봉수」『도서해안지역 종합학술조사』I, 京畿道博物館

_____, 「京畿地域의 烽燧位置考(I)」『博物館誌』第9號, 忠淸大學博物館, 2000.

_____, 『京畿地域의 烽燧研究』, 祥明大學校 碩士學位論文, 2000.

_____, 「朝鮮時代의 烽燧制-京畿地域을 中心으로-」『實學思想研究』19·20, 毋岳實學會, 2001.

_____, 「봉수」『경기도 3대하천유역 종합학술조사(I)-임진강-』경기도박물관

_____ 외, 『서울·경기·인천지역의 관방유적』『학예지』8, 陸軍士官學校 陸士博物館

_____, 「경기북부지역 봉수의 고찰」『남북연결도로(통일대교-장단간) 문화유적 시굴조사 보고서』, 경기도박물관·육군박물관

_____ 외, 「慶尙地域의 烽燧(I)」『聞慶 炭項烽燧 地表調査報告書』(研究叢書 第30冊), 忠北大學校 中原文化研究所, 2002.

_____ 외, 「慶尙地域의 烽燧(II)」『實學思想研究』23, 毋岳實學會, 2002.

_____, 「京畿地域의 烽燧位置考(II)」『白山學報』62, 白山學會, 2002.

_____, 「봉수」『경기도3대하천유역 종합학술조사 II-한강』, 경기도박물관

_____, 「봉수」『도서해안지역 종합학술조사』III, 경기도박물관

_____ 외, 「忠北의 烽燧(I)」『忠州 馬山烽燧 地表調査報告書』(硏究叢書 第40冊), 忠北大學校 中原文化硏究所, 2003.

_____, 「울산지역의 봉수」『울산관방유적(봉수)』, 울산문화재보존연구회, 2003.

_____, 「한국의 연변봉수(I)」『한국성곽연구회 정기학술대회』, 한국성곽연구회, 2003.

_____, 「봉수」『경기도 3대하천유역 종합학술조사 Ⅲ-안성천』, 경기도박물관

_____, 「北韓의 烽燧」『비무장지대 도라산유적』, 경기도박물관·세종대학교박물관·육군사관학교 육군박물관, 2003.

金昌會, 「忠南의 烽燧遺蹟槪要」『博物館報』 5, 淸州大學校博物館, 1992.

金弘, 「朝鮮初期의 烽燧制度에 대하여」『육군제3사관학교논문집(인문·사회·자연과학편)』7, 1978.

金鎬逸, 「烽燧考」『文耕』 17, 중앙대학교 문리대학생회, 1964.

나동욱, 「강서구 천가동 연대산봉수대 지표조사」『博物館硏究論集』 3, 부산광역시립박물관, 1995.

_____, 「경남지역의 봉수」『울산관방유적(봉수)』, 울산문화재보존연구회, 2003.

南都泳, 「朝鮮時代의 烽燧制」『歷史敎育』 23, 歷史敎育硏究會, 1978

_____, 「朝鮮時代의 烽燧制」『師大論叢』 1, 東國大學校, 1978.

_____, 「朝鮮時代烽燧制度」『魯山劉元東博士 華甲紀念論叢』, 正音文化史, 1985.

_____, 「朝鮮時代 軍事通信組織의 發達」『韓國史論』 9, 國史編纂委員會, 1986.

_____, 「烽燧臺址」『서울六百年史』(文化史蹟篇), 1987.

_____, 「馬政과 通信」『韓國馬政史』, 한국마사회 마사박물관, 1997.

盧泰允, 『朝鮮時代 烽燧制 硏究』, 檀國大學校 碩士學位論文, 1991.

朴相佾, 「朝鮮時代의 烽燧運營體系와 遺蹟現況」『淸大史林』 第6輯, 淸州大學校 史學會, 1994.

朴世東, 『朝鮮時代 烽燧制 硏究-慶尙道 地方을 中心으로』, 嶺南大學校 碩士學位論文, 1987.

方相鉉, 「朝鮮前期의 烽燧制」『史學志』 第14輯, 檀國大學校史學會, 1980.

_____, 「천림산 봉수군 신분과 생활」『천림산봉화 고증을 위한 학술세미나 논문집』, 성남문화원, 1999.

孫德榮, 「朝鮮時代 公州地方의 烽燧」『웅진문화』(8), 1995.

孫弘烈, 「高麗末期의 倭寇」『史學志』 第9輯, 檀國大學校史學會, 1975.

陳庸玉, 「봉수제도의 발달」『한국전기통신 100년사』, 1987.

元慶烈, 「驛站과 烽燧網」『大東輿地圖의 硏究』, 成地文化社, 1991.

李元根, 「朝鮮 烽燧制度考」『人文學報』第4輯, 江陵大學校, 1987.

_____, 「朝鮮 烽燧制度考」『蕉雨 黃壽永博士 古稀紀念 美術史學論叢』通文館, 1988.

_____, 「烽燧槪說」『韓國의 城郭과 烽燧』下, 한국보이스카우트연맹, 1991.

이재, 「경기 봉화유적 조사 및 사례연구」『천림산봉화 고증을 위한 학술세미나 논문집』, 성남문화원, 1999.

_____, 『한강 이북지역의 봉수체계에 관한 연구』, 육군사관학교 화랑대연구소, 2000.

이존희·김영관, 「아차산봉수 위치고」『향토서울』(54), 서울특별시사편찬위원회, 1994.

_____, 「조선시대 봉수제의 운영과 문제점」『천림산봉화 고증을 위한 학술세미나 논문집』, 성남문화원, 1999.

임정준, 「蔚珍地域의 烽燧 調査報告」, 『史香』 창간호, 울진문화원 부설 울진역사연구소, 2003.

趙炳魯, 『朝鮮時代 驛制研究』, 東國大學校 博士學位論文, 1990.

_____, 「천림산 봉수의 연혁과 위치비정」『천림산봉화 고증을 위한 학술세미나 논문집』, 성남문화원, 1999.

_____, 「朝鮮時代 天臨山烽燧의 構造와 出土遺物」『京畿史論』(제4·5호), 京畿大學校史學會, 2001.

_____, [조선시대 천림산봉수의 연혁과 위치], 『성남문화연구』(7), 2000.

朱雄英, 「朝鮮前期 漢陽定都와 慶尙道地域의 烽燧制運營」『鄕土史研究』 7, 韓國鄕土史研究全國協議會, 1995.

許善道, 「烽燧」『韓國軍制史』, 陸軍本部, 1968.

_____, 「近世朝鮮前期의 烽燧制(上)」『韓國學論叢』 第7輯, 國民大學校 韓國學研究所, 1985.

_____, 「近世朝鮮前期의 烽燧制(下)」『韓國學論叢』 第8輯, 國民大學校 韓國學研究所, 1986.

리영민, 「경성 읍성을 중심으로 한 동북방 봉수체계와 그 시설물」『조선고고연구』 제1호, 사회과학원 고고학연구소, 1992.

리종선, 「고려시기의 봉수에 대하여」『력사과학』 제4호, 과학백과사전출판사, 1985.

윤영섭, 「리조 초기 봉수의 분포」『력사과학』 제1호, 과학백과사전출판사, 1988.

조사보고서

江陵大學校 博物館, 『東海 於達山 烽燧臺』(學術叢書 33冊), 2001.

거제시, 『옥녀봉 봉수대 지표조사보고서』, 1995.

京畿道博物館, 『平澤의 歷史와 文化遺蹟』, 1999.

_____, 『平澤 關防遺蹟 (I)』(遺蹟調査報告 第3冊), 1999.

_____, 『도서해안지역 종합학술조사-임진강』Ⅰ, 2000.

_____, 『도서해안지역 종합학술조사-한강』Ⅱ, 2002.

_____, 『도서해안지역 종합학술조사-안성천』Ⅲ, 2003.

_____, 『임진강-경기도3대하천유역 종합학술조사Ⅰ』(학술총서), 2001.

慶南文化財研究員, 『統營 彌勒山烽燧臺』(學術調査研究叢書 第10輯), 2001.

慶南發展研究員, 『宜寧 彌陀山城』(調査研究報告書 第6輯), 2003.

경북문화재연구원, 『영덕 대소산봉수대 정밀지표조사보고서』(학술조사보고 제22책), 2002.

慶熙大學校 中央博物館, 『華城郡의 歷史와 民俗』(學術叢書 4冊), 1989.

公州大學校 博物館, 『魯城山城』, 1995.

_____, 『魯城山城 內 建物遺址 試·發掘調査報告書』(學術叢書 02-01), 2002.

구리문화원, 『아차산의 역사와 문화유적』(학술총서 1), 1994.

국립문화재연구소, 『軍事保護區域 文化遺蹟 地表調査報告書』(江原道篇), 2000.

_____, 『軍事保護區域 文化遺蹟 地表調査報告書』(京畿道篇), 2000.

기전문화재연구원, 『오산 독산성·세마대지 시굴조사보고서』(학술조사보고 제18책), 2001.

金海市, 『盆山城 地表調査 報告書』, 1999.

남해군 창선면, 『대방산 봉수대 지표조사보고서』, 2000.

단국대학교 문과대학 사학과, 『포천군의 역사와 문화유적』(고적조사보고 제7책), 1998.

단국대학교 중앙박물관, 『망이산성 학술조사보고서』(고적조사보고 제13책), 1992.

_____, 『망이산성 발굴보고서(1)』(고적조사보고 제20책), 1996.

_____, 『안성 망이산성 2차발굴보고서』(고적조사보고 제25책), 1999.

東亞大學校 博物館, 『密陽推火山·終南山烽燧臺 復元資料收集基礎調査報告』, 1997.

_____, 『佐耳山烽燧臺 地表調査報告書』, 1999.

_____, 『巨濟 江望山烽燧臺 精密地表調査報告書』, 2002.

明知大學校 博物館, 『始華地區 開發事業區域 地表調査』(遺蹟調査報告 第2輯), 1988.

부산광역시립박물관, 「강서구 천가동 연대산 봉수대 지표조사」『박물관연구논집』 3, 1995.

_____, 『기장군 효암리 이길봉수대 시굴조사』(연구총서 제17책), 1999.

釜山大學校博物館, 『釜山光域市 機張郡 文化遺蹟 地表調査報告書』, 1998.

西原鄕土文化硏究會, 『忠北의 烽燧』(鄕土文化調査資料 第1輯), 1991.

順天大學校 博物館, 『高興郡의 護國遺蹟Ⅱ－烽燧』(學術資料叢書 第38號), 2002.

嶺南埋藏文化財硏究員, 『金泉市 文化遺蹟 地表調査報告書』(학술조사보고 제1책), 1996.

圓寂山烽燧臺 保存會, 『梁山圓寂山烽燧臺 精密地表調査報告』(慶南 梁山郡 上北面), 1991.

陸軍士官學校 陸軍博物館, 『京畿道 坡州郡 軍事遺蹟』(遺蹟調査報告 第1輯), 1994.

_____, 『京畿道 蓮川郡 軍事遺蹟』(遺蹟調査報告 第2輯), 1995.

_____, 『江原道 鐵原郡 軍事遺蹟』(遺蹟調査報告 第3輯), 1996.

_____, 『京畿道 抱川郡 軍事遺蹟』(遺蹟調査報告 第4輯), 1997.

_____, 『京畿道 金浦市 軍事遺蹟』(遺蹟調査報告 第5輯), 1998.

_____, 『江華郡 軍事遺蹟－城郭·烽燧篇－』(遺蹟調査報告 第7輯), 2000.

_____, 『강화도의 국방유적』, 2000.

_____, 『남양주시의 국방유적』, 2003.

仁川光域市, 『文鶴山城 地表調査報告書』, 1997.

인하대학교 박물관, 『인천지역 유적·유물지명표(I)』(학술총서 제1호), 1999.

_____, 『문학산일대 문화유적 지표조사보고서』(조사보고 제8책), 1999.

濟州大學校 博物館, 『南濟州郡의 文化遺蹟』, 1996.

청주대학교 박물관, 『청주 것대산 봉수터 발굴조사 보고서』, 2001.

_____, 『음성군의 문화유적』(유적조사보고 제22책), 1998.

충남발전연구원, 『牙山 꾀꼴·물한·연암산성 지표조사 보고서』, 2002.

忠北大學校 湖西文化硏究所·忠州市, 『忠州 周井山烽燧臺 發掘調査報告書』(硏究叢書 第13冊), 1997.

忠北大學校 中原文化硏究所, 『處仁城·老姑城·寶蓋山城』(硏究叢書 第6冊), 1999.

_____, 『堤川 城山山城·臥龍山城·吾峙烽燧』(硏究叢書 第13冊), 2000.

_____, 『聞慶 炭項烽燧 地表調査報告書』(硏究叢書 第30冊), 2002.

_____, 『忠州 馬山烽燧 地表調査報告書』(硏究叢書 第40冊), 2003.

충주산업대학교 박물관, 『음성군의 역사와 문화유적』, 1996.

하동군, 『하동 금오산 봉수대 지표조사보고서』, 2001.

한국토지공사 토지박물관, 『고양시의 역사와 문화유적』(학술조사총서 제3집), 1999.

_____, 『남양주시의 역사와 문화유적』(학술조사총서 제5집), 1999.

_____, 『城南 天臨山烽燧 精密地表調査報告書』(학술조사총서 제9집), 2000.

_____, 『성남시의 역사와 문화유적』(학술조사총서 제11집), 2001.

_____, 『城南 天臨山烽燧 發掘調査報告書』(학술조사총서 제12집), 2001.

한신大學校 博物館, 『華城郡 埋藏文化財 地表調査報告書』, 1995.

한양대학교 문화인류학과, 『파주시의 역사와 문화유적』(연구총서 제14집), 1999.

漢陽大學校博物館, 『京畿道百濟文化遺蹟』(叢書 第3輯), 1986.

_____, 『守安山城 地表調査報告書』, 1995.

_____, 『당성(1次發掘調査報告書)』(叢書 第29輯), 1998.

_____, 『金浦市의 歷史와 文化遺蹟』(叢書 第32輯), 1999.

약보고서 및 회의자료

경기도박물관, 『平澤 關防遺蹟 精密地表調査 現場說明會資料』, 1999.

慶南發展硏究員, 『晋州 廣濟山烽燧 復元(整備)을 위한 試掘調査 略報告書』, 2003.

公州大學校 博物館, 『月城山 烽燧臺 試掘調査 結果槪略報告』, 2003.

부산광역시립박물관, 『기장군 효암리 이기길봉수대 시굴조사결과약보고』, 1998.

청주대학교 박물관, 『청주 것대산 봉수터 발굴조사 약보고서』, 1995.7.

한국토지공사 토지박물관, 『城南 天臨山烽燧 建物址 發掘調査 略報告書』, 2003.

漢陽大學校博物館, 『2003 수안산성 봉수대지 시굴조사 지도위원회의 자료』, 2003.

시·군지

江華文化院, 『江華史』, 1994.

남양주시지편찬위원회, 「문화재와 인물」, 『남양주시지』 2, 1994.

水原市, 『水原市史』(上), 1996.

始興郡誌編纂委員會, 『始興郡誌』(上), 1988.

坡州郡, 『坡州郡誌』 中(文化財와 民俗), 1995.

단행본

金秀宗, 『韓國의 烽燧制度』, 國防軍史硏究所, 1997.

손영식, 『전통 과학 건축』, 대원사, 1996.

이상태, 『한국 고지도 발달사』, 혜안, 1999.

장상진, 『한국의 화폐』, 대원사, 1997.

韓榮達, 『韓國의 古錢』, 도서출판 善, 2002.

許善道, 『朝鮮時代 火藥兵器史硏究』, 一潮閣, 1997.

울산문화재보존연구회, 『울산 관방유적(봉수)』(울산유적총서 1), 2003.

한국보이스카우트연맹, 『韓國의 城郭과 烽燧』(下), 1990.

지도

『海東八道烽火山岳地圖』『東輿圖』『大東輿地圖』

國立地理院,『新版 1:25, 000 基本圖地圖帖』

國立地理院,『新版 1:50, 000 基本圖地圖帖』

경기도박물관,『경기문화유적지도 Ⅰ』, 1999.『경기문화유적지도 Ⅱ』, 1999.『경기문화유적지도 Ⅲ』, 1999.

大邱大學校 博物館,『文化遺蹟分布地圖－金泉市－』, 2003.

서울大學校 奎章閣,『朝鮮後期 地方地圖』(京畿道편), 1997.

水原市,『水原의 옛 地圖』, 2000.

順天大學校博物館,『文化遺蹟分布地圖(高興郡)』, 2003.

우진지도문화사,『最新 北韓地圖』, 1997.

李燦,『韓國의 古地圖』, 汎友社, 1991.

서울대학교 奎章閣,『海東地圖』, 서울대 규장각, 1995

도록

계명대학교박물관,『韓國과 中國의 古錢』, 2000.

명지대학교 박물관,『박물관 도록』, 1996.

연세대학교 박물관,『고려시대 질그릇』, 1991.

연세대학교 박물관,『고려·조선시대 사기그릇』, 1994.

육군사관학교 육군박물관,『한국의 활과 화살』, 1994.

_____,『육군박물관 도록』, 1996.

한국조폐공사,『貨幣博物館』, 1993.

기타

國立文化財研究所,『全國文化遺蹟發掘調査年表－增補版Ⅱ－』, 2001.

國立中央博物館,『光復以前調査遺蹟遺物未公開圖面 Ⅰ』慶尙南道(所藏資料集第3卷), 1998.

_____,『光復以前調査遺蹟遺物未公開圖面 Ⅱ』慶尙北道(所藏資料集第4卷), 1998.

_____,『光復以前調査遺蹟遺物未公開圖面Ⅲ』平安道·咸鏡道·黃海道(所藏資料集 第5卷), 1999.

文化公報部 文化財管理局,『文化遺蹟總攬』(上卷), 1977.

문화재청,『문화재연감』, 2003.

육군사관학교 육군박물관,『학예지』제8집, 2000.

義城文化院,『義城의 烽燧臺』, 1999.

車相瓚,「烽火」『朝鮮史外史』, 明星社, 1947.

한글학회,『한국 땅이름 큰사전』(상·중·하), 1991.

崔洪奎 編,『水原·華城郡邑誌』, 國學資料院, 2001.

和田一郎,「烽臺屯及煙臺屯」『土地地稅制度調査報告書』, 1920.

松田甲,「李朝時代の烽燧」『朝鮮』254, 1928.

朝鮮總督府, 『朝鮮寶物古蹟調査資料』, 1942.

平川 南·鈴木靖民 編, 『烽(とぶひ)の道』, 靑木書店, 1997.

臧嶸, 『中國古代驛站 郵傳』, 商務印書館, 1997.

劉廣生, 『中國古代郵驛史』, 人民郵電出版社, 1986.

■ 봉수 찾아보기

조병로(趙炳魯)는 1950년생으로 ㅇ 국대 사회교육과에서 역사를 전공하고 동 대학원 사학과에서 석·박사 학위를 받았다. 일본 국학원대학 객원연구원, 전 성남문화원 향토문화연구소 소장을 거쳐 현재 소성학술연구원 부원장, 전통문화콘텐츠연구소 소장, 한국교통사연구소 소장, 경기대학교 인문학부 교수로 있다. 저서로 『한국역제사』(한국마사회 마사박물관, 2002)와 공저 『남한산성』(광주시, 2002)가 있으며, 주요 논문으로 「조선 후기 남한산성의 수축과 방어시설」 「조선시대 천림산봉수의 연혁과 위치」 「조선시대 천림산봉수의 구조와 출토유물」 외 다수가 있다.

김주홍(金周洪)은 1966년생으로 청주대 역사교육과와 상명대 대학원 사학과 석사과정 졸업했다. 문화재관리국 경주문화재연구소 근무를 마치고 현재 한국토지공사 토지박물관 학예연구사(문화재업무 전담)로 있다. 봉수관련 논문 및 조사보고서로 『京畿地域의 烽燧研究』(2000), 「慶尙地域의 烽燧」 Ⅰ·Ⅱ(2002), 「韓國의 沿邊烽燧」Ⅰ(2003), 「忠北의 烽燧」 「北韓의 烽燧」 외 다수가 있다.

최진연(崔辰淵)은 『코리아라이프』를 거쳐 현재 『뉴스매거진』 사진기자로 재직중이며 충무로에서 사진연구실을 운영하고 있다. 관방유적만 20년간 찍고 있는 그는 2000년 6월 여군들의 병영생활을 다룬 「한국 여군 24시」 사진전을 일본 동경 코닥포토살롱에서 개최했다. 제6회 대한민국사진대전에서 대상(1987)과 제41회 한국사진문화상(2003)을 수상한 이후 지금까지 옛 성곽, 수원성, 봉수대, 옛 다리 등을 주제로 한 여 번의 사진전을 통해 문화유적 보호와 홍보에 크게 기여해 왔다. 주요 사진집으로 『한국 여군 24시』(2000)와 『한국의 성곽』(2002)이 있다.

한국의 봉수

글/조병로·김주홍 사진/최진연

초판 1쇄 발행일 —— 2003년 11월 11일

발행인 —— 이규상

발행처 —— 눈빛

서울시 마포구 성산동 572-506호

전화 336-2167 팩스 324-8273

등록번호 —— 제1-839호

등록일 —— 1988년 11월 16일

편집 —— 정계화·전윤희

출력 —— DTP 하우스

인쇄 —— 예림인쇄

제책 —— 일광문화사

값 20,000원

Copyright ⓒ Noonbit, 2003

ISBN 89-7409-603-X